V&R

Unser Leben hängt davon ab,
was wir aus dem machen,
was aus uns gemacht wurde.

Jean-Paul Sartre

Ulrich Sachsse

Selbstverletzendes Verhalten

Psychodynamik – Psychotherapie

Das Trauma, die Dissoziation
und die Behandlung

7. Auflage

Vandenhoeck & Ruprecht

Meiner Frau Margit,
meiner Tochter Miriam
und meinem Sohn Tilmann

Bibliografische Information der Deutschen Nationalbibliothek

Die Deutsche Nationalbibliothek verzeichnet diese Publikation in der
Deutschen Nationalbibliografie; detaillierte bibliografische Daten sind
im Internet über <http://dnb.d-nb.de> abrufbar.

ISBN 978-3-525-45771-9

© 2008, 1994 Vandenhoeck & Ruprecht GmbH & Co. KG, Göttingen
Internet: www.v-r.de
Printed in Germany. –
Das Werk einschließlich aller seiner Teile ist urheberrechtlich geschützt.
Jede Verwertung außerhalb der engen Grenzen des Urheberrechtsgesetzes
ist ohne Zustimmung des Verlages unzulässig und strafbar.
Das gilt insbesondere für Vervielfältigungen, Übersetzungen,
Mikroverfilmungen und die Einspeicherung und Verarbeitung
in elektronischen Systemen.
Druck und Bindung: CPI buchbücher.de, Birkach

Die Wiedergabe von Gebrauchsnamen, Handelsnamen,
Warenbezeichnungen usw. in diesem Werk berechtigt auch ohne
besondere Kennzeichnung nicht zu der Annahme, daß solche Namen im
Sinne der Warenzeichen- und Markenschutz-Gesetzgebung
als frei zu betrachten wären und daher von jedermann
benutzt werden dürften.

Produkthaftung: Autor und Verlag haben sich
um größtmögliche Genauigkeit bemüht. Dennoch kann für Angaben
über Dosierungsanweisungen und Applikationsformen
keine Gewähr übernommen werden.

Inhalt

Vorwort 7

I Der Beginn der therapeutischen Beziehung 12

   Die Notaufnahme 12
   Erste Therapieschritte 18
   Die Gestaltung des stationären Behandlungsrahmens:
   »Arbeitslager« oder »Säuglingsstation«? 21
   Medikationsversuche 29

II Die Diagnostik 35

   Der Symptomkomplex 35
   Die Anamnese 38
   Psychodynamik und Persönlichkeitsstruktur: Schwere
   Persönlichkeitsstörungen als Traumafolgen 43
   Psychodynamische Funktionen von SVV 50
   Diagnostische Zuordnung 54

III Traumatherapie 59

   Vorbereitungs- und Stabilisierungsphase 60
   Eine Traumasitzung 63
   Der Rahmen der Traumatherapie: Stationsmilieu –
   Körpertherapie – Gestaltungstherapie 74
   Konsolidierung und Integration 78

IV Therapiestrategie und therapeutische
   Grundhaltung der Langzeittherapie 80

   Der Umgang mit der eigenen Gegenübertragung:
   Selbsterfahrung – Empathie – Theorie 85
   Die Gestaltung der therapeutischen Beziehung 89
   Die Bearbeitung des »pervers-guten Objektes« 100

V Die psychosynthetische Förderung des Guten 104

    Die Bearbeitung von Ich-Funktions-Defiziten durch
psychoanalytisch interaktionelle Psychotherapie 104
Die Bearbeitung emotional verzerrter
Realwahrnehmungen 112
Die Förderung der synthetischen Ich-Funktion 117
Selbstfürsorge für den eigenen Körper 123

VI Die dekonstruktive Arbeit am Schlechten 128

    Die Bearbeitung von Objektumkehr 131
Der Umgang mit Manifestationen destruktiven
Neides 135
Der Umgang mit negativen therapeutischen
Reaktionen (ntR) 138
Langfristige Fixierung als Außensteuerung
beim masochistischen Triumph 144
Der Umgang mit Deprivationsfolgen und
Phasen chronischer Suizidalität 152
Zur Problematik der narzißtischen
Besetzung des Symptoms 155

VII Allgemeine Entwicklungslinien in der Therapie 158

    Symbiose, Separation und Individuation 158
Symptomwandel als Zeichen der Progression 163

VIII Die allmähliche Ablösung aus der
     therapeutischen Beziehung 167

    Probleme bei der Internalisierung des Therapeuten 173
Pubertät und Adoleszenz in der therapeutischen
Beziehung 176
Therapieerfolge 181

Nachwort 185

Danksagung 186

Literatur 190

Vorwort
zur 7. Auflage

Fertig! Als ich 1993 das Manuskript der ersten Auflage dieses Buches beim Verlag einreichte, verließ ich das altehrwürdige Gebäude in der Göttinger Theaterstraße mit dem satten, zufriedenen Gefühl: Fertig!
Gut 15 Jahre lang hatte ich an die 50 Patientinnen stationär oder ambulant behandelt, diagnostiziert oder deren Behandlungen supervidiert, die als Leitsymptomatik »Selbstverletzendes Verhalten« (SVV) aufwiesen (SACHSSE et al. 1994). Bis Ende der 80er Jahre sah man die Symptomatik SVV eher selten. Schon wenige Therapien machten mich deshalb zum »Spezialisten«, und ich begann bald mit Referaten und Vorträgen. Grundlage dieses Buches sind zwei Informationsseminare bei den Lindauer Psychotherapiewochen 1991 und 1992, die ich ausgearbeitet und erweitert habe. Mein Anliegen ist es, möglichst nachvollziehbar darzustellen, wie ich die Symptombildung verstehe und wie meine Therapieversuche konkret aussehen. Ich selbst und wohlmeinende Kolleginnen und Kollegen hatten den Eindruck, daß ich dies am deutlichsten in Seminaren, Supervisionen, klinischen Fortbildungen und Referaten vermitteln kann. Deshalb ist das Buch in der Ich-Form geschrieben, und alle Hervorhebungen im Text, auch diejenigen in Literaturzitaten, stammen von mir. Ich möchte Sie als Kollegin oder Kollegen, als Interessierte oder Betroffene direkt ansprechen. Darüber hinaus erscheint es mir unter einem spezifischen Blickwinkel wissenschaftlich richtiger, mein Vorgehen als subjektive Erfahrung zu veröffentlichen, anstatt es durch einen verallgemeinernden Stil implizit zu verabsolutieren: Wenn die Forschungsergebnisse stimmen, daß Psychotherapieerfolge zu mehr als der Hälfte von der therapeutischen Beziehung abhängen, dann sollte die Variable Therapeut als subjekti-

ver Faktor so transparent wie möglich sein. Dies ermöglicht Ihnen, meine Ausführungen als subjektive Erfahrungsergebnisse ebenso subjektiv zu hinterfragen, zu prüfen und das für sich auszuwählen, was Ihnen persönlich im therapeutischen Prozeß nützlich und hilfreich erscheint. – Da ich ein Mann bin, schreibe ich von »Therapeuten«. Da ich ganz überwiegend Frauen mit dem Symptom SVV behandelt habe, schreibe ich von »Patientinnen«.

Warum haben mich diese Patientinnen so interessiert? Mir war ihre Symptombildung fremd, ich konnte mich nicht einfühlen. Ich bin wohl eher etwas wehleidig, körperliche Schmerzen sind für mich ausschließlich unlustvoll, und ich konnte nicht nachvollziehen, daß jemand seinem Körper freiwillig Verletzungen zufügt. Darüber hinaus weckten die Patientinnen meinen Ehrgeiz. Weitere Determinanten meines Interesses sind mir durch meine Lehranalyse, Selbsterfahrungsgruppe und Kontrollanalysen bewußt geworden. Die will ich aber nicht veröffentlichen.

Um einerseits meine Erfahrungen so plastisch wie möglich vermitteln zu können, andererseits Anonymität zu gewährleisten, werde ich im folgenden die Behandlungen von Frau D. und Frau T. vorstellen. *Frau Maria D. und Frau Magda T. sind jeweils eine Synopsis meiner Patientinnen.*

Die Behandlung von Frau D. beginnt mit einer etwa 6monatigen Therapiephase auf der geschlossenen, unruhigen Frauenaufnahmestation einer psychiatrischen Fachklinik, an die sich eine etwa 18monatige Therapiephase auf einer offenen, gemischtgeschlechtlich belegten Psychotherapiestation anschließt. Immer wieder sind in Krisen kurze Rückverlegungen auf die geschlossene Station erforderlich. Die ambulante Einzeltherapie dauert 4 Jahre und 6 Monate, so daß die gesamte Behandlung 6½ Jahre umfaßt. Auch in der Phase der ambulanten Psychotherapie sind Kriseninterventionen auf geschlossenen Stationen und Phasen stationärer Psychotherapie von wenigen Wochen bis zu 3 Monaten immer wieder erforderlich.

Fertig? Seit Beginn der 90er Jahre kommt SVV eine ähnliche Bedeutung zu, wie es die Anorexie für die 70er und die Bulimie für die 80er Jahre hatte. Die Medien begannen, sich dafür zu interessieren, und inzwischen gibt es Reportagen in Jugend- und Frauenzeitschriften, seriöse Fernsehsendungen in Dritten Programmen und relativ seriöse Talkshows zu diesem Thema. Mit dem Outing von Prinzessin Diana, sie habe unter Bulimie und

SVV gelitten, wurde die Symptomatik sogar im wörtlichen Sinne »hof-fähig«. Inzwischen ist SVV Bestandteil mancher Jugendkulturen. Mit dem Erscheinen dieser 7. Auflage sind 18.500 Exemplare des Buches verkauft worden – und die meisten sind wahrscheinlich sogar gelesen worden, sehr viele von Betroffenen. Jedenfalls erreichen mich immer wieder Briefe von Betroffenen einerseits, Kolleginnen und Kollegen andererseits.

Betroffene teilen mir mit, sie hätten sich in dem Buch verstanden gefühlt, hätten sich selbst nach der Lektüre sogar besser verstanden. Es freut mich immer, dies zu hören, es überrascht mich aber nicht. Mein diagnostisches Verständnis und mein therapeutisches Vorgehen habe ich im wesentlichen von meinen Patientinnen gelernt. Dies ist in der Psychoanalyse seit der Zusammenarbeit von BERTHA PAPPENHEIM und JOSEF BREUER nichts Ungewöhnliches (LORENZER 1984, S. 118; STEPHAN 1992, S. 43ff.). CASEMENT (1989) hat diesem Prozeß sein Buch »Vom Patienten lernen« gewidmet.

Kolleginnen und Kollegen geben mir die Rückmeldung, sie hätten mein Buch gern gelesen, weil ich ganz konkret schreibe, was ich wann und warum tue, weil ich meine Gegenübertragung (in mir verträglicher Offenheit) transparent mache und weil ich die Behandlungen nicht als idealtypisch-perfekten Ablauf, sondern als lebendigen Prozeß mit Fehlern, Pannen, Unzulänglichkeiten und Versäumnissen darstelle. Auch diese Rückmeldungen haben mich natürlich gefreut, werfen aber doch ein bedenkliches Bild auf Veröffentlichungen, in denen staunenswerte Gebirge der metapsychologischen Reflexion eher verschleiern als verdeutlichen, was konkret in den Behandlungen geschieht. Hier ist die Entwicklung von Therapie-Manualen als konkretisierender Schritt zur Transparenz uneingeschränkt zu begrüßen – sofern sie als Anregung und Hilfestellung verstanden werden und nicht als Verpflichtung. Viele Therapeuten haben gemeint, das Buch könne durchaus als Manual verwendet werden. Gefreut hat mich auch, daß verhaltenstherapeutische Kollegen meinten, meine Metapsychologie würden sie zwar nicht teilen, meine konkreten Interventionsanregungen seien aber auch für sie nutzbar. Ich denke, daß vieles in diesem Buch mit den Therapiestrategien von LINEHAN (1996) vereinbar ist.

Also: Fertig? Kurz nach Erscheinen der 1. Auflage nahm ich Kontakt auf zu LUISE REDDEMANN, denn ich empfand meine therapeutische Arbeit mit andrängenden Erinnerungen an Realtraumata immer als besonders unbefriedigend. LUISE REDDEMANN hat mir freundlich, aber unzweideutig gesagt, daß sie meine in der 1. Auflage vertretene Behandlungsstrategie für traumatisierte Menschen problematisch findet, oft sogar schädlich. Ich habe ihre Sichtweise geprüft, meine korrigiert und arbeite seitdem in engem Austausch mit ihr therapeutisch ganz anders als vorher (REDDEMANN 2004; SACHSSE 2004). Psychoanalytische Diagnostik, psychodynamisches Verständnis und sorgsame Beachtung der Gegenübertragung sind für uns beide weiterhin selbstverständlich, aber wir verwenden unser Wissen therapeutisch inzwischen ganz anders (REDDEMANN und SACHSSE 1996, 1997, 1998a). Zunächst bedarf die psychoanalytische Theorie von der Konfliktpathologie und der Entwicklungspathologie einer Ergänzung um die Theorie der Traumapathologie. *Menschen mit überwiegend dissoziativen Coping-Strategien und Abwehrmechanismen bedürfen einer anderen Behandlungstechnik als solche mit neurotischen.* Die Behandlungsstrategie, Symptome in Übertragungsneurosen, also Beziehungsstörungen in der therapeutischen Beziehung umzuwandeln, dort zu deuten und einer Nachreifung oder einer Neuentwicklung zuzuführen, ist unserer Ansicht nach für die Aufarbeitung schwerst traumatisierter und traumatisierender Beziehungsmuster ungeeignet (REDDEMANN und SACHSSE 1998b, 1999). Deshalb stellen wir weder die Institution Klinik noch die Station, die Mitpatientinnen, die Teammitglieder noch uns selbst als Therapeutinnen und Therapeuten für die Reinszenierung von Projektionen, projektiven Identifizierungen und Übertragungen traumabedingt schwerst deformierter Objekt- und Selbstimagines zur Verfügung. Traumatisierende Verhaltensweisen unserer Patientinnen sprechen wir an, sobald wir sie erkennen, und wir streben eine Bearbeitung der Traumaerinnerungen und ihrer Folgen auf der Ebene der Imagination an. VAN DER KLOCK (1999, S. 27) vertritt zu Recht: »Übertragung sollte hier wirklich verstanden werden als ein Widerstand gegen das Erinnern.« Wir haben eine ganz neue Intervention lernen müssen: »Bei allem Verständnis: Ein Verhalten wie dieses verbitte ich mir!« Insbesondere deshalb wurde eine völlige Überarbeitung der 3. Auflage dieses Buches erforderlich. Hinzugefügt habe ich die Behandlung von Frau Magda T.

Frau T. wird 4 bis 6 Monate auf einer offenen Station traumazentriert behandelt. Anschließend ist eine 2- bis 3jährige ambulante Psychotherapie erforderlich, vielleicht unterbrochen von einem erneuten stationären Aufenthalt, vielleicht auch mit einigen Kriseninterventionen (SCHÄFER, RÜTHER und SACHSSE, 2006a; SCHÄFER, RÜTHER und SACHSSE, 2006b).

Eine Behandlung wie bei Frau D. empfehle ich nur noch für eine kleine, dafür aber schwierig zu therapierende Untergruppe von SVV-Patientinnen. Sind die Kapitel IV bis VIII also obsolet? Für alle Patientinnen, die für eine traumazentrierte Psychotherapie stabil genug oder stabilisierbar genug sind: Ja. Aber es verbleiben viele »jugendliche« SVV-Patientinnen – wobei es reife 17jährige und jugendliche 37jährige gibt –, viele mit einer weniger autarken, sondern eher süchtigen Beziehungserwartung, viele mit *SVV ohne umschriebene Traumata* (KERNBERG, DULZ und SACHSSE, 2000). Auch für diese ist mir das unreflektierte explizite oder implizite Behandlungsangebot »Bringen Sie alles in die therapeutische Beziehung!« inzwischen sehr frag-würdig geworden (SACHSSE 1996b), aber man wird um eine Arbeit in und an der therapeutischen Beziehung nicht immer umhinkommen. Und natürlich ist das Ideal der traumazentrierten Therapie einer therapeutischen Beziehung, die ausschließlich eine Arbeitsbeziehung ist und bei der alles Psychopathologische auf der imaginativen Ebene verarbeitet wird, nie ganz erreichbar oder durchzuhalten.

Fertig? Die neuesten Ergebnisse zur Veränderung von Streßphysiologie und Hirnphysiologie nach Traumatisierungen (z. B. EWERT 1998, HÜTHER 1997, 1999; IRLE, LANGE, WENIGER und SACHSSE, 2006) werfen die Frage auf: Ist SVV ein ausschließlich *psycho*dynamisches Geschehen? Oder ist es eine Selbstmedikation? Wenn SVV für viele Patientinnen dissoziative Zustände mit hyperarousal, Depersonalisation und sogar pseudopsychotischen Zuständen innerhalb 15 bis 60 Sekunden relativ sicher unterbrechen kann – wie geschieht dies dann? Welche Prozesse laufen somatisch ab? »Körper-Seele-Trauma« (STREECK-FISCHER, SACHSSE und ÖZKAN, 2001; SACHSSE, ÖZKAN und STREECK-FISCHER, 2002; ÖZKAN, STREECK-FISCHER und SACHSSE, 2002) interagieren in einer Form, die eine Trennung von Körper und Seele kaum noch möglich macht – wie beim Symptom SVV selbst. *SVV ist also eine paradigmatische Symptombildung* für diese Leib-Seele-Verbindung, vielleicht sogar -Identität.

Fertig? ...

I

Der Beginn der therapeutischen Beziehung

Die Notaufnahme

Freitag abend, kurz nach 23 Uhr. Ich habe Bereitschaftsdienst in der psychiatrischen Versorgungsklinik. Allmählich ist Ruhe eingekehrt im Haus, ich hoffe auf einige Stunden Schlaf. Was läuft eigentlich für ein Spätfilm? Das Telefon klingelt. Der Pförtner: »Herr Doktor, ich verbinde Sie mit der Chirurgie.« Am Apparat ist der Kollege aus der Chirurgie: »Hallo? n'abend, Herr Kollege! Ich habe Ihnen eine Frau D., Maria überwiesen. Anfang 20. Das ist was für Sie.« – »Was hat sie denn? Zustand nach Suizidversuch?« – »So was ähnliches. Werden Sie schon sehen. Ich hab zu tun, der Notarztwagen kommt gerade. Die Patientin sitzt übrigens schon im Taxi. Ruhige Nacht noch!« Reizend die Kollegen! Wahrscheinlich ist wieder nicht mal ein Brief dabei. Außerdem, was sollte der grimmige, etwas boshafte Unterton in seiner Stimme? Ich ärgere mich bereits über die Patientin, bevor ich sie überhaupt gesehen habe.

Eine viertel Stunde später sitze ich Frau D. gegenüber. Sie ist mittelgroß, unauffällig gekleidet: verwaschener Pullover, Jeans. Ihre Adipositas hält sich in Grenzen, aber der Körper wirkt unkonturiert, amorph. Sie wirkt dadurch adipöser, als sie ist. Sie hat auf mich keinerlei weibliche Ausstrahlung. Ihr Gesicht ist starr, die Mimik etwas wächsern. Frau D. sitzt auf der Stuhlkante, vornübergebeugt, die Schultern herabhängend. Ihr dick verbundener linker Unterarm ist an zwei Stellen bereits durchgeblutet. Der Verband wirkt schmuddelig, obwohl Frau D. gerade aus der Chirurgie kommt.

»Guten Abend. Ich bin der diensthabende Arzt, Sachsse ist mein Name.« – Widerstrebend, abweisend ergreift sie meine Hand. Kaum Händedruck, sie stellt keinen Kontakt her. – »Ja, was führt Sie denn hierher?« – Längere Pause, ihr Blick geht ins Leere, betont an mir vorbei. »Ich will nach Hause.« – »Wie kommt es denn, daß Sie dann überhaupt hier sitzen? Warum sind Sie aus der Chirurgie nicht gleich nach Hause entlassen worden?« – »Der Arzt da hat gesagt: entweder ich gehe freiwillig hierher oder er macht eine Zwangseinweisung.« Wieder Pause. – Ich werde ihr alles einzeln aus der Nase ziehen müssen. Innerlich unterdrücke ich meine sich regende Ungeduld und schalte um auf professionelle Geduld. »Das wird dann ja wohl seinen Grund gehabt haben, daß der Kollege Sie gezwungen hat, hierher zu kommen. Was ist denn vorgefallen?« – Frau D. weicht auf ihrem Stuhl zurück. Sofern das überhaupt möglich ist, wirkt sie jetzt noch verschlossener. Auf meine Antworten muß ich warten. Zwischen uns entsteht eine gereizte Atmosphäre, in der ich ihre Antworten »aussitze«: Irgendwann wird das Schweigen für Frau D. so unangenehm und spannungsgeladen, daß sie antworten wird, das weiß ich. Ich trotze ihr ihre Antworten quasi ab. Wir kennen uns noch keine viertel Stunde, und schon hat sich ein Kampf inszeniert, der mit passivanalen Waffen geführt wird. Schließlich kommt die nächste Antwort: »Das sehen Sie doch. Ich habe mich geschnitten. Ich stand unter Druck. Sowas mache ich öfters, wenn ich unter Druck stehe. Jetzt ist es vorbei.« Ihre Stimme klingt jetzt tonlos, resigniert. – »Was war denn los, daß Sie so unter Druck standen?« – »Darüber möchte ich nicht reden.« – »Gut. Was soll denn jetzt geschehen?« – »Lassen Sie mich doch endlich nach Hause – bitte!« – »Wie wohnen Sie denn?« – »In einer Wohngemeinschaft mit einer Bekannten. Aber die hat gerade ihren Freund bei sich.« – »Dann wären Sie also quasi allein zu Hause?« – Kopfnicken. – »Frau D., Sie haben auch eine leichte Alkoholfahne. Ich befürchte, Sie könnten sich wieder schneiden oder noch mehr trinken oder sich anderweitig etwas antun.« – »Und wenn? Ist doch meine Sache. Wen geht das eigentlich was an, wenn ich mir was antue?« Das Gesprächsklima hat sich inzwischen verändert. Es ist offen gereizt, aggressiv, abweisend. Frau D. wehrt sich und bringt mich in die *Zwickmühle*. (Es wird wahrlich nicht das letzte Mal sein, daß ich mich in der Zwickmühle befinde). *Ich kann es nur falsch machen:* Lasse ich sie nach Hause gehen, kann es sein, daß sie sich weitere Verletzungen zufügt, daß sie sich sinnlos betrinkt oder mit Tabletten einen Suizidversuch macht. Es kann sogar sein, daß sie sich suizidiert. Eine Einschätzung ihrer inneren Befindlichkeit macht sie mir unmöglich. Sie verschließt sich mir, ich kann überhaupt nicht spüren, wie es ihr innerlich wirklich geht. Averbal, mit Mimik, Tonfall, Haltung und mit ihren verbundenen Armen vermittelt sie mir: ›Ich brauche dringend Hilfe, jetzt sofort und total.‹ – Verbal, mit ihren Worten vermittelt sie mir: ›Denk ja nicht, daß Du mir helfen kannst! Ich lasse mir auch gar nicht helfen. Ich bin autark, und jeder, der mir seine sogenannte Hilfe aufzwingt, ist ein brutaler ...‹ . Fast hätte ich jetzt gesagt: ›... Vergewaltiger‹.

Was ist passiert? *Frau D. hat per projektiver Identifizierung ihren innerseelischen Konflikt in mich hinein verlagert.* Sie selbst steckt in einem unlösbaren inneren Konflikt zwischen symbiotisch-süchtiger Bedürftigkeit nach Totalversorgung und uneingeschränkter Hilfe von anderen einerseits und harten Ich-Ideal-Anforderungen nach Autarkie und Stärke andererseits. Ihr Ich ist nicht in der Lage, synthetisch zwischen diesen für sie inkompatiblen Selbstanteilen zu vermitteln, sie stehen sich in ihr völlig unintegriert und unvereinbar gegenüber. Diese innere Zwickmühle hat Frau D. schon im ersten Kontakt inszeniert, indem sie mir ihre *kontradiktorischen Wünsche* (KERNBERG 1988, S. 186) vermittelt hat. Sie hat ihren inneren Konflikt externalisiert und mich in eine *Double-bind-Situation* gebracht, in der ich es nur falsch machen kann. Wir werden Frau D.s innere Situation noch besser verstehen, wenn wir uns ihrer Anamnese und der daraus resultierenden Psychodynamik widmen werden.

Die Fähigkeit eines Therapeuten, Patienten mit Borderline-Persönlichkeitsstörungen zu behandeln, hängt unter anderem von seinen Möglichkeiten ab, projektive Identifizierungen zu erkennen und angemessen zu behandeln. Die Phasen eines projektiven Identifizierungsvorganges hat OGDEN (1988, S. 3–5) im einzelnen beschrieben. KERNBERG (1989, S. 267f.) hat Projektion und projektive Identifizierung gegeneinander abgegrenzt. Bei der Gegenübertragungsdiagnostik (RACKER 1978) ist es wichtig, sich darüber klar zu sein, daß der Therapeut einen Selbst-Anteil der Patientin projiziert bekommt, nicht Gegenstand einer Objekt-Übertragung ist (ERMANN 1988, S. 76f.). Ich verdeutliche den Mechanismus der projektiven Identifizierung gerne mit einem Witz: Zwei Betrunkene sitzen sich in der Straßenbahn gegenüber. Der eine ist eingenickt. Der andere muß sich übergeben und bricht alles auf die Hose des Schlafenden. Der schläft weiter. In einer Kurve wird der Schlafende durchgerüttelt, er muß aufstoßen und wird wach. Erschrocken sieht er auf seine Hose. Beugt sich der andere zu ihm rüber: »Na, Kumpel, ist Dir jetzt besser?«

Was tun? Ich muß handeln. Mit verbalen Interventionen allein komme ich nicht weiter, das weiß ich inzwischen. Ich muß Frau D. die *Entscheidung »abnehmen«* im doppelten Wortsinn: Im Sinne von »erleichtern« und im Sinne von »wegnehmen«. Ich muß *in Hilfs-Ich-Funktion* für sie jenes Abwägen, Gewichten und Entscheiden leisten, was sie für sich nicht kann. In einer solchen Situation entscheide ich mich nach folgenden *Kriterien*: Wenn ich die Patientin gut kenne und weiß, daß mit der Selbstbeschädigung »der Druck« entscheidend nachgelassen hat, nehme ich sie nicht gegen ihren Willen auf. Ich lasse eine Patientin aber nur selten nach einer solchen Situation allein sein. Meist gibt es noch irgendeine Bezugsperson, bei der die Patientin übernachten oder vorübergehend unterkommen kann. Kenne ich die Patientin nicht, bestehe ich auf einer Aufnahme wie bei einer Patientin nach einem Suizidversuch und veranlasse gegebenenfalls eine gerichtliche Zwangseinweisung auf dem Boden der bestehenden Landes-Gesetze (in Niedersachsen das Psychisch-Kranken-Gesetz »PsychKG«). Ich bestehe immer auf einer Aufnahme, wenn die Patientin auch nur leicht alkoholisiert oder tablettenintoxikiert wirkt, selbst wenn ich sie sehr gut kenne. Mehrmals dachte ich in der Vergangenheit, die Beziehung zur Patientin sei inzwischen so gut, daß ich ihren Beteuerungen, jetzt werde nichts weiteres passieren, glauben könne, obwohl sie Alkohol getrunken hatte. Stets ist es dann zu weiteren Selbstbeschädigungen gekommen. – *Grundsätzlich: Wenn sich verbale Mitteilungen und Handlungsmitteilungen widersprechen, orientiere ich mich in meinen Entscheidungen an den Handlungsmitteilungen, nicht an den Worten.*

Ich sage Frau D. etwa folgendes: »Ich habe den Eindruck, wir beide befinden uns in einer Zwickmühle. Ich kann Ihnen ansehen, daß es Ihnen schlecht geht. So wie Sie vor mir sitzen, wie Ihre Stimme klingt, der verbundene Arm: Es geht Ihnen sichtlich miserabel. Andererseits lehnen Sie eine Aufnahme vehement ab. Ich verstehe noch nicht, warum, aber Ihre Worte sind eindeutig. Ich habe das Gefühl, ich kann es nur falsch machen. Lasse ich Sie gehen, schädige ich Sie, weil Sie sich weitere Verletzungen zufügen könnten oder sich so sehr betrinken, daß Sie gar nicht mehr wissen, was Sie dann tun. Lasse ich Sie nicht gehen, schädige ich Sie, weil ich Sie zu etwas zwinge, was Sie nicht wollen. Sie werden mir das übelnehmen und sich ungerecht behandelt fühlen. Aber das werde ich dann wohl ertragen müssen. Denn ich lasse Sie in diesem Zustand nicht nach Hause gehen. Ich nehme Sie auf die geschlossene Frauenstation auf, und wenn Sie dem nicht zustimmen, mache ich ein PsychKG und lege das Problem dem Amtsrichter zur Entscheidung vor.« – Frau D. geht ohne PsychKG auf Station, traurig und resigniert, irgendwie ›stumpf‹, vorwurfsvoll-gespannt. – Ich habe ein schlechtes Gewissen. Aber anderenfalls hätte

ich mich die ganze Nacht gesorgt und wäre wahrscheinlich morgens um fünf erneut mit Frau D. konfrontiert. Der chirurgische Kollege würde mich anrufen: »Schönen guten Morgen, Herr Kollege! Wir verarzten gerade Frau D. Die hatte ich Ihnen doch vor einigen Stunden geschickt. Wie kommt es denn, daß die jetzt wieder hier ist? Könnte ich vielleicht mal Ihren Oberarzt sprechen?«
Wenn ich mich jetzt auf eine ruhige Nacht eingestellt habe, dann habe ich mich geschnitten (interessante Assoziation...). Eigentlich habe ich erwartet, daß mit der Aufnahme auf der geschlossenen Station alles geregelt ist. Aber um 2 Uhr früh ruft mich eine Nachtschwester an und teilt mir mit, Frau D. habe im Bad einen Spiegel zerschlagen und sei gerade dabei gewesen, sich wieder mit einer Spiegelscherbe zu schneiden, als die Schwestern vom Klirren aufgeschreckt ins Bad gestürzt seien und sie gerade noch zurückgehalten hätten. Frau D. sei gar nicht ansprechbar, völlig unzugänglich und kaum zu bändigen. Sie hätten schon zwei Pfleger zur Verstärkung geholt und die Patientin fixiert. Das gehe doch in Ordnung, oder? Ich bestätige, daß das in Ordnung geht, und gehe grollend auf Station. Frau D. liegt fixiert im Isolierzimmer und weint. Als ich eintrete, dreht sie den Kopf zur Wand, um ihr weinendes Gesicht soweit wie möglich vor mir zu verbergen. Ich frage sie, ob das denn nötig war. – Sie antwortet nicht. – Ob sie noch etwas zum Schlafen haben will? – »Hilft ja doch nicht.« – Für einen kurzen Moment durchweht mich ein Hauch völliger Hoffnungslosigkeit, Leere und Kälte. Aber nur kurz. Ich bin müde, und gerade ist ein schwer alkoholisierter Patient zur Aufnahme eingetroffen. Ich schiebe Frau D. innerlich beiseite.

Das Angebot eines Schutz- und Schonraumes, der eine geschlossene Aufnahmestation immer auch ist, kann von Frau D. offenbar nicht dahingehend genutzt werden, daß sie zur Ruhe kommt. Statt dessen hat sie ihre *Selbststeuerung und Selbstverantwortung an der Eingangstür der Geschlossenen abgegeben*. Sie hat ihre inneren Spannungszustände dadurch reduziert, daß sie sich von Ich-Ideal-Anforderungen, Über-Ich-Druck und der Ich-Anforderung zur Selbststeuerung entlastet hat und diese *Steuerungsfunktionen dem Behandlungsteam übertragen* hat. Diese rasch einsetzende *maligne Regression* (BALINT 1970; LEUNER 1978) wird die Behandlung in den nächsten Wochen mit prägen und die Verlegung oder Entlassung von Frau D. von der geschlossenen Station immer wieder erschweren.

Wäre es also besser gewesen, sie gar nicht aufzunehmen? Hat die Aufnahme ihr Ich-Funktions-Niveau weiter geschwächt, ihre regressiven Tendenzen nur verstärkt, die maligne Regression mitbedingt? Es gibt ja durchaus eine ernsthafte Diskussion, ob Borderline-Patienten stationär behandelt werden sollten oder nicht. Die stationäre Aufnahme zur akuten Krisenintervention ist allerdings unumstritten (HARTOCOLLIS 1985, S.196). Bei der gültigen Rechtslage bin ich in unserem Kulturkreis auch gezwungen, einen Menschen vor seinen autodestruktiven Impulsen zu schützen. Ich gerate in Gefahr, mich selbst zu gefährden, wenn ich nicht auf Nummer Sicher gehe. Und ein latent oder manifest selbstschädigendes Verhalten des Therapeuten ist in der Therapie dieser Patientinnen nicht hilfreich.

Frau D. bleibt die Nacht über fixiert. (Eine differenzierte Reflexion des Für und Wider von Zwangsmaßnahmen und der dabei abzuwägenden Werte und Normen geben BUCHHEIM (1991) in seiner »Ethik der psychiatrischen Krisenintervention« und STEINERT (1993)). – Im Dienstzimmer gehen meine Gedanken zurück. Frau D. ist inzwischen nicht mehr die erste Selbstbeschädigungspatientin, mit der ich zu tun habe. Immer wieder begegne ich bei Notaufnahmen, aber auch bei Krisengesprächen während einer Therapie der gleichen inneren und äußeren Situation. *Die Patientinnen inszenieren Double-bind-Situationen, in denen ich es nur falsch machen kann. Ihre verbalen Mitteilungen einerseits und ihre szenischen und mimischen Mitteilungen andererseits stehen im krassen Widerspruch.* Das ruft in mir *heftige, wechselnde Gegenübertragungsgefühle* hervor. Anfangs empfinde ich ein fast grenzenloses Mitleid, möchte alles wieder gut machen, was andere Menschen, das Leben und das Schicksal diesen Frauen angetan haben, und mobilisiere meine ganzen Kraftreserven. Ich biete an, was ich anzubieten habe. Umgehend erfahre ich, daß alles, was ich zu bieten habe, das Falsche ist, zu wenig, zur falschen Zeit und vom falschen Menschen. *Die Patientinnen agieren als »Help Rejecting Complainer«,* als Hilfe verweigernde Klagende. Dieser Mechanismus ist bei Borderline-Patientinnen sehr verbreitet und findet sich auch bei neurotisch-depressiv Strukturierten (FRANK et al. 1952; GANZARAIN 1980). Spätestens dann, wenn ich einige Interaktionen lang diesem »Hilf mir sofort! – Niemand kann mir helfen, Du schon gar nicht!« ausgesetzt war, kommt in mir die Wut hoch. Meine Wut würde sich in einer kalten, harten, destruktiven Form äußern. Dahinter stände ein Menschenbild, das Menschen mit Schwäche, Insuffizienz und Niederlagen für ehrlos und nicht lebenswert ansieht (THEWELEIT 1977; MORRIS 1989). Mitleid und Härte sind beide noch eher erträglich als der innere *Zwiespalt,* dem ich mich ausgesetzt sehe, wenn ich mir die

Widersprüchlichkeit meiner beiden Tendenzen klar mache. Ich bin dann hin- und hergerissen, es geht mir vegetativ schlecht. Bliebe ich länger in diesem Zwiespalt, würde ich *ver-zwei-feln*. Es hat lange gedauert, bis ich diesen inneren Ablauf verstanden habe. Erst als ich verstehen konnte, daß jetzt in mir vermutlich in milder Form das tobt, was die Patientin zum Dekompensieren gebracht hat, war ich fähig, diese Abläufe verstehen zu können, sie zu ertragen, zu akzeptieren und therapeutisch damit umzugehen (SACHSSE 1996c).

Erste Therapieschritte

Am nächsten Morgen habe ich mit Frau D. ein Gespräch. Die Fixierung konnte in den Morgenstunden beendet werden. Jeder Selbstbeschädigungspatientin begegne ich auch heute noch zunächst als einer Fremden. PAAR (1988b) hat diese *Haltung* sehr plastisch als diejenige *eines »Etnomediziners«* charakterisiert: Ich begegne einer mir weitgehend fremden seelische Kultur, die mich aber sehr interessiert. Ich möchte diese mir fremde Kultur kennenlernen. Die Patientin kennt sich in ihrer inneren Kultur viel besser aus als ich, und im Dialog möchte ich ihr anbieten, mir ihre innere Welt mitzuteilen. Dabei werde ich versuchen, ihr Erleben in meine mir vertraute Sprache zu fassen, denn vielleicht hat zumindest die eine Seite in ihr den Wunsch, mit jemandem ihr Erleben und Empfinden zu teilen. Dabei ist es mir wie PLASSMANN (1988) wesentlich, abgegrenzt zu bleiben, ein Außen-Stehender, der weder detektivisch eindringt wie ein Kriminologe, um die Patientin einer Schuld zu überführen, noch auch zu empathisch, um sie eindringlich zu verstehen und ihr zu helfen. *Auch eine gutgemeinte empathische Grenz-Verletzung bleibt eine Grenz-Verletzung.*

»Sagen Sie mal, Frau D., warum machen Sie so was eigentlich? Ich sehe an Ihren Narben und auch aus der Krankenakte, die ich inzwischen vorliegen habe – Sie haben es mir selbst heute nacht ja auch gesagt –, daß Sie sich schon häufiger selbst verletzt haben. Verstehen Sie das eigentlich?« – Schweigen – »Ich meine, was Sie da machen, ist ja eigentlich sehr schlimm. Sie drücken sich Zigaretten auf der Haut aus, Sie schneiden sich selbst – das sind ja Sachen, die manche Menschen anderen antun, und zwar um die zu foltern.« – Ein kurzer, irritierter, verärgerter Blick. – »Sagen Sie mal, haben Sie was gegen sich?« – »Ob ich was gegen mich habe? Ob ich was gegen mich habe?« Ihre Stimme wird fast höhnisch, schrill, Tränen schießen ihr in die Augen. »Ich bin dick, dumm, faul und überflüssig. Hat mein Vater mir immer gesagt, hat er recht mit. Schauen Sie mich doch an! Los, schauen Sie ruhig! Denken Sie, ich habe nicht mitbekommen, wie ich Sie angewidert habe heute nacht? Wie Sie mich am liebsten losgeworden wären und mich nur eingesperrt haben, um Ihre Ruhe zu haben, und damit Ihnen niemand an den Karren fahren kann? Sie brauchen gar nicht so betreten zu gucken. Mich kann doch niemand ab. Meine Freundin in der Wohngemeinschaft ist doch auch froh, daß ich erstmal hier bin. Freundin, pah! Mich kann niemand ab. Ich mich auch nicht.« Ihre Worte kommen hastig, drängend, ebenso wütend wie verzweifelt. – Ich bin tatsächlich betroffen, fühle mich ertappt. Andererseits bin ich es inzwischen gewöhnt, mich vor diesen Patientinnen nicht verstellen zu können. »Ich kann noch nicht sagen, ob ich Sie abkann oder nicht. Gestern nacht war es für mich anstrengend mit Ihnen, das stimmt. Heute wirken Sie auf mich ganz anders. Aber ich verstehe jetzt etwas besser, warum Sie sich so behandeln: Sie haben früher von Ihrem Vater zu hören bekommen, Sie seien dumm, faul, dick und – und was war das noch?« – »Überflüssig.« – »Richtig, überflüssig. Heute geben Sie Ihrem Vater selbst recht. Was früher Ihr Vater Ihnen gesagt hat, sagen Sie sich selbst. Dafür brauchen Sie Ihren Vater inzwischen gar nicht mehr. Ja, das kann ich nachvollziehen.« – Frau D. blickt etwas irritiert auf: teils erstaunt, überrascht, teils verärgert. »Das ist nicht alles. Wenn Sie wüßten, was mit mir alles gewesen ist.« – »Wollen Sie darüber reden?« – Frau D. zieht sich sichtlich in sich zurück. »Weiß ich noch nicht. Hat ja doch alles keinen Sinn.« – »Ich merke, wie Sie zögern. Einerseits spüre ich Ihren Wunsch, sich mir mitzuteilen und zu öffnen. Andererseits zögern Sie, ziehen sich zurück. Das kann ich gut verstehen. Sie kennen mich ja noch gar nicht und wissen nicht, wie ich mit dem umgehen werde, was Sie mir dann mitteilen. Ich halte das für *gesundes* Mißtrauen. Ich schlage Ihnen vor, wir unterhalten uns über Ihre Vorgeschichte, und Sie überlegen immer genau, ob Sie mir etwas mitteilen, eine Frage beantworten wollen oder nicht. Wir hätten dann morgen um zehn den nächsten Termin.« – »Morgen? Ich dachte, ich komme heute nach Hause?« – »Kann ich mich nicht mit einverstanden erklären. Nach der gestrigen Nacht wäre mir das zu kurz. Oder sind Sie in ambulanter Therapie?« – Kopfschütteln – »Okay, dann bis morgen.« – »Wollen Sie mich gegen meinen Willen hier weiter einsperren? Das ist Freiheitsberaubung.« – »Wie schon gesagt, wenn Sie damit nicht einverstanden sind, ziehe ich einen Richter zur Entscheidung hinzu. Nach der gestrigen Nacht will ich, daß Sie zumindest einige Tage hier bleiben.« – »Scheiße!«. Die Tür knallt hinter Frau D. zu.

Ich versuche, während der ganzen *Anfangsphase der Therapie* primär die kognitive, reife, erwachsene Seite der Patientin anzusprechen und mit ihr in einen *Erwachsenendialog* einzutreten (FÜRSTENAU 1992, S. 90f.). Über weite Phasen der ersten Wochen ist der therapeutische Dialog, wenn möglich, ein *Gespräch unter erwachsenen Menschen* über erstaunliche, noch unverständliche, aber sicher sehr sinnvolle Phänomene. Im ersten Kontakt hinterfrage ich die Symptomhandlungen, erkundige mich und versuche in ersten Ansätzen, die *Symptomatik ich-dyston zu machen*. Die Parallele zum Foltern und die Deutung, die Patientin behandele sich selbst heute so wie früher der Vater sie, sind erste Schritte auf dem Weg, die – insgeheim meist narzißtisch hoch besetzten – *Selbstbeschädigungen als problematischen Akt der Selbstfürsorge* in Frage zu stellen. Die Frage »Haben Sie etwas gegen sich?« ermöglicht den Patientinnen, ihren *Selbsthaß* und ihre *Selbstabwertung* mitzuteilen und sich zu erklären. Ich vermittle, daß ich an der Patientin und ihrer Symptomatik interessiert bin, gleichzeitig aber, daß ich gegen diese Symptomatik bin. Ich will sie verstehen, aber ich halte selbstverletzendes Verhalten (SVV) solange für ungut, bis ich vom Gegenteil überzeugt bin. Von Anfang an akzeptiere ich meine Hilfs-Ich-Funktion (KERNBERG 1981, S. 517). Ich fasse die nonverbalen Signale der Patientin versuchsweise in Worte, so gut mir das gelingt, und fördere damit *Affektdifferenzierung und Binnenwahrnehmung* (SACHSSE 1984). *Ich bestätige ihr Mißtrauen als gesund* und achte so darauf, daß ihre Abwehr nicht überschwemmt wird von ihrem Wunsch, sich symbiotisch-rückhaltlos zu öffnen mit der Gefahr, daß sie sich anschließend Selbstvorwürfe macht, in Selbsthaß und Selbstverachtung versinkt. Ich fordere sie auf, mit mir auf einer Metaebene unsere Interaktionen zu betrachten, und arbeite damit an ihrem *selbstbeobachtenden Ich* (ROHDE-DACHSER 1983, S. 187f.; STREECK-FISCHER 1991, S. 110). Falls erforderlich, entmündige ich sie partiell und temporär und entscheide für sie, und zwar dann, wenn ich ziemlich sicher bin, daß ihre Entscheidung überwiegend selbstschädigend ist. Das mache ich nicht mit. *Selbstschädigend kann die Patientin nur gegen mich handeln, nicht im Bündnis mit mir.* Andererseits bin ich von Anfang an bemüht, die Hilfs-Ich-Funktion so begrenzt wie möglich zu übernehmen, um ein Abhängigkeitsverhältnis nicht unnötig zu fördern. Sonst induziere und unterhalte ich einen Prozeß, bei dem die Patientin sich immer mehr gehen läßt und das therapeutische Team immer mehr Steuerung und Verantwortung unternehmen muß.

Die Gestaltung des stationären Behandlungsrahmens: »Arbeitslager« oder »Säuglingsstation«?

Seit ihren Anfängen bei SIMMEL (1928) hat die stationäre Psychotherapie eine lange Entwicklung durchlaufen (ZAUNER 1978; HEIGL 1981; HEIGL-EVERS und HEIGL 1988; SACHSSE 1982, 1989; JANSSEN 1987; SCHEPANK 1988; KERNBERG 1988, S. 451ff.). Die Frage, ob *mittel- und langfristige stationäre Psychotherapie zur Behandlung von Borderline-Patientinnen* (DULZ und SCHNEIDER 1994) indiziert ist oder nicht, wird kontrovers diskutiert. Einerseits löst die stationäre Aufnahme fast regelhaft in kürzester Zeit schwere Regressionen aus (PLASSMANN 1987, S. 895; FÜRSTENAU 1992, S. 57), und die Station wird zur Bühne von untherapeutischen Reinszenierungen, wenn das Behandlungsteam nicht in der Lage ist, die Handlungsmitteilungen (KERNBERG 1988, S. 204, S. 500f.) der Patientinnen zu synthetisieren (SEARLES 1974, S. 105ff.; TRIMBORN 1983; ECKHARDT 1989, S. 115ff.; STREECK-FISCHER 1991, S. 106f.; JANSSEN et al. 1989, S. 95, 102f.; 1990, S. 97). Andererseits sehen etwa KERNBERG (1988, S. 466) und HARTOCOLLIS (1985, S. 195 ff.) in der *langfristigen stationären Psychotherapie bei diesen Patientinnen die Methode der Wahl*. Um die prinzipielle Frage der *Behandlungindikation* (HEIGL 1978) im Einzelfall entscheiden zu können, empfiehlt sich *Diagnostik*.

Wie zu erwarten war, kann ich mich nicht einfach in Ruhe der *Erhebung einer Anamnese unter tiefenpsychologischen Gesichtspunkten widmen*. Frau D. ist noch keinen ganzen Tag auf der Station, da wird sie schon zum Thema der Mittagsbesprechung im Behandlungsteam. Die Stationsschwestern beider Schichten drängen darauf, über Frau D. zu sprechen. Andere stimmen ein, und die Besprechung wird bald lebhaft. In den nächsten Wochen, ja Monaten wird Frau D. viele Teambesprechungen dominieren.

Von Anfang an lassen sich die Probleme, die Frau D. auslöst, unter zwei Überschriften zusammenfassen: *Teamspaltung und Schuldzuweisung.* Frau D. löst im Team wie im behandelnden Arzt zwei gegensätzliche Tendenzen aus: *Mehr Härte – mehr Schonung.* Die eine Gruppe vertritt eine harte, rigide, straffe Normensetzung mit starren Konsequenzen (Modell »Arbeitslager«). Diese Mitarbeiter sehen in der Symptomatik eine weitgehend bewußte Provokation, einen Akt gemeiner Depotenzierung und höhnischen masochistischen Triumphes. Die andere Gruppe plädiert für mehr Schonung, Verständnis, Entlastung (Modell »Säuglingsstation«). Sie sieht in der Patientin ein hilfloses Kind, das seinen Impulsen ausgeliefert ist und für nichts verantwortlich gemacht werden kann. *Die innere Spaltung zwischen Überhärte und süchtiger Verwöhnung inszeniert sich* also nicht nur im Therapeuten, sondern *auch im Behandlungsteam.* Nicht selten erfaßt diese Problematik übrigens eine ganze Klinik. Diensthabende Ärzte, Klinikchef, Oberpfleger, Klinikseelsorger und sogar der einweisende Chirurg: Alle kennen, alle diskutieren Frau D. und ihre Behandlung innerhalb einer Woche – spätestens. Offenkundig verfügt Frau D. über eine erhebliche *»interaktionelle Potenz«,* wie KÖNIG (1982) es nennen würde. Eng verbunden mit Spaltungsphänomenen ist die Problematik der Schuldzuweisung: Wer hat den »schwarzen Peter«, wenn Frau D. sich in einer Nacht selbst verletzt hat?

Der Tagdienst beschuldigt die Nachtschicht, sich nicht genug um Frau D. gekümmert zu haben. Die brauche einfach mehr Zuwendung. Die Nachtschicht beschuldigt den Tagdienst, Frau D. tagsüber zu verwöhnen. Nachts sei einfach nicht soviel Personal da. Außerdem gebe es noch andere Patientinnen, und wenn Frau D. tagsüber ständig jemanden am Händchen halten könne, dann fehle ihr nachts natürlich was. Das bekomme die Nachtschicht dann zu spüren. Außerdem sei ja wohl jeder Patient noch für sich selbst verantwortlich. Und überhaupt sei Frau D. medikamentös völlig unzureichend eingestellt. Wozu der Stationsarzt eigentlich da sei. Die sei nachts viel zu unruhig. Der Stationsarzt wird auch von seinem Oberarzt angesprochen, was denn mit Frau D. sei. Selbst der Oberpfleger habe ihm die Klagen der Nachtschicht übermittelt. Er solle doch mal sehen, was da auf Station laufe. Als Stationsarzt verwahre ich mich entschieden gegen diese Vorwürfe. Frau D. erhalte genügend Medikamente. Die Schwestern kämen nur nicht ihrer Pflicht nach, die Einnahme auch wirklich zu überwachen. Der Antidepressivaspiegel sei schon verdächtig niedrig. Das könne eigentlich gar nicht sein. Und überhaupt, wenn der Herr Oberarzt eine hilfreiche Medikation wisse: Bitte gern! Damit könne er sicher bald berühmt werden. Danach suchten doch alle. Und wenn man mir die Behandlung von Frau D. nicht zutraue – bitte schön. Es gebe ja auch noch andere Kollegen. Vielleicht seien die qualifizierter. Die Anregung vom anderen Stationsarzt, Frau D. möglichst rasch zu entlassen, sei auch nicht sehr hilfreich. Das sei jetzt die vierte Aufnahme innerhalb eines Jahres. Also: Unsere Klinik bleibe mit ihrem Versorgungsauftrag doch sowieso auf der Therapie von Frau D. hängen. Warum es dann nicht gleich richtig versuchen? – Haben Sie das Gefühl, ich übertreibe? Das freut mich zu hören. Es zeigt mir, daß Sie an einer souverän geführten Klinik mit gelassenen, abgeklärten Mitarbeitern arbeiten.

Oft ist ein Behandlungsteam damit überfordert, Spaltungsphänomene oder inszenierte Externalisierungen präödipal gestörter Patientinnen mit starker interaktioneller Potenz durch Selbstreflexion zu bewältigen. Es braucht Supervision und Verständnishilfe von außen (STREECK 1990). Diese kann in fallbezogener oberärztlicher Anleitung bestehen. Externe Supervision ist auf jeden Fall hilfreich, zumindest fallzentrierte Supervision (SACHSSE 1987; ANDERSON, SACHSSE und SCHWANOLD 1989). Darüber hinaus kann auch eine externe teamzentrierte Supervision die Arbeit erleichtern, sofern sie kompetent durchgeführt wird (FÜRSTENAU 1992, S. 175). Denn solche Patienten legen die latenten, durch innerseelische, interpersonelle, gruppendynamische und organisatorische Mechanismen abgewehrten Spannungen und Animositäten in einem Behandlungsteam schnell bloß. Es besteht sowohl die Gefahr, daß Mitarbeiter untereinander in Konflikte geraten, die überwiegend von der Patientin induziert sind, als auch, daß über die Patientin etwas ausgetragen wird, was »eigentlich immer schon mal« angegangen werden sollte.

Das Behandlungsteam hat die Aufgabe, sich als Projektionsträger zu verstehen und zur Verfügung zu stellen. Das heißt aber nicht, daß ein Team »zum Watschenmann« der Patientinnen werden darf. Dem heiklen Umgang mit Traumatisierungen durch Traumatisierte werde ich mich noch ausführlich widmen. Die eigenen Gegenübertragungsgefühle und -reaktionsbereitschaften müssen professionell verstanden werden. In gemeinsamen Teambesprechungen werden die einzelnen Selbst-Objekt-Konstellationen in der Beziehung zur Patientin zusammengetragen, und das *Behandlungsteam muß dann jene synthetischen Ich-Leistungen vollbringen, zu denen die Patientin noch nicht in der Lage ist.* Gelungene Teambesprechungen entlasten die Atmosphäre, verändern den Umgang mit der Patientin und sind nach nicht nur meiner Überzeugung *eine der wichtigsten Wirkfaktoren stationärer Psychotherapie.* Jeder kennt das Phänomen: In der Teambesprechung mittags wird über Frau D. gesprochen, und die ist nachmittags nach übereinstimmender Einschätzung »schon irgendwie anders«, obwohl noch niemand mit ihr geredet hat. Auch Supervisionen ambulanter Therapien und Kontrollanalysen haben ja oft diesen erstaunlichen Effekt.

Ich will ein Behandlungsproblem bereits ansprechen, dem ich mich später noch ausführlicher widmen werde: der *Selbstfürsorge und der Belastbarkeit der Behandelnden.* Das Behandlungsteam muß einen Behandlungsrahmen finden, durch den es der Patientin gewachsen ist. Es wird Frau D. sicher nichts nützen, wenn sie einem ständigen Schwanken zwischen mitleidvoller Verwöhnung und überreizter Härte ausgesetzt ist, oder wenn nach langen, vom Team klaglos ertragenen Behandlungswochen plötzlich ein Abbruch folgt: »Wir können einfach nicht mehr.« *Je belastender die Patientin ist, um so selbstfürsorglicher müssen die Mitarbeiter für sich selbst und füreinander sorgen.*

Die geschlossene Station ist nach 5 Monaten Therapie völlig überreizt, weil Frau D. in dieser Zwischenphase ihrer Therapie »ständig auf der Matte steht«, immer wieder an die Tür des Schwesternzimmers klopft. Einzelne Schwestern fühlen sich geradezu beschattet oder verfolgt. Im Team wird darum beschlossen, daß eine Schwester in jeder Schicht als *Bezugsschwester* für Frau D. zuständig sein soll. Frau D. läßt in dieser Therapiephase ihre Abhängigkeitswünsche und ihre Anhänglichkeit zu, natürlich verbunden mit den zugehörigen aggressiven Seiten infantiler Abhängigkeit wie Dominanzstreben, Anspruchshaltung und drängender Ungeduld. Es wäre kontraindiziert, sie ständig abzuweisen, ihre Wünsche nur zu enttäuschen, ihre Kindheitserfahrungen dadurch zu reinszenieren, sie zu bestätigen und sie so wieder in ihre Autarkiehaltung zurückzuwerfen. Andererseits sind alle überfordert, natürlich auch Frau D. selbst. Da sie keinen konkreten Bezugspartner im Pflegepersonal hat, wendet sie sich mit ihren drängenden Wünschen an die oder den nächst Greifbaren. Die Bezugsschwester muß Frau D. längere Zeit »bei Bedarf« kurzfristig zur Verfügung stehen. Da niemand freiwillig diese Aufgabe unbefristet übernommen hätte, wird ein Wechsel der Funktion alle vier bis sechs Wochen festgelegt. Jeder kommt so der Reihe nach dran. Ausgenommen sind ausdrücklich Krankenpflegeschülerinnen. Die können sich oft gegenüber Forderungen besonders schwer wehren und abgrenzen. Wenn ihnen die Betreuung besonders schwieriger Patientinnen übertragen wird, verschwimmt leicht die Grenze zwischen »die sollen was lernen« und »die können wir verheizen«, also zwischen pädagogischer Förderung und kaum verhohlenem Sadismus. Sadistische Interaktionen zwischen den Mitarbeitern sind der Behandlung präödipal gestörter Patientinnen atmosphärisch aber nicht förderlich. Da wären wir dann wieder bei der Notwendigkeit von Supervision. Also: Selbstfürsorgliche Erwägungen aller an der Behandlung Beteiligten halte ich für legitim, sinnvoll, mittelfristig sogar für therapieförderlich, auch wenn sie kurzfristig für eine Patientin eine gewisse Härte beinhalten. Natürlich protestiert Frau D. dagegen, alle vier bis sechs Wochen eine neue Ansprechpartnerin zu bekommen und sich die Bezugsschwester nicht aussuchen zu dürfen. Aber gerade eine *realistisch begrenzte Wunscherfüllung phasenspezifisch berechtigter Bedürfnisse in begrenzten therapeutischen Beziehungen hat sich mir bewährt.*

Jedes Behandlungsteam sollte sich sehr schnell über ein zentrales Problemfeld einig werden: über den *Umgang mit SVV auf Station.* Es ist nach meinen Erfahrungen illusorisch zu erwarten, daß SVV nicht auch auf Station geschieht. Das Symptom läßt sich weder verbieten noch durch Medikamente oder therapeutische Beziehungsangebote kurz- oder mittelfristig ersetzen. Dazu ist es für die innerseelische und interpersonelle Regulation psychodynamischer Prozesse viel zu zentral und unentbehrlich. Prinzipiell sind mehrere Umgangsmöglichkeiten denkbar und auch vertretbar. Das Prozedere sollte nur *einheitlich* von den Behandelnden durchgeführt werden und z.B. auch mit den diensthabenden Ärzten *verbindlich abgesprochen* sein. Auf der einen Seite stände ein Umgangsstil, der das Symptom einfach als Symptom akzeptiert und nicht weiter auf die Symptomatik zentriert ist. Wenn es zu einer neuen Selbstbeschädigung kommt, wird diese medizinisch korrekt versorgt und ansonsten übergangen. Das andere Extrem wäre ein Umgangsstil, bei dem durch maximale Außensteuerung alles getan wird, um erneute Selbstbeschädigungen zu verhindern: Beobachtung, sehr hohe Medikation, Einzelsitzwache, Fixierung.

Mein Kriterium für den Umgang mit SVV ist die Schwere der sichtbaren Entstellungen. Beim »Ritzen«, den oberflächlichen, wenig entstellenden Hautwunden, nehme ich das Symptom wie ein anderes süchtiges oder psychosomatisches Symptom auch: Es erfolgt eine medizinisch korrekte, emotional möglichst gelassene, weder überbordend besorgte noch latent sadistische noch kalt abweisende Wundversorgung. Anschließend wird im therapeutischen Krisengespräch oder auch erst im nächsten vereinbarten Termin die Symptomhandlung als Signal verstanden, das es zu entschlüsseln gilt. Gemeinsam wird auch überlegt, ob es in der konkreten Situation nicht Alternativen zum SVV gegeben hätte. Dieser eher gelassene Umgang mit dem Symptom darf nicht in Gleichgültigkeit ausarten. Dann würde der Therapeut vielleicht sogar eine Symptomverstärkung induzieren, da die Patientin ihre Signale bagatellisiert oder abgewertet sieht und hofft, ihren Therapeuten durch immer schwereres SVV doch noch erreichen zu können. – Bei *schweren Selbstverletzungen mit bleibenden, entstellenden Narbenbildungen* ist mir ein eher gelassener Umgang mit der Symptomatik nicht immer möglich. Ein erklärtes Therapieziel ist es, daß der eigene Körper einmal selbstfürsorglich und liebevoll als Selbstanteil erlebt, erfahren und behandelt werden kann. Dies wird um so schwieriger, je entstellter dieser Körper wird. Zwar kann plastische Chirurgie gegen Ende der Therapie sehr segensreich wirksam werden, aber die ganze Therapie wird durch jede weitere schwere Entstellung belastet. Außerdem bergen schwere Selbstverletzungen das Risiko von Nerven- oder Gefäßbeschädigungen in sich. Je potentiell gesundheitsschädigender und sichtbar entstellender die Symptomhandlungen sind, um so mehr erwäge ich die Möglichkeiten einer Außensteuerung, wie eine geschlossene Station sie bietet: Ausgangssperre, Entzug von Feuerzeug und Streichhölzern, Rauchen nur unter Aufsicht einer Schwester, Übernachtung im Wachsaal, Fixierung. Dieser Behandlungsstil beinhaltet natürlich die große Gefahr der »therapeutischen Einkreisung«, vor der TRIMBORN (1983), STREECK-FISCHER (1991, S. 108) und DANKWARTH (1994) eindringlich gewarnt haben. Ein Behandlungsteam sollte sich relativ früh in einer Behandlung darüber klar werden, wie weit es in der Außensteuerung gehen will und kann. Hier gibt es ideologische, institutionelle, juristische, teamspezifische und ganz persönliche Begrenzungen, die jedes Team kennen sollte und die als Variable in einen Behandlungsplan einzubeziehen sind. Je länger ich SVV-Patientinnen behandele, um so gelassener akzeptiere ich inzwischen Symptom-Rückfälle. Soweit möglich vermeide ich es, daß sich die ganze Dynamik der Behandlung um das Symptom zentriert. Hier sollte man fundamentale Erkenntnisse der Lerntheorie nicht aus den Augen verlieren, nach denen übertriebene Beachtung ein Verhalten auch verstärken kann (BREZOVSKY 1985).

In diesen Rahmen gehören auch *Entscheidungen zur Etablierung und zum Umgang mit verbindlichen Regelungen* (SACHSSE 1989). Verläßliche Stationsregeln, die alle Teammitglieder kennen, gemeinsam erarbeitet haben und solidarisch vertreten, sind gerade auf psychiatrischen und psychotherapeutischen Stationen wichtige soziale Signale und Orientierungspunkte. Bei Patientinnen mit Spaltungstendenzen reduzieren Regelungen, die für alle Mitarbeiter und alle Schichten verbindlich sind, die Möglichkeiten zur Teamspaltung erheblich. Bei Stationsregeln, die nicht zwanghaft versuchen, jede konkrete Lebenssituation in ein »wenn-dann«-Schema zu pressen, wird es aber bald das gleiche Problem geben wie im Umgang mit Gesetzen allgemein: Sie enthalten einen *Auslegungsspielraum*. Ein Teil der Mitarbeiter wird sie eher starr und rigide, der andere laissez faire auslegen. Stationsregeln sind für alle Beteiligten Orientierungspunkte, werden einem Stationsteam aber nur selten das konkrete Austragen der konkret anstehenden Entscheidung ersparen. Das zweite Dilemma mit Stationsregeln sehe ich darin, daß sie auch den Therapeuten festlegen. Sofern ich als Therapeut kein willkürlicher Machtmensch bin, binden mich Regelungen ebenso wie die Patientin. Das kann dazu führen, daß eine Patientin *an bestehenden Regelungen masochistische Triumphe und double-bind-Interaktionen inszeniert.*

Frau D. ist seit einigen Wochen auf der offenen Station. Eine der dort gültigen Regelungen beinhaltet, daß alkoholisierte Patienten für einen Tag auf eine geschlossene Station gehen und anschließend auf der offenen Station eine Woche Ausgangssperre akzeptieren. Mit Frau D. ist vereinbart, daß sie im Fall des Falles für drei Tage auf eine geschlossene Station geht. Gestern abend ist der Spätschicht aufgefallen, daß Frau D. eine Fahne hat. Sie hat zugegeben, Alkohol getrunken zu haben, und ist »auf die Geschlossene« gegangen. In der Frühbesprechung entwickelt sich zwischen Stationsschwester Brigitte und mir folgender Dialog:

Schwester: »Jetzt bleibt die erstmal eine Woche unten, so!« – Therapeut: »Drei Tage, Schwester Brigitte, drei Tage! Und diesmal wird sie gleich wieder hoch kommen müssen, denn um 13 Uhr muß sie schließlich im Arbeitsamt sein für diese psychologische Leistungsprüfung. Drei Stunden Tests. Die veranstalten das nur alle drei Monate. Wir können der jetzt nicht sagen: ›Frau D., Sie haben Ausgangssperre, Sie können da nicht hingehen‹. Damit nehmen wir ihr drei Monate persönlicher Entwicklungszeit. Das wäre völlig unverhältnismäßig.« – »Ich hab die Faxen dicke! Aber total! Für Frau D. gilt nie was. Die ist eine einzige Ausnahme. Es gibt immer einen Grund, warum wir mit ihr nun gerade nicht konsequent umgehen können. Können Sie mir sagen, warum wir für die überhaupt Regelungen haben?« – »Mir stinkt das auch. Die hat uns in einen Zwiespalt gebracht, in dem wir es mal wieder nur falsch machen können. Ich denke, sie steckt selbst in dem Zwiespalt: Einerseits ist sie ehrgeizig, wissen wir ja alle, und will den Test unbedingt machen. Seit drei Wochen reden wir in den Therapiesitzungen von nichts anderem. Die wird sich ein nicht erstklassiges Ergebnis monatelang nicht verzeihen. Darum hat sie ja auch Angst. Sie will da hin und sie will da nicht hin. Jetzt haben wir die Entscheidung. Wie wir entscheiden, ist es falsch. Setzen wir die Ausgangssperre durch, ist es unverhältnismäßig hart; wir schädigen sie, nehmen ihr drei Monate Entwicklungszeit, und wir nehmen ihr auch die Bewährungssituation beim Test ab. Wir hätten sie durch Überhärte paradoxerweise verwöhnt. Scheißspiel. Wenn wir sie aber zum Arbeitsamt schicken, wäre die Ausgangssperre gleich aufgehoben, und Frau D. hätte sich mal wieder über alle Regelungen hinweggesetzt. Bei der ist die Regel die Ausnahme.« – »Das haben Sie aber mal wieder schön gesagt, Herr Dr. Sachsse! Jetzt ist mir mal wieder alles klar, bin ich Ihnen auch echt dankbar für. Ich will aber, daß die nicht immer Extrawürste kriegt, verstehen Sie: ich will! Ich bin nämlich auch ein schwieriger Mensch mit einer schweren Kindheit. Und die anderen zwanzig Patienten hier haben es noch schwerer gehabt als ich. Und für alle gelten Gesetze und Regelungen, nur für Frau D. nicht. Mensch, das geht doch nicht! Was machen wir da eigentlich?« – Zwanzig Minuten später haben wir einen Weg gefunden: Frau D. bekommt von der geschlossenen Station aus für diesen Nachmittag Ausgang von 12 bis 17 Uhr und nimmt am Test teil. Dafür bleibt sie einen Tag länger auf der Geschlossenen. Die Mitarbeiter auf der Geschlossenen maulen natürlich, diese Regelung gehe auf ihre Kosten. Ich muß mal wieder die Frage in den Raum stellen, ob sie die Therapie für Frau D. gerne wieder ganz in ihre Regie übernehmen möchten. »Ja, ja, schon verstanden« brummt es mir aus dem Telefon entgegen. – Beim Mittagessen fällt mir auf, daß diese Lösung doch ganz einfach und naheliegend ist. Warum habe ich mich mit Schwester Brigitte eigentlich so heftig gestritten?

Es ist gut, wenn eine Station sich ihre Stationsregeln gründlich erarbeitet hat und dann die Regeln flexibel zur Förderung der Patientin anwendet, nicht die Patientin den Regeln anpaßt. An den Außengrenzen inszeniert sich der Konflikt der Patientinnen im Umgang mit dem eigenen Über-Ich und Ich-Ideal. Da dies immer auch eine ganz persönliche Konfrontation mit den Behandelnden ist, lege ich mich selbst begrenzt fest und *behalte mir vor, eine Regel außer Kraft zu setzen, wenn ich durch ihre Anwendung die Patientin schädigen würde*. Gerade masochistische Triumphe und sadomasochistische Inszenierungen sind *Beziehungsfallen*, aus denen es kein Entrinnen gibt. Sie kennen ja sicher den paradoxen Witz:»Masochist zum Sadisten: ›Bitte, quäle mich!‹ Sadist: ›Nein!‹ Masochist: ›Danke!‹«. Ein Ausweg besteht nur darin, auf der Metaebene diese Abläufe wieder und wieder bewußt zu machen, über sie zu sprechen, den darin enthaltenen Zwiespalt zu klären und dann eine Entscheidung zu treffen, die immer einen Kompromiß bedeuten wird.

Medikationsversuche

Die Kapitelüberschrift verweist darauf, daß ich die Problematik einer angemessenen Medikation bei SVV-Patientinnen ebenso wie DULZ (1994) oder HERPERTZ und SAß (1994) als ungelöst ansehe. Es bleiben in jedem Einzelfall Versuche. Sollte meine später noch ausführlich begründete These stimmen, daß *SVV meistens als Antidissoziativum* eingesetzt wird, müßte ein Medikament ebenfalls *antidissoziativ* wirken. Solche Medikamente sind mir nicht bekannt. Trotzdem will ich meine umfangreichen klinisch-psychiatrischen Erfahrungen mit Medikamenten zur Diskussion stellen, zumal sie sich mit Veröffentlichungen der letzten Jahre decken.

Zwei Erfahrungen vorweg: Erstens ist es in meinen Augen ein somatischer Befund von eigenständigem Aussagewert, daß SVV-Patientinnen viel höhere Dosierungen von Psychopharmaka fast ohne Wirkung »wegstecken« können als die meisten anderen Patienten. Es sind meist *Dosierungen an der oberen Gren-*

ze dessen erforderlich, was in gängigen Lehrbüchern der Pharmakotherapie empfohlen wird (BENKERT und HIPPIUS 1996), um überhaupt eine spürbare Wirkung zu erzielen. Medikationen sind eine Gratwanderung: Wenn ich mich für eine Medikation entschlossen habe, dann im möglichst sicher wirksamen Bereich; Unterdosierung ist schlechter als gar keine Medikation, denn die Patientin muß unerwünschte Nebenwirkungen ertragen, ohne die erwünschte Wirkung zu haben. Andererseits wird eine Dosierung mit zu vielen unerwünschten Wirkungen (»Nebenwirkungen«) Abneigung hervorrufen. Dann werden die Medikamente gar nicht mehr genommen und wieder durch angenehmere Therapeutika wie Alkohol, illegale Drogen oder SVV ersetzt. Die zweite Erfahrung betrifft die Hoffnung auf eine Lösung des Problems SVV durch Medikamente allgemein. Es ist wichtig, darauf gar nicht erst seine Hoffnung zu setzen, denn die wird gegenwärtig sicher enttäuscht. Eine Medikation kann die Psychotherapie erleichtern, vielleicht sogar erst ermöglichen, aber bisher keinesfalls ersetzen. Die medikamentöse Behandlung aggressiver und autoaggressiver Handlungen ist in der Psychiatrie natürlich immer wieder versucht worden. WINCHEL und STANLEY (1991), DULZ (1994) sowie HERPERTZ und SAß (1994) referieren den aktuellen Forschungsstand. Aus meiner Sicht ist es nicht ausgeschlossen, daß pharmakotherapeutisch in den nächsten Jahren Fortschritte möglich werden, zumal nicht nur die biochemische, sondern auch die neuroanatomische Erforschung unterschiedlicher Formen von Aggression (MÖLLER 1990, 1992) voranschreitet.

Psychiatrische Pharmakotherapie ist beim gegenwärtigen Stand der Grundlagenforschung überwiegend *symptomzentriert*, nicht ursachenzentriert. Je nach aktueller Situation stehen bei SVV-Patientinnen unterschiedliche emotionale Symptombildungen im Vordergrund, die ein angemessenes Medikationsregime erfordern.

Eine Hypothese zur SVV-Ätiologie verweist darauf, daß schmerzhafte Stimulationen zu einer erhöhten Endorphin-Ausschüttung führen (COID et al. 1983). Bei Patienten mit SVV und Minderbegabung unterschiedlicher Genese wurden Erfolge mit Naloxan und Naltrexon erzielt (LIENEMANN und WALKER 1989). PITMAN et al. (1990) erprobten den Einfluß von Naloxon auf die Analgesie von Vietman-Veteranen mit posttraumatischen Störungen.

Klinisch scheint eine Medikation mit *Antidepressiva* auf den ersten Blick nahezuliegen. Dies gilt aber nur phasenweise, weil SVV nur zum Teil ein depressives Syndrom zugrundeliegt. Clomipramin (Anafranil[R]) war anderen Antidepressiva dann überlegen. Es kann ja auch mit Erfolg bei der Linderung von Zwangssymptomen eingesetzt werden. Bekanntlich sind Suizidversuche mit Trizyklika sehr gefährlich. MÖLLER (1992) verweist darauf, daß Clomipramin »als einziges der klassischen Trizyklika eine wesentlich geringere Quote von Suiziden aufweist als andere Trizyklika« (S. 106f.). DULZ (1994) zitiert eine Reihe von Arbeiten, nach denen andere Trizyklika, insbesondere Amitriptylin, sogar zu paradoxen Reaktionen führten, nämlich einer Zunahme von Angst, Feindseligkeit und aggressiven Impulsdurchbrüchen. – Bessere Erfolge bringt eine Behandlung mit MAO-Hemmern, besonders mit dem reversiblen MAO-Hemmer Tranylcypromin (Parnate[R]) (COWDRY und GARDENER 1988). Auch hier ist an die Toxizität zu denken, wenn Überdosierungen nicht auszuschließen sind.

Besonderes Interesse gilt gegenwärtig dem *Einfluß des serotonergen Systems auf zwanghaft wiederkehrendes SVV und auf Suizidalität*. Insbesondere die Befunde, daß bei Patienten mit »brutalen«, sehr aggressiven Suizidversuchen, aber auch bei fremdaggressiven Menschen die Konzentration von Hydroxyindol-Essigsäure HIS im Liquor erniedrigt ist, haben den Blick auf das serotonerge System gelenkt (MÖLLER 1992; MÜLLER-OERLINGHAUSEN 1989, 1992). HERPERTZ und SAß (1994, S. 304) »scheint unter Berücksichtigung biologischer Erklärungsmodelle und erster Studienergebnisse ... ein Behandlungsversuch mit einem serotonergen Antidepressivum, ein 5-HT-Wiederaufnahmehemmer, am ehesten indiziert, zumal sich diese Substanzgruppe auch aufgrund ihres günstigen Nebenwirkungsspektrums und ihrer geringen Letalität bei mißbräuchlicher Anwendung anbietet«, etwa Fluoxetin (Fluctin[R]). Weniger antriebssteigernd wirkt Paroxetin (Seroxat[R], Tagonis[R]). – Sowohl MÖLLER (1991; 1992, S. 109) als auch MÜLLER-OERLINGHAUSEN (1989, S. 127f.; 1992, S. 117f.) verweisen auf eine als »*Serenika*« bezeichnete neue Stoffgruppe, die in Tierversuchen als spezifisches Antiaggressivum wirksam wird. Das Eltoprazin steht in den ersten Phasen der klinischen Arzneimittelprüfung.

Die innere Unruhe und latente aggressive Gespanntheit legt

eine *allgemeine Sedierung mit Neuroleptika* nahe. Dabei ist mit den gängigen *niederpotenten Neuroleptika* in höherer Dosierung eine allgemeine Sedierung erreichbar, insbesondere für die Nacht: Levomepromazin (Neurocil[R]), Thioridazin (Melleril[R]) und insbesondere das Thioxanthen Chlorprothixen (Taractan[R], Truxal[R]). Als Ein- und Durchschlafhilfe bewährt sich mir zunehmend das Prothipendyl (Dominal[R]), das auch bei sehr gespannter innerer Erregung noch Wirkung zeigt. Diese Medikamentenklasse besitzt auch eine nachgewiesene antidepressive Wirkkomponente. Die vegetativen Nebenwirkungen sind bekannt.

Hochpotente Neuroleptika sind gerade als Monotherapie, also ohne Antidepressiva oder niederpotente Neuroleptika zusätzlich, oft erstaunlich wirkungslos. Ich habe SVV-Patientinnen hochgradig gespannt erlebt mit Neuroleptika-Dosierungen, die bei anderen Menschen Somnolenz hervorgerufen hätten. In Kombination mit niederpotenten Neuroleptika können aber insbesondere Perazin (Taxilan[R]) (HELMCHEN et al. 1988) und Flupentixol (Fluanxol[R]) in mittlerer Dosierung spannungsreduzierend wirken (MÖLLER 1992, S. 102). Beide Neuroleptika haben bekanntlich kaum eine depressionsfördernde Nebenwirkung. DULZ (1994, S. 760) hat gute Anfangserfolge mit Zotepin (Nipolept[R]) erzielt, das in einigen Fällen nur leider zu Gewichtszunahme führt. Da bei Neuroleptika neben den akuten Nebenwirkungen immer auch die Gefahr möglicherweise irreversibler tardiver Dyskinesien besteht, muß die Indikation eng gestellt werden (DULZ 1994, S. 757). Der Einsatz muß zeitlich befristet bleiben. Anders ist das natürlich bei SVV-Patientinnen, die unter einer Schizophrenie leiden.

Gute Erfahrungen habe ich mit einer Basismedikation von *Carbamazepin* (Tegretal[R], Timonil[R]) gemacht. Ohne spürbare Nebenwirkungen wirkt es allgemein ausgleichend und scheint gerade die »anfallartigen« Impulsdurchbrüche mit SVV in ihrer Zahl deutlich zu reduzieren (GARDENER und COWDRY 1986; COWDRY und GARDENER 1988; WINCHEL und STANLEY 1991, S. 312; MÜLLER-OERLINGHAUSEN 1992, S. 115). GARDENER und COWDRY (1986) verweisen andererseits warnend darauf, daß 18% ihrer Patienten eine ernsthafte Melancholie entwickelten, die sich nach dem Absetzen von Carbamazepin zurückbildete. – Die Hypothese, Impulsdurchbrüche könnten epileptoide Entladungen im MCD-gestörten limbischen System sein (MONROE 1979;

ANDROLUNIS et al. 1980), ist nach wie vor in der Diskussion (GARDENER und COWDRY 1986, S. 236).

Mit Lithium habe ich bei dieser Gruppe von Patientinnen keine eigenen Erfahrungen gesammelt. Es wird in der Literatur empfohlen (MÜLLER-OERLINGHAUSEN 1989, 1992), beinhaltet aber auch ein hohes Intoxikationsrisiko bei agierenden Patientinnen (DULZ 1994, S. 757).

Benzodiazepine sind eine sehr doppelbödige Lösung. Ich habe keine Veröffentlichung gefunden, die den Einsatz von Benzodiazepinen bei Suizidalität mit stark autoaggressiver Komponente empfiehlt. COWDRY und GARDENER (1988, S. 111) warnen sogar, daß Patienten, die Alprazolam bekamen, schwerwiegende Episoden von ernsthaftem Kontrollverlust bekamen. Auch MÜLLER-OERLINGHAUSEN (1989), S. 124f.) stellt fest: »Die Wirkung der Benzodiazepine ist heterogen; sie können neben eindeutig antiaggressiven Eigenschaften unter Umständen auch aggressionsverstärkende Wirkungen entfalten«. Für die akute Situation z.B. im Nachtdienst schaffen sie kurzfristig Ruhe und Entspannung, mittelfristig machen sie sehr viel Arbeit. »Benzos« sind den meisten SVV-Patientinnen aufgrund von Vorerfahrungen mit Ärzten, die sich ihnen nicht im erforderlichen Umfang widmen können, schon gut vertraut und werden oft drängend eingefordert. Einmal verordnet müssen sie sehr rasch erhöht werden, um spürbar wirksam zu bleiben, und können nur in zähen Kämpfen picogrammweise reduziert werden. Benzodiazepine gebe ich immer nur zeitlich kurz befristet, also von einmalig in der konkreten Situation bis zu etwa zwei Wochen. Sofern unabwendbar, bevorzuge ich als Benzodiazepin das Clonazepam (Rivotril^R), das als Antiepileptikum im Handel ist, oder – das Flunitrazepam (Rohypnol^R). Dies mag erstaunen, gilt es doch als ein Benzodiazepin mit besonders hohem Suchtpotential. Es ist aber als eines der ganz wenigen Medikamente relativ sicher wirksam bei quälenden dissoziativen Zuständen, die anders nicht beherrschbar sind, so daß es nach meiner Einschätzung vorübergehend seine – begrenzte – Indikation hat. Vor Lorazepam (z.B. Tavor^R) wird bei präsuizidalen Patienten in der Literatur gelegentlich gewarnt (MÜLLER-OERLINGHAUSEN 1992, S. 114); DULZ (1994, S. 760) empfiehlt seinen Einsatz bei akuten Erregungszuständen zur Anxiolyse.

Mehr anekdotisch will ich nicht verschweigen, daß ich 1986

eine kurze Zeit lang auch Erfahrungen mit *Psychostimulantien* gesammelt habe, und zwar mit Methylphenidat (Ritalin^R). In den USA gehören Psychostimulantien zum Behandlungsrepertoire; in der BRD unterliegen sie dem Betäubungsmittelgesetz. Ich habe Methylphenidat bei einer SVV-Patientin über zwei Wochen eingesetzt, die sich dadurch wesentlich gesteuerter und konzentrierter fühlte und ihren Arbeitsversuch viel besser bewältigte. Sie mußte die Medikation wieder absetzen, weil sich unerträgliche Kopfschmerzen einstellten. Gleichzeitig war ihr die Medikamentenwirkung unheimlich, da sie sich selbst in ihrem inneren Erleben schnell fremd wurde. – Bei zwei männlichen Patienten, die im Rahmen komplexer psychiatrischer Mehrfacherkrankungen unter anderem auch SVV hatten, war die Medikation ebenfalls zeitlich kurz begrenzt. Ein Patient hatte bereits Drogenerfahrung in seiner Jugend gehabt und lehnte die Medikation am zweiten Tag mit den Worten ab: »Ich laß mich von Ihnen doch nicht mit Speed arbeitsfähig pushen!« Der andere Patient mit einer passiv-masochistischen Persönlichkeitsstörung auf dem Boden einer frühkindlichen Hirnschädigung und Minderbegabung klarte zunächst für etwa vier Tage überraschend auf und weckte große Hoffnungen. Dann wurde er innerhalb weniger Stunden maniform erregt und erkletterte einen hohen Schornstein auf dem Klinikgelände. Der Einsatz der Feuerwehr beendete auch den Medikationsversuch. Insbesondere die Erfahrungen mit diesem maniform dekompensierten Patienten haben mich veranlaßt, auf weitere Erfahrungen mit der Psychostimulantien-Medikation zu verzichten.

Eine Medikation ist gerade in der stationären psychiatrischen, zeitweise auch noch in der stationären psychotherapeutischen Behandlung unverzichtbar. Solange es aber keine spezifisch antidissoziativ wirksame Medikamentengruppe gibt, frage ich mich manchmal, ob die Medikation nicht überwiegend der allgemeinen Beruhigung dient: derjenigen der Patientin und derjenigen des Behandlungsteams.

II

Die Diagnostik

Der Symptomkomplex

Leitsymptomatik der hier beschriebenen Gruppe von Patientinnen ist die *offene Selbstbeschädigung der Haut*. Am häufigsten geschieht eine Selbstverletzung durch das Schneiden mit Gegenständen wie Rasierklingen, Scherben oder Messern, gefolgt von Verbrennungen mit Zigaretten oder der Flamme eines Feuerzeuges. Häufig sind auch Manipulationen an Wunden oder großflächige Kratzspuren. Deutlich seltener sind Verletzungen durch das Schlucken von unverdaulichen Substanzen wie Putzmitteln oder Schmuck, durch heftiges Kopfschlagen, Beißen, Verätzen oder Verbrühen. Lokalisiert sind Selbstverletzungen ganz überwiegend an den Unterarmen, häufiger auch an den Beinen. Rumpf und Kopf sind seltener betroffen (HERPERTZ und SAß 1994, S. 299; TAMELING 1992, S. 63; TAMELING und SACHSSE 1996).

Zum Glück sind die meisten Selbstverletzungen nur oberflächlicher Natur und hinterlassen keine entstellenden Narben. PAO (1969) sprach von »delicate self-cutting«. Es gibt aber auch tiefe Schnitte bis zur Muskelfaszie, mit Gefäßverletzungen und Nervendurchtrennungen, die bleibende Schäden und entstellende Narben hinterlassen. Nach meiner Erfahrung korrespondiert die Schwere des SVV mit der Schwere der Störung.

Abzugrenzen vom offenen SVV sind die heimlich induzierten Krankheiten (PAAR 1995): Die Simulation – die uns hier nicht beschäftigt –; das Münchhausen-Syndrom (ECKHARDT 1989, 1994), das Munchhausen-proxy-Syndrom (PLASSMANN 1994) und die artifiziellen Krankheiten (factitious disease F. D.: PLASSMANN 1994). Während früher die Meinung vorherrschte, offener und heimlicher Selbstbeschädigung lägen sehr unterschiedliche psychodynamische Prozesse zugrunde, werden die Grenzen inzwischen eher fließend gesehen. So gibt es durchaus Patientinnen, die sich selbst offen und heimlich gleichzeitig verletzen. Beide Symptombildungen werden heute psychodynamisch auf dissoziative Prozesse bezogen.

Es verwundert nicht, daß es eine umfangreiche dermatologische Literatur zur Selbstverletzung der Haut gibt (u.a. ILSE RECHENBERGER 1983, S. 240–244, 1986, S. 88–108; VAN MOFFART 1976, 1983, 1985, o.J.; WHITLOCK 1980; BOSSE 1985, S. 1028–1031; GIELER et al. 1987; GIELER 1994). Heimlich herbeigeführte Hautveränderungen werden in der Dermatologie als *Artefakte* bezeichnet, offenes SVV als *Para-Artefakte*, zu denen auch die Akne excorie und Trichotillomanie gezählt werden. Zwei völlig unterschiedliche Bücher geben eine umfassende Einführung in die Psychodynamik der Haut. ANZIEU (1992) beschreibt in »Das Haut-Ich« in der Nachfolge FREUDS die Haut als körperliche, seelische und soziale Grenze und Hülle mit vielfältigen Funktionen. MAGUIRE (1991) sieht »Hauterkrankungen als Botschaften der Seele« und leitet in der Nachfolge von C.G. JUNG die Physiologie, Pathologie und psychische Bedeutung der Haut aus Mythologie, Religion und Märchen ab.

Die Symptomatik wird also als Para-Artefakte, offene Selbstbeschädigung oder Selbstverstümmelung bezeichnet. Im angloamerikanischen Sprachraum finden sich die Bezeichnungen »self-mutilation«, »self-injurious behavior: SIB«, »delicate self cutting«, »delicate self harm syndrome« oder »syndrome of the wrist cutter« (HERPERTZ und SAß 1994, S. 297).

Der auch von mir bisher gebrauchte Begriff »Selbstbeschädigung« ist nicht nur deskriptiv, sondern kann be- und verurteilende Konnotationen wecken. Ich habe mich entschlossen, eine Wortwahl von BREZOVSKY (1985) und TAMELING (1992) zu übernehmen und von ›*selbstverletzendem Verhalten: SVV*‹ zu sprechen. Damit ist eine deskriptive, emotional nicht befrachtete Benennung möglich. Im angloamerikanischen Schrifttum würde dem »self-injurious behavior: SIB« entsprechen.

Die Leitsymptomatik SVV steht nie isoliert. Sie ist stets verbunden mit weiteren selbstschädigenden Verhaltensweisen und Symptombildungen. Fast alle Patientinnen haben *Suizidversuche* hinter sich, dabei meist mehrere akut lebensbedrohliche, die nur durch intensivmedizinische Maßnahmen behandelbar waren. In der Therapie ist deutlich zu differenzieren, ob die aktuelle Handlung jeweils ein Suizidversuch ist mit dem Ziel, sich das Leben zu nehmen, eine *parasuizidale Handlung* oder ein Versuch, sich vorübergehend zu *narkotisieren*. Sehr viel ›Suizidversuche‹ dieser Patientinnen sind Medikamentenintoxikationen mit dem Ziel, sich vorübergehend sicher zu narkotisieren. Andere sind eine Art russisches Roulette mit dem Schicksal: ›Wenn ich überlebe, soll ich noch weiter leben. Das lass' ich das Schicksal entscheiden.‹ Solche riskanten, parasuizidalen Handlungen bergen immer ein letales Risiko in sich.

Alle Patientinnen haben schwere *Störungen des Körperbildes*. Viele leiden unter Eß- und Gewichtsstörungen. Häufig sind Adipositas oder anorektische Episoden, zunehmend auch Bulimie (KLESSMANN und KLESSMANN 1988; FEIEREIS 1989). Dabei schwanken die Zahlen gegenwärtig (TAMELING und SACHSSE 1996: 29%; SACHSSE et al. 1994: 43%; HERPERTZ und SAß 1994: 61%). Stets findet sich eine *Alibidinie*. Die Störung des Körperbildes ist inzwischen empirisch belegt. Dabei hat sich gezeigt, daß die Häufigkeit des SVV mit der Ausprägung der Störung des Körperbildes korrespondiert (TAMELING 1992, S. 69; TAMELING und SACHSSE 1996).

Die meisten Patientinnen haben eine *Suchtproblematik* oder entwickeln eine solche als Zwischenphase der therapeutischen Entwicklung. Alkoholabusus, Benzodiazepin-Abusus und Polytoxikomanie sind am häufigsten (HERPERTZ und SAß 1994: 31%; SACHSSE et al. 1994: 40%).

Ausgeprägte *Phobien* sind häufig, aber nicht obligatorisch. Körperbezogene Phobien wie Dysmorphophobie oder Erythrophobie, verbunden mit einer ausgeprägten Soziophobie oder Agoraphobie stehen dann im Vordergrund. Regelhaft findet sich allerdings eine *ausgeprägte Angst vor dem Alleinsein*.

Eingebettet sind diese Symptombildungen in ausgeprägte Arbeits- und Beziehungsstörungen.

Die Zahlen zur *Geschlechtsverteilung* differieren im Schrifttum. Frauen überwiegen Männer im Verhältnis 3:1 (HERPERTZ und SAß 1994) bis 10:1 (SACHSSE et al. 1994), vermutlich deshalb, weil Mädchen viel häufiger Opfer sexuellen Mißbrauchs werden (ROHDE-DACHSER 1991, S. 198). *Epidemiologische Daten* haben u.a. ECKHARDT (1994), HERPERTZ und SAß (1994, S. 297f.)

und PAAR (1995, S. 21) zusammengestellt. Aus eigenen Erfahrungen und durch Austausch mit Kollegen schätze ich, daß von 100 psychotherapeutischen, psychosomatischen oder psychiatrischen Betten jeweils zwei bis drei von SVV-Patientinnen belegt sind; Tendenz: allgemein steigend.

Die Anamnese

Die wichtigsten Inhalte der Anamnese erfahre ich nur in Ausnahmefällen während der Anamneseerhebung. Die Schwere der Traumatisierungen stellt sich erst während der ersten Therapiephase heraus. Aus meiner Sicht ist es nur verständlich und sinnvoll, wenn eine Patientin ihrem Therapeuten nicht in den ersten Sitzungen alle ihre Realtraumata anvertraut, ohne die geringste Erfahrung, wie der mit solchen Mitteilungen umgeht. Dies relativiert auch den Wert von empirischen Untersuchungen, die ausschließlich Fragebögen und ein einmaliges diagnostisches Interview einsetzen. Die wirklich wesentlichen Inhalte der Anamnese werden erst mitgeteilt, wenn Vertrauen gewachsen ist. Hier werden sie der Lesbarkeit halber im Zusammenhang berichtet.

Maria D. kommt als erstes Kind *unerwünscht*. Ihr Vater ist Vertreter und häufig nachts unterwegs. Er fühlt sich von der Mutter durch die Schwangerschaft zur Ehe erpreßt und drängt auf einen Schwangerschaftsabbruch. Die Patientin erfährt später von der Mutter, der Vater habe sie während der Schwangerschaft zweimal im alkoholisierten Zustand gezielt in den Bauch getreten und geschlagen, um eine Fehlgeburt auszulösen. Daß die Mutter auch »Contergan oder sowas« während der Schwangerschaft eingenommen hat, kursiert als Gerücht im Verwandtenkreis. Der Vater heiratet die Mutter auf Drängen seiner Verwandtschaft kurz vor der Geburt der Tochter standesamtlich ohne größere Feierlichkeiten.

Maria D. kommt zwei Wochen nach dem errechneten Termin zur Welt. Die Geburt dauert lange. Sie ist ein ›*blue Baby*‹ und hat anfangs Atemnot. Die Mutter ist mit dem Kind von Anfang an überfordert. Sie kann die Tochter nur während der zwei Wochen auf der Wöchnerinnenstation stillen. Der Säugling erbricht häufig und nimmt nur langsam zu. Er ist unruhig und schläft schlecht. Die Mutter schiebt ihn häufig einfach in einen entfernteren Raum, verschließt die Türen und stellt sich Musik an oder verläßt das Haus, weil sie das Weinen nicht ertragen kann. *Zunehmend schlägt sie den schreienden Säugling.* Eine Behandlung auf einer chirurgischen Kinderstation ›nach Treppensturz‹ ist aktenkundig.

Die Mutter ist oder wird rasch tablettensüchtig. Während der Vater zu Hause ist, erwartet er Ruhe, um ausschlafen zu können, und wirft der Mutter ihr Versagen bei der Kindeserziehung vor. Erste *Kindesmißhandlungen der kleinen Tochter auch durch den Vater* sind sehr wahrscheinlich. Der Vater trinkt episodisch und wird dann gewalttätig. Die Mutter schlägt er häufig.

Maria lernt früh sprechen und laufen. Als sie drei Jahre ist, kommt die *jüngere Schwester erwünscht* zur Welt. Das Ehepaar erhofft sich eine Verbesserung der ehelichen Beziehung und mehr Lebensinhalt für die Mutter. Außerdem geht es finanziell langsam aufwärts.

Als sich auch die erwünschte jüngere Schwester als ein unruhiges Kind herausstellt, zieht die Mutter Maria vermehrt im Haushalt und bei der Kinderbetreuung hinzu. Darüber hinaus *parentifiziert* sie die ältere Tochter auch zur emotionalen Betreuung ihrer selbst. Bereits als Fünf- bis Sechsjährige ist Frau D. die Vertraute ihrer Mutter. Diese überträgt ihr zunehmend die Versorgung ihrer kleinen Schwester und zieht sich in Alkohol- und Tablettenbetäubung zurück. Oft sagt die Mutter, sie bringe sich nur deshalb nicht um, weil die Töchter noch klein seien. Frau D. erinnert später auch angstvolle Stunden, in denen sie weinend vor der verschlossenen Tür der intoxikierten Mutter horcht, auf sie einredet und hofft, die Mutter werde überleben. Eine psychiatrische oder psychotherapeutische Behandlung der Mutter wird vom Vater unterbunden, der um den Ruf der Familie in der Nachbarschaft fürchtet.

Je größer die Patientin wird, um so häufiger schlägt sie der Vater. Willkürlich und beliebig wirft er ihr vor, die Mutter nicht genug oder zuviel zu beaufsichtigen, in der Schule ungenügende Leistungen zu erbringen oder ihn selbst nicht genug zu versorgen, die kleinere Schwester zu verwöhnen oder zu vernachlässigen.

In der Schule wird Maria eine *sehr gute, aber sozial isolierte*

Schülerin. Sie darf keine Freundinnen mit nach Hause bringen und ist auch so eingespannt, daß sie keine Zeit für Besuche bei Freundinnen hat. Ihr *Übergewicht* provoziert Spott und Verachtung unter den Mitschülerinnen. Zwei Lehrer fördern sie und empfehlen einen Gymnasialbesuch. Da das Gymnasium in einem anderen Ort liegt, bliebe weniger Zeit für die Versorgung der Mutter. Sie besucht also weiter die Hauptschule. Den Hauptschulabschluß macht sie als Beste der letzen Schuljahrgänge. Wie bei den früheren Zeugnissen kommentiert der Vater ausschließlich die schlechte Sportnote. Maria darf aber auf massives Drängen der Lehrerschaft einen Aufbauzug der Schule zum Realschulabschluß besuchen. Der Vater fürchtet um seinen Ruf in der Nachbarschaft.

Maria fehlt häufig in der Schule, weil die Mutter sie doppelbödig drängt, zu Hause zu bleiben. Sie sagt der Tochter traurig »Kind, geh Du nur zur Schule, aus Dir muß ja mal was werden. Ich leg mich noch etwas hin.«, hat eine Tablettendose aber bereits demonstrativ in der Hand. So bleibt Frau D. oft zu Hause, um über die Mutter zu wachen. Wenn die Mutter aus ihrer Intoxikation erwacht, entsteht manchmal für wenige Stunden eine ganz dichte, liebevolle, verträumt-vertraute Atmosphäre, in der beide auf dem Bett sitzen und die Mutter Gitarre spielt.

Die jüngere Schwester ist sehr motorisch-expansiv geworden. Sie ist zum frühest möglichen Zeitpunkt in den Kindergarten gekommen und hält sich während ihrer ganzen Kindheit und Pubertät soviel wie möglich außer Haus auf.

Kurz vor der Feier zum Realschulabschluß macht die Klasse einen Tagesausflug. Frau D. will erst wieder zu Hause bleiben, folgt dann aber dem Drängen ihrer Lehrer und auch der Mutter. Als sie abends nach Hause kommt, ist die *Mutter* im Krankenhaus. Sie *stirbt in der Nacht an den Folgen einer Barbituratintoxikation*. Der Vater tobt, schlägt seine Tochter zusammen, macht ihr heftige Vorwürfe und betrinkt sich tagelang. Zwei Tage nach der Beerdigung der Mutter schneidet sich Frau D. erstmalig in den linken Unterarm.

Sie darf das Gymnasium trotz ihres ausgezeichneten Realschulabschlusses nicht besuchen und beginnt eine *Krankenschwesternausbildung*. Es ist das erste Mal, daß sie sich gegen ihren Vater durchsetzt, der sie in eine Banklehre schicken will. Während des nächsten Jahres kommt es zwischen Vater und

Tochter zu regelrechten Prügelszenen, in denen Frau D. zunehmend zurückschlägt. Die jüngere Schwester ist zu einer Tante, einer Schwester des Vaters, gekommen. Die Patientin zieht schließlich ins Schwesternwohnheim. Der Vater verschwindet von einem Tag auf den anderen. Er kehrt von einer Fahrt als Vertreter nicht mehr zurück und verwischt alle Spuren hinter sich. Frau D. weiß seitdem nichts mehr von ihm. Sie vermutet ihn irgendwo im Ausland.

Einzige emotionale Stütze ist ihr ehemaliger Klassenlehrer, den sie mehrmals pro Woche aufsucht. Dieser drängt sie zu einer *sexuellen Beziehung*, die sie widerwillig aus Dankbarkeit eingeht und über sich ergehen läßt. Vorübergehend entwickelt sie einen Waschzwang. In der Nähe des Schwesternwohnheimes wird Frau D. einmal *vergewaltigt* und mehrfach sexuell belästigt, ohne daß sie diese Ereignisse zur Anzeige bringt.

Im dritten Jahr ihrer Schwesternausbildung wird Frau D. immer häufiger krank. Sie muß mehrfach wegen *unklarer Fieberschübe* in stationäre Behandlung. Sie *injiziert sich heimlich vor Klassenarbeiten selbst Schmutzwasser oder bakteriell kontaminiertes Material*. Ihre Schulleistungen sinken. Wegen zu langer Fehlzeit wird sie ein Jahr zurückgestuft. Kurz darauf beginnt sie, sich *offen die Unterarme zu verletzen*. Wegen eines *Suizidversuches* mit Tabletten und wegen *mehrfachen SVV* wird sie wiederholt zur Krisenintervention in die psychiatrische Klinik eingewiesen. Aus der Schwesternausbildung wird sie beurlaubt.

Die *Beziehung zur jüngeren Schwester* ist von Neid und gegenseitigen Vorwürfen geprägt. Die jüngere Schwester wirft Frau D. vor, sie bei der Mutter verdrängt zu haben. Frau D. ist empört, daß ihre Aufopferung so gesehen wird. Sie wirft der Schwester vor, sich egoistisch allem entzogen und Vaters wenige Zuneigung auf sich versammelt zu haben. Beide beneiden sich gegenseitig heftig um das, was sie in ihrer Kindheitsentwicklung jeweils entbehren mußten.

Frau D. trennt sich von dem Lehrer, als der sie zu Partnertausch und Gruppensexualität drängt. Ihre einzige Bezugsperson ist eine Stationshilfe der Klinik, mit der sie inzwischen in einer Zweckwohngemeinschaft lebt.

Ich hoffe, Sie finden diese fiktive Anamnese von Frau D. maßlos übertrieben. Es würde mich freuen, wenn sie es wäre. Sie ist eher maßvoll gestaltet. *Schwer psychisch kranke Mütter, Depri-*

vation in der Säuglingszeit, Kindesmißhandlungen und schwere körperliche Mißhandlungen in der Latenz und Pubertät sind die Regel. Inzest oder inzestnahe Beziehungen finden sich bei mindestens der Hälfte der Patientinnen (SACHSSE et al. 1997).

Auch die ›Mitschuld‹ am Tod der chronisch suizidalen Mutter findet sich mehr als einmal: ein paradoxes frühes *»Schuldlos-schuldig-werden«.*

Magda T. wird als drittes Kind ihrer 22jährigen Mutter geboren. Zwei Brüder sind drei und zwei Jahre älter, eine Schwester drei Jahre jünger. Alle Kinder stammen von unterschiedlichen Vätern. Die Mutter ist arbeitslos, nimmt gelegentlich Drogen, häufig Alkohol zu sich und hat ständig wechselnde Männerbeziehungen. Manchmal wird eine flüchtige Disco-Begegnung zur Gelegenheitsprostitution. Magda T. bekommt als Kleinkind und Grundschulkind viel vom Lebenswandel ihrer Mutter mit, die ihre Männer mit nach Hause bringt. Ab ihrem 5. Lebensjahr ist sie für die Haushaltsführung, auch für die Grundversorgung der älteren Brüder weitgehend zuständig. Trotz häufigen Schulschwänzens ist sie eine gute Schülerin. Später wird bei ihr ein IQ über 125 gemessen werden. Als Magda T. 8 Jahre alt ist, geht die Mutter eine Beziehung zu einem Mann ein, den sie bald auch heiratet. Dieser »Papa« zu nennende Mann ist ein Sadist, der Magda an ihrem 9. Geburtstag erstmalig vergewaltigt. In den folgenden 4 Jahren wird Magda zunächst in die Sexualität ihrer Mutter, ihres Stiefvaters und zweier befreundeter Pärchen einbezogen, bald auch für kinderpornographische Fotos und Videos verkauft. Mehrfach mißbrauchen sie auch ihre älteren Brüder. Als sie die Chance bekommt, mit 16 Jahren zu einer Tante in eine andere Stadt zu ziehen, verläßt sie die Familie und macht eine Ausbildung zur Erzieherin. An ihrem 19. Geburtstag ruft sie die Mutter an und spricht mit ihr. Die Mutter verabschiedet sich von ihr mit den spöttischen Worten: »Bleib noch mal am Apparat; Deine Schwester will Dich auch noch sprechen. Die muß ich nur bei Papa aus dem Bett holen«. Frau T. legt auf und fügt sich erstmalig eine tiefe Schnittverletzung zu.

Wenn ich frühzeitig Hinweise bekomme, daß eine Patientin um Mißbrauch oder Mißhandlung weiß, gestalte ich die Anamneseerhebung aktiv zurückhaltend. Ich fordere geradezu dazu auf, über die Erinnerungen an Traumata noch nicht zu sprechen, sondern erst in den späteren, traumazentrierten Therapiesitzungen, damit ich nicht frühzeitig Dekompensationen und Ich-Fragmentierungen durch das Triggern von Flashbacks auslöse. *Ein nicht vorbereitetes Erfragen von traumatischen Kindheitserfahrungen halte ich inzwischen für einen Kunstfehler.* Viele problematische Therapieverläufe sind dadurch entstanden, daß die Konfrontation mit Erinnerungen an traumatische Szenen ohne angemessenen therapeutischen Rahmen erfolgte.

Psychodynamik und Persönlichkeitsstruktur: Schwere Persönlichkeitsstörungen als Traumafolgen

Die Ergebnisse der Säuglingsforschung erfordern es, unter anderem auch die Konzepte von Symbiose und Spaltung als *normale* Zwischenstadien der Kindheitsenwicklung zu überdenken. Die bekannten Konzepte von MAHLER (1978) und KERNBERG (1981) sind aber in jedem Fall hilfreich für das Verständnis pathologischer Entwicklungen, an denen sie ja auch großenteils entwickelt wurden: Die Deprivation in der Säuglingszeit führt zu einer *Selbst-Spaltung*. Der symbiotische, bedürftige, schwache, vegetativ-viszerale Körper-Selbst-Anteil kann als Quelle nur unlustvoller Spannungszustände nicht ins Selbst integriert werden. In Parenthese zu BENEDETTIS (1983) Metapher von den ›Todeslandschaften der Seele‹ spricht PLASSMANN (1993, 1994a) von ›toten Zonen im Körper-Selbst‹. Im psychoanalytischen Sinne ist der Körperbezug auf einem psychotischen Niveau gestört. Die Affektsozialisation bleibt auf einer Stufe noch vor der Lust-Unlust-Differenzierung fixiert. Spannung wird ausschließlich als unlustvoll perzipiert. Vegetativ viszerale, koenästhetische, psychophysiologische Spannungszustände werden als diffuse Bedrohung erfahren, die das schwache Ich überfluten und fragmentieren können. Ersehnt wird ein *Nirwana-Zustand der Spannungs- und Bedürfnislosigkeit.* Andererseits können reizarme Zustände Auslöser einer objektlosen Depression mit völliger Leere, Inhaltslosigkeit und Hoffnungslosigkeit werden. Durch den Wechsel zwischen Vernachlässigung und Mißhandlung werden Zustände von *Unterreizung versus Überreizung* internalisiert, basales Körperempfinden ist also ein Gefühl von Leblosigkeit, Leere, Dysphorie auf der einen oder Überreiztsein auf der anderen Seite.

Schwach ausgeprägt ist das körper-seelische Erleben von ruhiger Ausgeglichenheit mit gelassener Vigilanz und jenem In-sich-ruhen, in dem ein Auftanken und eine selbstsichere Zuwendung zur Welt möglich ist.

Häufige Deprivation im Wechsel mit Mißhandlungen als Säugling führen dazu, daß ein *pervers-gutes Objekt der Symbiose internalisiert* wird, das später Selbstfürsorge durch das Zufügen von Schmerz herbeiführt. Die Szene, in der später SVV geschieht, läßt sich auch verstehen als *autistischer Vollzug eines früheren Zwei-Personen-Stückes:* Eine überforderte, aggressiv dekompensierte Mutter fügt dem Körper des schreienden Säuglings Schmerzen zu, indem sie ihn prügelt, weil sie zur eigentlichen Fürsorge unfähig ist (ECKHARDT 1989). Dem Körper wird dafür, daß er leidet, Leiden zugefügt.

Aus der ohnmächtigen Symbiose geschieht eine frühe *Flucht in die Autarkie*. Die *Notreifung* (FERENCZI 1932) bedingt, daß Leistung, Kompetenz, Denken und Autarkie narzißtisch hoch besetzt werden. Daraus resultiert ein Größen-Selbst und ein Ich-Ideal, je nach Entwicklungsstufe, das faschistoide Züge trägt: ›Zäh wie Leder, hart wie Kruppstahl, schnell wie Windhunde‹ (THEWELEIT 1977). Dieses Ideal ist allerdings nicht auf den Körper bezogen, sondern auf eine allgemeine Lebenstüchtigkeit, aber von vergleichbarer Härte und Gnadenlosigkeit. Die symbiotisch-süchtigen Selbst-Anteile drohen stets durchzubrechen und müssen abgespalten und gegenbesetzt werden.

Unser Körper ist Selbst und Objekt unseres Erlebens zugleich. Als Leib ist er Subjekt des Erlebens, Empfindens, Wahrnehmens und Denkens. Als Körper ist er Objekt unserer Wahrnehmung über die Sinnesqualitäten. Dieser Doppelcharakter unseres Körperbezuges ist nicht auflösbar und bleibt uns als Menschen eigentümlich. Bei SVV-Patientinnen wird der *Körper als Nicht-Selbst* (HIRSCH 1989), als fremdes Objekt zum Objekt projektiver Identifizierungen. PLASSMANN (1993, 1994a) hat aufgezeigt, wie in den Körper als ein fremdes Objekt inkompatible, abgespaltene Selbst-Anteile reprojiziert werden. Die depressiv-süchtigen und aggressiven Impulsdurchbrüche der Mütter und die süchtigen, aggressiven und sexuellen Impulsdurchbrüche der Väter verstärken die permanente *Angst vor eigenen Impulsdurchbrüchen,* so daß eine angemessene Affektsozialisation unmöglich wird (HERPERTZ et al. 1997).

Der Körper wird nicht nur aufgrund der Deprivationserfahrungen abgespalten, sondern auch aufgrund des Mißbrauches durch die Eltern. In der Kindheit nutzen die Mütter der prospektiven Patientinnen deren Körper in Stadien eigener depressiver Dekompensation oft als Übergangsobjekt oder wie ein Suchtmittel. In der Kindheit und in der Latenzzeit reagieren meist die Väter, oft auch die Mütter, ihre aggressiven Impulse als Kindesmißhandlungen am Körper der Tochter ab (DE MAUSE 1980). In Pubertät und Adoleszenz dienen ihre Körper der sexuellen Triebbefriedigung und der narzißtischen Reparation der Väter. *Der eigene Körper dient somit innerhalb der Familiendynamik stets der Befriedigung und narzißtischen Reparation anderer.* Auch aufgrund dieser Erfahrungen bleibt er Nicht-Selbst. Eine Körperabgrenzung, wie sie zur gesunden Kindheitsentwicklung gehört, wird massiv von beiden Eltern unterbunden. Viele *Prostituierte*, die ihren Körper als abgespaltenes Nicht-Selbst verkaufen, sind inzestuös mißbrauchte Frauen (ZILLE 1913; JANUS et al. 1979).

Unter strukturellen und Ich-psychologischen Gesichtspunkten steht einem archaischen Über-Ich und einem hart-perfektionistischen, unerreichbaren Ich-Ideal sowie unsozialisierten, *archaischen Es-Impulsen* ein schwaches Ich gegenüber. Das *Über-Ich* fordert depressive Selbstaufopferung und Dienst am anderen. Das *Ich-Ideal* fordert Härte, Kompetenz, Leistungsfähigkeit und Erfolg (JANUS 1972). Über-Ich- und Ich-Ideal-Anforderungen sind somit oft widersprüchlich und letztlich unvereinbar. Defizitär bis defektuös sind folgende *Ich-Funktionen:* die Binnenwahrnehmung mit der Subfunktion der Affektdifferenzierung, die Frustrationstoleranz, der Umgang mit Trieben und Affekten, die adaptive Regression im Dienste des Ich, die Antizipationsfähigkeit sowie die synthetische Ich-Funktion (RAUCHFLEISCH et al. 1983).

Die psychodynamische Betrachtung unter den Gesichtspunkten der allgemeinen Neurosenlehre, der Objektbeziehungs-Theorie, der Ich-Psychologie und des Narzißmuskonzeptes bedarf einer Ergänzung durch Überlegungen zu den *psychodynamischen Folgen von Realtraumata* (SACHSSE 1995; SACHSSE et al. 1997). Empirisch ist belegt, daß Frauen mit einer Borderline-Persönlichkeitsstörung in ihrer Kindheit und Jugend statistisch zwei- bis dreimal so häufig durch sexuellen Mißbrauch oder aggressive Mißhandlung traumatisiert worden sind wie Frauen der Allgemeinbevölkerung (Literaturübersicht bei SACHSSE et al. 1994, 1997). Veröffentlichungen zur Extremtraumatisierung (KRYSTAL 1958; NIEDERLAND 1980; VENZLAFF 1994), zur posttraumatischen Belastungsstörung (FIGLEY 1985; WILSON und RAPHAEL 1993; VAN DER KOLK et al. 1996), zu den Folgen sexuellen Mißbrauchs (HILDEBRAND 1986; HIRSCH 1987; FELDMANN 1992; HERMAN 1993) und zur psychodynamischen Verarbeitung von Traumatisierungen aus psychoanalytischer Sicht (FISCHER 1986, 1990; ZEPF et al. 1986; EHLERT und LORKE 1988; WIRTZ 1989; KÜCHENHOFF 1990; KÖGLER 1991; SACHSSE 1995) haben nicht nur unsere Verstehens-, sondern auch unsere Behandlungsmöglichkeiten grundlegend verändert.

Traumatisierend wirkt ein Ereignis dann, wenn es das Ich vorübergehend außer Kraft setzt. Im Zustand der Traumatisierung wird ein Mensch überflutet von Affektstürmen, die diffus-undifferenziert, konfus oder heftig widersprüchlich sind, so daß Gefühle von Todesangst, Ekel, Schmerz, Scham, Verzweiflung, Demütigung, Ohnmacht und Wut gleichzeitig oder in raschem Wechsel durchlitten werden. Solche panischen Zustände werden als »katastrophisch« empfunden (KRYSTAL 1988) und sind unerträglich. Schon während der Traumatisierung, zumindest aber unmittelbar danach oder in Vorbereitung auf eine wiederkehrende, also absehbare Traumatisierung entwickelt ein Mensch Coping-Mechanismen. Wichtigster Coping-Mechanismus ist die grundlegende menschliche *Fähigkeit zur Dissoziation* (LYNN und RHUE 1994). Im Lexikon der Psychologie (ARNOLD et al. 1980, S. 383) definiert WILSON Dissoziation als einen »Prozeß, durch den bestimmte Gedanken, Einstellungen oder andere psychologische Aktivitäten ihre normale Relation zu anderen bzw. zur übrigen Persönlichkeit verlieren, sich abspalten und mehr oder minder unabhängig funktionieren. So können logisch unvereinbare Gedanken, Gefühle und Einstellungen nebeneinander beibehalten und doch ein Konflikt zwischen diesen vermieden werden«. Dissoziation ist nach meiner Einschätzung nicht nur eine Bewältigungsmöglichkeit für logisch, sondern auch für emotional unvereinbare Wahrnehmungen und Erfahrungen. Ein alltägliches Beispiel wäre ein Kind, das gerade von seinem Vater geschlagen wurde und unter Tränen stammelt »Papa ist gut«. Wenn ein Kind gezwungen ist, zwischen seiner Realwahrnehmung und der Bewahrung guter innerer Objekte zu »wählen«, dann muß es seine

Realwahrnehmung opfern. Wir Menschen sind als Kinder lange Zeit zur Elternliebe geradezu verdammt. In jedem von uns steckt eine tiefe Sehnsucht, ideale Elternfiguren zu haben oder gehabt zu haben. Wie ist das zu erklären? Ist es evolutionär bedingt? Sind Menschen, die genetisch fähig waren, schon als Kleinkinder ihre Eltern zu hassen, längst ausgestorben? Ein Grund für den verzweifelten Kampf aller Kinder um gute innere Objekte dürfte darin liegen, daß unser Wahrnehmungs- und Bewältigungsapparat nur in Verbindung mit sicheren inneren (sonst eben äußeren) Objekten funktionsfähig ist. Ein stabiles Ich ist an die Stabilität eines guten inneren Objektes gebunden. Ich-Fragmentierung und Objektverlust sind nur zwei unterschiedliche Konzeptualisierungen eines ganzheitlichen Vorganges. Der Kampf um das gute Objekt ist damit immer auch ein Kampf um die eigene Überlebensfähigkeit.

Dissoziation als eine grundlegende Fähigkeit des Menschen zur Realitätsbewältigung kann bewußt induziert werden. Fast alle sexuell oder aggressiv mißbrauchten oder gefolterten Menschen haben die Fähigkeit entwickelt, Depersonalisationszustände aktiv herbeizuführen, den eigenen Körper verlassen zu können, neben sich zu stehen oder sich ganz tief in sich zurückzuziehen, dorthin, wo Schmerz und Scham und Pein nicht mehr hinkommen (HILDEBRAND 1984, S. 55; JÄCKEL 1993). Gleichzeitig wird durch eine Art induzierter Derealisation die traumatische Erfahrung ihres Realitätsgehaltes entkleidet, umgewandelt, verändert, oder sie wird durch intensive Phantasietätigkeit vorübergehend verlassen. Dies kann schon während der Traumatisierung geschehen, um so wenig wie möglich mitzubekommen, oder danach, um die traumatische Erfahrung umzugestalten: ›Das ist gar nicht wahr, das war bestimmt ganz anders, das habe ich mir nur eingebildet, das war nur ein Alptraum‹.

Induzierte Derealisation und Depersonalisation sind autoaggressive Veränderungen oder Zerstörungen der eigenen Wahrnehmung, die aktuell autoprotektiv sind (SACHSSE 1996a), aber mittel- und langfristig problematisch werden. Denn durch die Dissoziation sind traumatische Körpererfahrungen engrammiert worden, für die es keine bildliche und verbale Repräsentanz gibt. Dann gibt es Erfahrungen, die nie erfahren wurden. So kann sich eine tiefe Unsicherheit den eigenen Wahrnehmungen gegenüber ausbilden: ›Was war wirklich? Was ist geschehen, was habe ich mir nur eingebildet? Was war in der Zeit, an die ich keine Erinnerungen mehr habe? Wie kann ich mich heute auf meine Wahrnehmungen verlassen?‹ Diese Selbstzweifel werden natürlich dann noch verstärkt, wenn dem Kind Realwahrnehmungen von Erwachsenen ausgeredet oder abgesprochen werden, wie es häufig geschieht. Besteht keine Möglichkeit, traumatische Erfahrungen in einer guten Beziehung wenigstens ansatzweise zu bewältigen, müssen die dissoziativen Coping-Mechanismen perpetuieren und können sich generalisieren oder verselbständigen. Derealisation kann sich ausbilden bis hin zu dissoziativen Zuständen mit Horror-Trip-Charakter, Pseudopsychosen oder Wach-Alpträumen. Auch die Derealisation kann sich zum Automatismus, zum Mechanismus verselbständigen und ihrerseits ängstigend werden (ECKHARDT und HOFFMANN 1993).

Eine traumatische Szene wird also ganz unterschiedlich aufgenommen und verarbeitet. Trauma heißt *Wunde*, und diese dem Körperlichen entlehnte bildhafte Metapher ist mir besonders hilfreich. Ein Trauma kann durch Dissoziation aus dem Bewußtsein abgespalten und durch Gegenbesetzungen dauerhaft ausgeschlossen werden. Es wäre dann im Seelischen eine Art abgekapselter Abszeß, dessen Bewältigung eine vielleicht besonders rigide neurotische Struktur erforderlich macht. Oder eine Abkapselung ist nicht ganz möglich, so daß etwa psychosomatische Symptombildungen oder Factitious Disease das Resultat sind. Ist eine Abkapselung nicht möglich, weil die Abwehrfähigkeit des kindlichen Ich noch zu wenig ausgeprägt ist oder die Verdrängungsfähigkeit durch permanente Extremtraumatisierungen zerstört worden ist (KÖGLER 1991, S. 211; VENZLAFF 1994), dann bleibt das Trauma als offene Wunde an der seelischen Oberfläche. Trigger können jederzeit dazu führen, daß die traumatische Szene wieder und wieder abläuft. Hypermnesie (KRYSTAL 1968; NIEDERLAND 1980, S. 230f.), Alpträume, Angst vor dem Einschlafen, phobische Vermeidung von Triggerreizen sind die Folge. Resultat können Alkohol-, Medikamenten- und Drogenabusus sein, eine soziophobisch-zurückgezogene oder contraphobisch reizvolle Lebensführung (von genervten Therapeuten gerne als »permanentes Agieren« bezeichnet) oder eben SVV.

In der Phantasie werden Welten geschaffen mit nur guten und nur schlechten Objekten. Die guten Objekte sind Hoffnungsträger, daß es Wesen gibt, die nie frustrierend oder traumatisierend sind oder werden. Sie enthalten auch die guten Erfahrungen vor der Traumatisierung, die manchmal zu einer Art Paradies umgedeutet werden. In diesen prätraumatischen Erfahrungen und ihrer inneren Ausgestaltung lassen sich die Ressourcen finden, an die in der Therapie angeknüpft werden kann. Die nur schlechten Objekte sind der Versuch, das Böse in der Welt zu konkretisieren, einzugrenzen, kontrollierbar zu machen. Nur gute und nur schlechte Objekte sind Resultate einer Personifizierung als Abwehr, einer Einbindung traumatischer Erfahrungen in eine Objektbeziehung als Bewältigungsschritt (KÜCHENHOFF 1990, S. 23, 25). Es bleibt die permanente Angst, das Schlechte in der Welt könnte das Gute besiegen und endgültig vernichten. Alle wichtigen psychodynamischen Prozesse, Abwehrversuche und Symptombildungen der Borderline-Persönlichkeitsstörung sind somit auch als Traumafolgen verstehbar und konzeptualisierbar.

Die *berufliche Entwicklung* der Patientinnen wird dadurch beeinträchtigt, daß einerseits hohe Ich-Ideal-Anforderungen bestehen, andererseits nur schwache Ich-Funktionen zur Erfüllung dieser Anforderungen verfügbar sind. Darüber hinaus haben die Patientinnen nicht nur unbewußt, sondern ganz bewußt massive Angst, je wieder zu versagen oder sich auch nur in Ansätzen schuldig zu machen. Dieses Bemühen ist natürlich zwangsläufig zum Scheitern verurteilt. Unerfüllbare Ich-Ideal-Anforderungen und die durch traumatisierende Erfahrungen bedingte Angst vor eigenem Versagen und Schuldig-werden führen fast zwangsläufig zu beruflichen Mißerfolgen, die hinterher von massiven Selbstabwertungen gefolgt werden. Auch ein Symptomrückfall wird im allgemeinen als Scheitern und Versagen verarbeitet, so daß die Patientinnen *sich gelegentlich schneiden, weil sie sich geschnitten haben.*

Drei unterschiedliche *auslösende Situationen* für die Symptomatik sind mir bisher begegnet. Die erste war ein *schicksalhaftes Schuldlos-schuldig-Werden*, etwa beim Suizid der chronisch suizidalen Mutter. Die zweite bestand darin, daß das *Über-Ich und die Ich-Ideal-Anforderungen nicht mehr projiziert werden konnten*, etwa beim nahenden Schwesternexamen, das mit der Übernahme der ganzen Bürde an Verantwortung verbunden gewesen wäre. Die dritte beinhaltete die erschreckende *Feststellung, selbst sadistische oder destruktive Impulse in sich zu haben*, etwa dann, wenn eine Patientin sich dabei ertappte, ihren

Hund gemein behandelt und das genossen zu haben: *das Opfer als Täterin*. Die Symptomatik begann meist zwischen dem 15. und 22. Lebensjahr.

Psychodynamische Funktionen von SVV

Die komplexen intrapersonalen und interpersonellen psychodynamischen Funktionen von SVV (SACHSSE 1987) werden hier sehr komprimiert aufgeführt. Im Rahmen der Therapiekapitel werden sie im einzelnen vertieft, da jede dieser Funktionen therapeutisch nachentwickelt werden muß. Die Symptomhandlung *Selbstverletzung ist die zentrale, meist die einzige Möglichkeit der Selbstfürsorge*. Aufgrund der hochgradig defizitären Ich-Funktionen ist sie wie ein perverses Symptom eine *Plombe im Ich* und wirkt gleichzeitig als Ich-Funktionskomplex in der Regulierung intrapsychischer und interpersonaler Prozesse. Dabei muß im Einzelfall differenziert werden, ob das SVV ein *Übergangsphänomen* ist und psychodynamisch auf einer Stufe etwa mit dem Kopfschlagen deprivierter Kinder steht, oder ob es ein symbolhaltiger Akt ist auf der Stufe des *Übergangsobjektes*, in dem Selbst- und Objektanteile eng verwoben der Selbstfürsorge und Individuation dienen (KAFKA 1969; HIRSCH 1989, Kapitel 1 und 2). In Einzelfällen ist SVV auch ein hochorganisiertes masochistisches Symptom.

Die traumatische Zerstörung der Verdrängungsfähigkeit bedingt, daß *keine neurotischen, ja kaum stabile Borderline-Abwehrstrategien* zur Verfügung stehen. Ambivalenzspannung und quälender *Zwiespalt* können zum Dauerzustand werden, der nicht durch Verdrängung, oft nicht einmal durch Spaltung bewältigt werden kann. Der Impuls ›Ich muß mich schneiden‹ ist ein Hinweis für eine drohende *Ich-Fragmentierung* (DIETZ-PIRAM 1988, S. 156). Subjektiv beschreiben die Patientinnen dies als ›einbrechen‹, ›abdrehen‹, ›durchticken‹ oder ›abstürzen‹. Metapsychologisch handelt es sich um einen Ich-Verlust mit konsekutiver Überflutung durch primärprozeßhafte seelische Abläufe. Ich will im folgenden zitieren, wie einige SVV-Patientinnen die *Abläufe ihrer Symptomhandlungen* selbst geschildert haben:

»Gestern nachmittag habe ich in unserer Wohngemeinschaft die Küche sauber gemacht. Ganz plötzlich überfiel mich das Gefühl: Du bist hier ganz alleine! Alles veränderte sich. Die Küche wurde irgendwie unwirklich. Mich beschlich ein Gefühl, das ich gar nicht beschreiben kann, so ähnlich wie in diesem entsetzlichen Kriegsfilm ›Apocalypse now‹, so etwas wie – Grauen. Ja. Das trifft es vielleicht noch am ehesten. Ich konnte das nicht aushalten. Ich habe mir einfach ein Schälmesser gegriffen und geschnitten.« – »Zuerst war ich voll wütend. Wütend auf alle und jeden. Alle meinten es schlecht mit mir. Dann kehrte sich das um, ich war allein an allem schuld, alle anderen hatten Recht. Diese Schuld wollte ich aus mir herausschneiden.« – »Ich spüre meine Haut dann gar nicht richtig. Die Schnitte tun überhaupt nicht weh. Dann sehe ich das Blut, fühle es fließen und spüre, daß es warm wird. Das ist eine wohlige Wärme. Dann weiß ich und fühle ich, daß ich überhaupt lebendig bin. Blut tut gut. Und dann kommt erst der Schmerz, aber auch gar nicht schlimm. Es ist gut, sich wieder zu spüren«.

Das SVV ist auf der einfachsten Stufe ein *globales Ventil für inneren ›Druck‹:* »Es ist zum Aus-der-Haut-Fahren.« Das Erleben beim Schnitt ist dann tatsächlich so, »wie wenn man aus einem Ballon die Luft herauslassen würde«.

In Situationen der Einsamkeit und des Alleinseins droht ständig eine Überflutung mit Zuständen objektloser Depression, die auf die Kindheitsdeprivationen zurückzuführen sind. Es handelt sich um Empfindungen von Leere, Dysphorie, völliger Hoffnungslosigkeit, Stillstand (Koo 1987). Dieses Empfinden kann in apokalyptischen Phantasien Gestalt annehmen oder die *Gefühlsqualität des ›Grauens‹* erreichen. In solchen Zuständen wirkt SVV als *Antidepressivum,* besser als alle antidepressiven Medikamente.

Wird SVV etwa durch Fixierung oder durch das Bemühen der Patientin, nicht mehr auf ihre Symptomatik zurückzugreifen, unterbunden, kommt es auch zu dissoziativen Phänomenen in Form von *psychosenahen optischen Halluzinationen,* die an Horrortrips erinnern (MEYER 1952; ZIOLKO 1953, 1960, 1970, 1975). Es ist eine Frage der eigenen theoretischen Orientierung, ob man diese Zustände als psychotisch, präpsychotisch, pseudopsychotisch, schwer hysterisch oder (sicher am stimmigsten) als *dissoziativ* einordnet. Phänomenologisch handelt es sich um organisierte *alptraumhafte Abläufe,* die nicht willentlich zu unterbrechen sind und durch ein SVV wesentlich sicherer beendet werden können als noch so hoch dosierte Neuroleptika. Nach meiner Erfahrung ist *SVV das wirksamste Antidissoziativum* überhaupt.

Eng benachbart den Zuständen der objektlosen Depression und der Überflutung mit psychosenahen optischen Halluzinationen sind Zustände der *Depersonalisation* (Rosco 1967; Pao 1969; Miller und Bashkin 1974; Neun und Dümpelmann 1989; Eckhardt und Hoffmann 1993). Der Körper kommt im Erleben quasi abhanden. *Die Patientin ist ›außer sich‹.* Das SVV schafft hier ein Grenzerleben und vermittelt das Gefühl von Lebendigkeit. Die anästhetische Haut wird wieder spürbar. Der Schnitt selbst ist schmerzfrei, erst nachträglich stellt sich ein begrenzendes Schmerzempfinden ein. Das warme, pulsierende Blut ist ein Zeichen inneren Lebens. Wiederum läßt sich SVV als Antidissoziativum verstehen.

Auf einem höheren Niveau fungiert SVV als *Suizidkorrelat und Suizidprophylaxe.* Es kann eine neurotische Kompromißbildung sein zwischen andrängenden destruktiven Impulsen, Über-Ich-Anforderungen und Überlebenswillen im Sinne der Wendung der Aggression gegen die eigene Person, aber in abgeschwächter Form. Fast alle Patientinnen unterscheiden übrigens zwischen einem präsuizidalen Zustand und einem Zustand vor SVV (Tameling 1992, S. 63).

Lange Zeit wird in der Therapie eine zentrale Funktion des SVV verheimlicht und gehütet wie ein Schatz: Seine Stellung als *narzißtisches Regulativ.* Einige wenige Patientinnen mit eher dissozialer Charakterstruktur zeigen diese narzißtische Besetzung der Symptomatik offen. »Was eine echte Ritzerin ist, die hat ihre Rasierklinge immer bei sich«, sagt mir eine junge Punkerin mit goldener Rasierklinge im Ohrläppchen, scharfer Rasierklinge an der Halskette und vernarbtem Unterarm. Hier ist *SVV ins Selbstkonzept integriert* (Podvoll 1969). »Ich bin Ritzerin« klingt wie »ich bin Alkoholikerin«. Aber auch die anderen Patientinnen, die vordergründig unter ihrem Kontrollverlust leiden und ihn sich verübeln, haben hintergründig einen geheimen Stolz auf ihre Stärke und Autarkie vom Körper. Wiederum ist SVV oft nicht nur ein wichtiges, sondern das einzige Mittel, sich narzißtisch zu reparieren und aufzubauen. Die Schmerzunempfindlichkeit ist das einzige, worauf die Patientinnen insgeheim wirklich stolz sind. Ich möchte hier schon erwähnen, daß ich gerade diese Symptomfunktion erst sehr spät in einer Therapie in Frage stelle.

Das Symptom ist nicht nur intrapsychisch unentbehrlich, es hat auch *wichtige interpersonelle Funktionen*. Die Symptomhandlung SVV besitzt in unserem christlichen Kulturkreis per se eine *hohe interaktionelle Potenz*. SVV und Suizidversuch werden verstanden als Signal an die Umwelt, daß diese Umwelt unzulänglich und zutiefst enttäuschend ist. Mitglieder sozialer Berufe, nahe Angehörige oder Bekannte verstehen solche Handlungen als Mitteilungen, daß sie insuffizient, machtlos und ›versagend‹ sind im doppelten Wortsinn. Dieser Mechanismus ist natürlich nur wirksam, wenn der Adressat ein Gewissen hat. – Es gilt im Einzelfall zu unterscheiden, ob das SVV von der Patientin wirklich als Mitteilung intendiert war oder nicht. Sonst tut der Therapeut der Patientin unrecht. »Ich bin wütend über die Patientin, also wollte die Patientin mich wütend machen« ist keine angemessene Gegenübertragungsdiagnostik, sondern ein innerseelischer Entlastungsversuch des Therapeuten, der die Patientin wenigstens anschuldigen möchte, wenn er sich durch sie schon depotenziert sieht. »Ich kann Ihnen nicht helfen, und genau das haben Sie auch vor. Sie wollen mich unwirksam machen« wäre eine untherapeutische Rückmeldung, die aus diesem eigenen Entlastungsbedürfnis resultieren würde. *SVV geschieht sehr häufig in einem dissoziativen, autistischen Zustand*, in dem der Kontakt zur Umwelt verloren gegangen ist. Die Wirkung auf die Umwelt ist oft so nicht intendiert, und die Patientin reagiert erschrocken, wenn sie für ihre Wirkung angeschuldigt wird (PODVOLL 1969, S. 213f.; JANUS 1972).

Auch bei einem eher autistisch vollzogenen SVV kann die Symptomatik natürlich verstanden werden als ein *präverbaler Appell*, vergleichbar dem ›appellativen Suizidversuch‹. Und natürlich gibt es auch SVV, das eine gezielte Gemeinheit beinhaltet, eine bewußte Provokation, einen überlegten und überlegenen *masochistischen Triumph*. Ich glaube allerdings, daß die Umwelt-Reaktionen, auch die eines therapeutischen Teams, den anfänglich autark-autistisch vollzogenen Symptomhandlungen eine Intention zu unterstellen, zu solchem deutlich interpersonell eingebundenen SVV erheblich beitragen. Die Determinanten der Symptomatik werden sich im Verlauf einer Therapie auch immer wieder verändern.

Sehr wichtig ist die Mitteilung eines Selbstbeschädigungsimpulses zur *Einleitung einer projektiven Identifizierung*. So wie die Mitteilung von Suizidalität der Objektsicherung dient, kann durch die Mitteilung ›Ich muß mich schneiden‹ ein intensiver interpersoneller Prozeß ausgelöst werden. Ich habe bereits im zweiten Kapitel beschrieben, wie sich durch die gleichzeitige Mitteilung widersprüchlicher Selbst-Anteile per verbaler und nonverbaler Kommunikationssignale die innerseelische Zwiespältigkeit auf den Therapeuten überträgt. Gelingt es ihm nicht, diesen Zwiespalt zu ertragen und einer deutenden, verständnisvollen Aufarbeitung zuzuführen, wird der Zwiespalt interpersonell aufgespalten. Entweder verharrt der Therapeut in selbstaufopferndem Mitleid, verausgabt sich und wird vom Ich-Ideal der Patientin verachtet und von ihrem symbiotisch-süchtigen Selbst-Anteil immer mehr ausgebeutet, bis er an seine Grenze kommt oder völlig leer die therapeutische Beziehung abbricht. Oder der Therapeut übernimmt die Härte des komplementären Selbst-Anteils der Patientin, die sich dann ungerecht überfordert, unverstanden, mißbraucht oder verhöhnt fühlt. *Aus einem innerseelisch unerträglichen Zwiespalt ist damit ein interpersoneller Konflikt geworden* (SACHSSE 1996b, c). Ein Großteil zwischenmenschlicher Konflikte dient übrigens der innerseelischen Entlastung eines oder mehrerer Beteiligter, weil zwischenmenschliche Konflikte für viele Menschen leichter erträglich sind als innerseelischer Zwiespalt. KÖNIG (1991, S. 87) versteht dies als *Konfliktentlastungsform der projektiven Identifizierung*.

In rein phänomenologisch orientierten Veröffentlichungen wird besonders darauf hingewiesen, daß SVV eine *Flucht vor sozialen Anforderungen in die Rolle der Kranken* oder ins Krankenhaus ermöglicht. Auch dies ist eine wichtige Funktion von SVV. Die Ausrichtung der therapeutischen Wahrnehmung nur auf diese Funktion halte ich jedoch für unzureichend.

Diagnostische Zuordnung

Auf den ersten Blick fällt die Diagnose leicht: Borderline-Persönlichkeitsstörung (KERNBERG 1988, S. 18f.). Je länger die Therapie dauert, um so vielfältiger kann die diagnostische Zuordnung aussehen. Mal behandele ich eine Borderline-Patientin mit drastischen Spaltungstendenzen, für die Schwester Susanne ein Engel des Herrn auf Erden ist und Schwester Rita die aktuelle Inkarnation des Teufels. Dann sitze ich einer Patientin mit einer nicht einmal sehr ausgeprägten narzißtischen Störung gegenüber, sicher kränkbar und recht affektisoliert, aber stabil, erfolgreich und vernünftig. Wenig später hat sich diese narzißtische Störung in einen schweren pathologischen Narzißmus vom Typ des bösartigen Narzißmus gewandelt, und die Patientin will mir masochistisch triumphierend beweisen, daß sie sich unter meinen leidenden Blicken höhnisch sterben lassen kann. Eine schwere Depression mit klassischer Symptomatik und auch depressiven Charakterzügen wie altruistischer Abtretung und Selbstaufopferung wird gefolgt von einer stolz-kühlen anorektischen Phase voll klarer, harter Selbstbeherrschung, die bald übergeht in das Vollbild der Alkoholikerin: Abusus, Kontrollverlust, sichtbare Verwahrlosung. Und mit dem Hinweis auf psychosomatische Phasen relativer Alexithymie, aber mit dermatologischer und gynäkologischer Symptomatik ist die Reihe noch nicht abgeschlossen: »Multiple Persönlichkeiten« (HUBER 1995)? Es ist möglich, aus diesem »stabil-instabil« wiederum eine Borderline-Persönlichkeitsstörung abzuleiten. Aber die Patientinnen sind eben nicht durchgängig Borderline-gestört. Nach psychoanalytischen Kriterien handelt es sich bei Patientinnen mit schwerem SVV überwiegend um solche mit einer *narzißtischen Persönlichkeitsstörung* (BATTEGAY 1983), die in Belastungssituationen auf *Borderline-Organisationsniveau* regredieren und *dissoziativ dekompensieren* können. Die *Bearbeitung der Selbst-Störung und Selbstwertstörung* sowie der Spaltung in »ideal« und »verachtet« ist therapeutisch nach meinen Erfahrungen viel hilfreicher als die Bearbeitung der Spaltung in »nur gut« und »nur schlecht«. Auch sie ist wesentlich, aber nicht vorrangig. Diese diagnostische Einschätzung stimmt überein mit den empirischen Untersuchungen von VAN MOFFART (1988) und PLASSMANN (1990, 1991) an Mimikry-Patienten.

Eine Durchsicht der Symptomkategorien des ICD-10 (DILLING et al. 1991) führt zu der Frage: Welches Symptom kommt bei dieser Patientinnengruppe eigentlich *nicht* vor? Insofern lassen sich sehr lange Diagnosen formulieren und verschlüsseln. Folgende Symptome, Syndrome und Störungen werden aber besonders oft einzubeziehen sein: Emotional instabile Persönlichkeitsstörung, Borderline Typus (F 60.31) / narzißtische Persönlichkeitsstörung (F 60.8) oder kombinierte Persönlichkeitsstörung (F 61) als andauernde Persönlichkeitsänderung nach Extrembelastung (F 62.0) oder posttraumatische Belastungsstörung (F 43.1).

Die Symptomatik weist unter den phänomenologischen Kriterien des DSM-IV (SAß et al. 1996) auf mehrere Syndrome oder Persönlichkeitsstörungen hin. Selbstschädigendes Verhalten ist das fünfte Kriterium für die Borderline-Persönlichkeitsstörung. Hinzu käme der wesentliche Hinweis auf die posttraumatische Belastungsstörung, die ich psychodynamisch verantwortlich sehe für das Borderline-Niveau der Patientinnen. Eine DSM-IV-Diagnose sähe also zum Beispiel wie folgt aus:

I: 300.6 Depersonalisationsstörung
300.15 Nicht näher bezeichnete dissoziative Störung
309.81 Posttraumatische Belastungsstörung
II: 301.83 Borderline-Persönlichkeitsstörung
III: Verd. a. perinatale Hypoxie
IV: Psychosoziale Belastungsfaktoren: Suizid der Mutter/Scheitern vor Schwesternexamen
V: Derzeitiger GAF: 20
Höchster Funktionsstand im letzen Jahr: 75

Künftig wird wahrscheinlich die von HERMAN und VAN DER KOLK angestrebte DSM-IV-Kategorie der »Komplexen chronifizierten Posttraumatischen Belastungsstörung« dieser Patientinnengruppe am ehesten gerecht werden.

SCHARFETTER (1984) hat die verschiedenen Formen von Selbstbeschädigungen in Anlehnung an das DSM-III systematisiert. Er unterscheidet die bewußte *Simulation* etwa Inhaftierter (WILLINGER 1987) von den unbewußt selbstinduzierten Krankheiten (factitious disorders, Mimikry, Münchhausen) und dem *»automutilativen Verhalten in psychopathologischem Kontext«*. Die von mir untersuchten und behandelten Patientinnen gehören hiernach zur dritten Patientengruppe. BOCK und OVERKAMP (1986) schlagen eine Subklassifikation der F.D. vor. LACEY und EVANS (1986) haben Patientinnen mit SVV zusammen mit Drogenabusus, Bulimie und Alkoholproblematik als »the impulsivist« konzeptualisiert, eine Sichtweise, die von HERPERTZ et al. (1997) gegenwärtig vertieft wird. – Unter dermatologischen Gesichtspunkten handelt es sich um Patientinnen mit Para-Artefakten. – Die aktuell überzeugendste Klassifikation artifizieller Störungen stammt von WILLENBERG und ECKHARDT (1997).

Bei einer seelischen Krankheit kann in meiner Sicht Abgrenzung nicht Ausschluß bedeuten. Die Grenzen sind vielmehr fließend, und es ist therapeutisch hilfreich, psychodynamische Konzepte zu kennen, die für andere, aber benachbarte Krankheitsbilder entwickelt wurden:

Das Symptom kann süchtigen Charakter bekommen und in jeder alltäglichen Belastungssituation zur Entlastung wie eine Droge eingesetzt werden (PAO 1969; ZAUNER 1985; WILLENBERG 1987). Darüber hinaus haben alle Patientinnen zumindest passager eine Abusus-Problematik. Neben der überwiegend ich-psychologischen *Konzeptualisierung von Suchtkrankheiten* durch KRYSTAL und RASKIN (1983) finde ich besonders das objektbeziehungstheoretische Konzept von MCDOUGALL (1974) und KRYSTAL (1978) hilfreich, in dem inadäquate Selbstfürsorge für das eigene Körperinnere nicht nur als Resultat von Entwicklungsdefiziten verstanden wird, sondern als Ergebnis eines Verbotes durch das archaische, symbiotische Mutterobjekt, den eigenen Körper in die Selbstfürsorge und Selbstverantwortung zu übernehmen. – KUTTERS Überlegungen zum ersten Triangulierungsschritt (1981, 1989) gehen in die gleiche Richtung. Psychosomatisch gestörte Patientinnen haben demnach den Kampf mit der Mutter, wer zuständig ist für den Körper des Kindes, verloren. *Die Mutter bleibt Herrin des kindlichen Körpers.* Auch *Konzepte zur psychosomatischen Symptombildung* lassen sich mit Gewinn auf SVV anwenden (HAENEL et al. 1982, 1984; PLASSMANN et al. 1986; HIRSCH 1993).

Durch die Wahl des Begriffes ›pervers-gutes Objekt der Symbiose‹ habe ich bereits auf *Konzeptualisierungen zu den Perversionskrankheiten* (MORGENTHALER 1974; HAAG et al. 1985) hingewiesen. PAAR und ECKHARDT (1987), PAAR (1985, 1988) und WILLENBERG (1987) wenden MORGENTHALERS *Konzept von der Perversion als Plombe im Ich* überwiegend auf die Psychodynamik der heimlichen Selbstmißhandlung an; es hat sich auch bei offenem SVV bewährt, das Symptom als Plombe oder Ersatzkomplex für ein Ich-Funktions-Defizit zu verstehen. Wie bei der Perversion sind Selbstfürsorge und Selbstbeschädigung kaum trennbar ineinander verschränkt. – Viele Patientinnen haben oder hatten Eßstörungen. Manche erinnern zumindest phasenweise an Anorexiepatientinnen oder an solche mit Bulimie. – Große Nähe besteht zur *chronischen Suizidalität* (BRON 1985; KIND 1992).

Eine fundierte Einführung in die kriminalistische und forensisch-psychiatrische Problematik bietet SATERNUS (1996).

SVV ist auch häufig bei verhaltensgestörten und autistischen Kindern (ROMANN und HARTMANN 1988; LUISELLI et al. 1992; ROTHENBERGER 1993; ACTA PAEDOPSYCHIATRICA 1993 Nr. 56) und bei geistig Behinderten (GAEDT 1990; JANTZEN und VON SALZEN 1990).

III

Traumatherapie

Bei mindestens zwei Dritteln aller SVV-Patientinnen lassen sich klar umschriebene *Kindheitstraumata* finden: Verwahrlosung, aggressive Mißhandlung und /oder sexueller Mißbrauch (SACHSSE et al. 1997). Aus den psychodynamischen Überlegungen ist deutlich geworden, daß traumatisierte Patientinnen ständig bemüht sein müssen, das Triggern von traumatischen Erinnerungen zu vermeiden, um ein Einbrechen in innerseelische »Abszeßhöhlen« zu verhindern. Bei jeder alltäglichen Konfliktsituation droht das Ich zu fragmentieren; jede Alltagsbelastung kann im eigentlichen Wortsinn zur Tragödie werden: Ein Ereignis, in dem man innerseelisch nicht nicht-schuldig bleiben kann, in dem jede Entscheidung falsch und jedes Nicht-entscheiden auch eine Entscheidung ist. Sofern Traumata also bekannt oder sehr wahrscheinlich sind, wäre eine Therapie hilfreich, durch die eine Art psychotherapeutischer »Abszeßdrainage« möglich wäre. Dann wäre es nicht mehr erforderlich, die oberflächlichen Vernarbungen wieder zu öffnen und die alte Wunde ganz aufbrechen zu lassen, um sie einer stabilen Sekundärheilung zuzuführen.

Meine folgenden Ausführungen zur Trauma-Therapie sind in enger Zusammenarbeit mit LUISE REDDEMANN, der Leiterin der Klinik für Psychotherapeutische und Psychosomatische Medizin des Evangelischen Johannes-Krankenhauses Bielefeld entstanden. Von ihr habe ich die entscheidenden Anregungen bekommen, und wir stehen seitdem in engem Austausch unserer therapeutischen Erfahrungen (REDDEMANN und SACHSSE 1996). REDDEMANN hat ihre imaginative Arbeit mit Traumatisierten aus der Hypno-Therapie (GRINDER und BANDLER 1984; MOHL 1993) heraus entwickelt, ich die meine aus der Katathym-imaginativen Psychotherapie KiP (LEUNER 1994). Das im folgenden beschriebene Vorgehen zeigt die gleiche Grundstruktur, wie sie auch in anderen Therapien für Traumatisierte entwickelt wurden (z.B. BECKER 1992; FELDMANN 1992; HERMAN 1993; WILSON und RAPHAEL 1993; HUBER 1995): Vorbereitungs- und Stabilisierungsphase; Traumaexposition; Integrations- und Neuorientierungsphase.

Vorbereitungs- und Stabilisierungsphase

Wahrscheinlich ist der häufigste und folgenschwerste Fehler im therapeutischen Umgang mit Traumatisierten die zu frühe unvorbereitete Traumaexposition und -konfrontation. Der Grund kann ebenso forscherischer Eifer sein wie therapeutischer Enthusiasmus. Viele Therapeuten haben so etwas wie einen naiven Glauben an die Wirksamkeit kathartischer Abreaktion. Aber das Triggern einer traumtischen Szene führt nicht zu einer Katharsis, sondern zu einer Retraumatisierung (NIEDERLAND 1980). Nicht nur eine Erinnerung an das Trauma, sondern auch der mit der traumatischen Sequenz verbundene Zustand der Ich-Zerstörung wird reaktiviert. Kathartisch kann ein erneutes Durchleiden der traumatischen Szenen erst werden, wenn eine lange gewachsene therapeutisch Beziehung als gutes äußeres Objekt mit Hilfs-Ich-Funktionen wirksam wird (vgl. die Beiträge zur DPG-Jahrestagung 1993) oder innerseelisch die guten inneren Objektrepräsentanzen so stabilisiert sind, daß verläßliche Ich-Funktionen im Umgang mit traumatischen Sequenzen frei verfügbar sind. In der etwa 4monatigen stationären Trauma-Therapie sind die ersten zwei bis vier Wochen der Vorbereitungs- und Stabilisierungsphase gewidmet. Um die Abhängigkeit vom Therapeuten so gering wie möglich zu halten, ist das Ziel eine konsequente Förderung der inneren Fähigkeiten und Ressourcen. Dies geschieht durch die *Etablierung des sicheren inneren Ortes und der inneren Helfer*.

Ich habe mit Frau T. inzwischen die Anamnese erhoben und dabei Wert darauf gelegt, Berichte über traumatische Erfahrungen so knapp wie möglich zu halten: »Frau T., ich finde es vertrauensvoll und mutig von Ihnen, daß Sie mir jetzt schon Genaueres über Ihre Mißbrauchserfahrungen mitteilen wollen. Aber ich bitte Sie, das zunächst noch zurückzustellen. Wir kommen später darauf noch ausführlich zurück. Ich möchte, daß die Erinnerung an diese Ereignisse vorbereitet ist. Es ist auch gut, wenn Sie im Moment möglichst wenig an all die problematischen und schlimmen Erfahrungen denken, die Sie in Ihrem Leben machen mußten. Sie können ganz sicher sein: Ich will Ihre schlimmen Erfahrungen keinesfalls herunterspielen, beiseite schieben oder irgendwie unterbügeln. Ganz im Gegenteil. Aber ich möchte, daß Ihre Begegnungen mit dieser Ihrer Vergangenheit vorbereitet erfolgen. Eine gute Vorbereitung wäre es übrigens, wenn Sie sich umgekehrt jene Lebensabschnitte, Begegnungen oder Erfahrungen intensiv ins Gedächtnis zurückholen, die schön waren, an die Sie gerne zurückdenken. Vielleicht waren das wenige, sicherlich waren es zu wenige, aber diese Erinnerungen sind äußerst wichtig«.

Ich habe Frau T. von Anfang an angeregt, ihre eigenen Ressourcen ernstzunehmen, aufzusuchen und zu verstärken (FÜRSTENAU 1992). In der Anamnese habe ich viel Wert darauf gelegt, was gut war, was erträglich und hilfreich war, und ich habe ihr ihre Symptombildungen vermittelt als verstehbare Bewältigungsmöglichkeiten, durch die sie vieles erreicht hat. Ich stelle inzwischen übrigens in jeder Anamnese die Frage: »Was schätzen Sie denn bei sich? Was finden sie bei sich gut? Was können Sie, wo liegen Ihre Fähigkeiten?« An eine der zentralen Fähigkeiten der Patientinnen knüpft die Therapie an: ihre Fähigkeit, zu dissoziieren und zu imaginieren. Der erste Schritt ist das *Aufsuchen des sicheren inneren Ortes in der Imagination*. Fast alle Kinder mit Trauma-Erfahrungen, aber nicht nur diese, haben einen realen oder imaginären sicheren Ort (WHITE 1994). Das kann in der äußeren Realität eine Baumkrone oder eine Erdhöhle sein, eine Abstellkammer oder ein Heuboden. In der Imagination können das Fabelwelten oder Höhlen im eigenen Körper ebenso sein wie ferne Planeten, Urwälder oder Lichträume.

»Frau T., ich möchte, daß Sie Ihren sicheren inneren Ort aktiv aufsuchen. Üben Sie, an diesem Ort zu sein, und zwar anfangs dann, wenn es Ihnen relativ gut geht. Zweimal am Tag mindestens sollten Sie Ihren sicheren inneren Ort aufsuchen und dort einige Minuten verweilen. Sie müssen lernen, diesen sicheren Ort später auf jeden Fall erreichen zu können, auch wenn es Ihnen nicht gut geht. Erst wenn Sie das sicher können, können wir einen Schritt weitergehen. Dieser sichere Ort sollte nur von Ihnen, keinem anderen Menschen erreichbar sein. Sie können ihn mir mitteilen, Sie können ihn aber auch für sich behalten. Hauptsache, Sie kennen ihn und können ihn jederzeit erreichen«. – »Warum sollen Sie den nicht wissen? Ich habe als Kind gerne Rapunzel gehört und mir immer vorgestellt, in einem hohen Turm zu leben, wo ich von oben runtersehen kann. Das war mein Maga-Turm«.

In den »Maga-Turm« sind wahrscheinlich Magda, Magie und mager als Absicherung gegen sexuelle Begehrlichkeit verdichtet eingeflossen. Nicht jede Patientin gibt mir übrigens Einblick in ihren sicheren Ort, und ich werde ihre Abgrenzung auch und gerade mir gegenüber stets bestätigen.

Auch *innere Helfer* haben fast alle Kinder einmal gehabt: Elfen und Zauberer, Großmuttergestalten und Kuscheltiere, Tagebücher und Patenonkel (ich begrüße und fördere deshalb Kuscheltiere und Tagebücher). Gläubigen Katholikinnen stehen darüber hinaus immerhin Vierzehn Nothelfer zur inneren Zwiesprache zur Verfügung (VOGELSANG 1993).

»Frau T., wie weit sind Sie denn in der inneren Zwiesprache mit Ihrem inneren Helfer?« – »Also eigentlich kann ich das ja. Ich hab meinen alten Teddy ja hierher mitgebracht, mit dem habe ich mich als Kind schon stundenlang vor dem Einschlafen unterhalten und beraten. Ich komme mir nur so blöd vor, wenn ich im Bett liege und mit meinem Bärma (Bär-Mama-Magda) rede. Ich bin doch kein Kind mehr«. – »Stimmt. Und stimmt nicht. Innerlich bleiben wir immer auch Kinder. Und dieses unser inneres Kind will gut behandelt sein. Als Jugendliche haben wir alle ja meistens eine Phase, in der wir uns gegen unsere Kindlichkeit absetzen und abgrenzen. Dann sind wir cool, ganz erwachsen und überlegen. Keine Gefühle, keine Fantasien, kein Gejammere, nichts dergleichen! So erwachsen wie mit 15, 16, 17 sind wir später hoffentlich nie wieder«. – »Aber wenn jemand ins Zimmer kommt! Wenn ich das mache, fange ich manchmal an, richtig laut mit dem zu reden. Ist doch peinlich!« – »Also hier auf Station würde das allenfalls ein verständnisvolles Schmunzeln auslösen, wenn Sie so jemand überraschen würde. Hoffe ich jedenfalls. Aber ich finde es gut, daß Sie sich überlegen, wie Sie sich abgrenzen, verbergen und schützen in solch verletzlichen Situationen, um nicht beschämt oder gekränkt zu werden. Unsere Kindseiten brauchen Schutz. Und Sie sollten Ihre kindhaften Seiten schon besser schützen, als Ihre Eltern das gemacht haben«. – Langes Schweigen, tiefes Seufzen, nachdenkliches »Tja, sollte ich wohl«.

Erst, wenn die Patientin ihren inneren Ort jederzeit sicher erreicht und ihre inneren Helfer verläßlich herbeirufen kann, darf die Traumaexposition beginnen. Sonst geschieht das, was ich in der Behandlung von Frau D. erfahren mußte: »Das Bildern macht alles nur schlimmer« (SACHSSE 1989 a, b). Ist es erst einmal zu einer malignen Regression in der Therapie gekommen, dann wirken auch Imaginationen nicht als magisches Mittel, mit dem auf der regressiven Ebene antiregressive Wirkungen erreicht werden können. Vielmehr sind Imaginationen in diesem Fall ein Resonanzboden wie ein Gitarrencorpus für eine Gitarrensaite: Gefühle der Ohnmacht führen zu Bildern voller ohnmächtiger Verzweiflung, diese verstärken die Gefühle der Ohnmacht, führen zu noch verzweifelteren Imaginationen usw.

Natürlich kann sich der sichere innere Ort nur entwickeln, wenn die therapeutische Beziehung Sicherheit vermittelt und die Bereitschaft besteht, sich den eigenen Ressourcen zuzuwenden. Manche Patientinnen haben große Schwierigkeiten, ihre inneren Schätze aufzusuchen und aufzufinden, oder sie verweigern sich da geradezu. Dies kann auch ein Signal sein, daß sie sich dieser therapeutischen Beziehung nicht anvertrauen können und wollen. Ein solches Signal nehme ich stets sehr ernst. Andere sind so verstört, daß es bis zu einem halben Jahr dauern kann, bis sie sich ihres sicheren Ortes innerlich wirklich sicher sind.

Eine Traumasitzung

Traumatische Szenen sind häufig dadurch bewältigt worden, daß die Traumatisierte dissoziiert hat, um von der schmerzhaften Demütigung ihres Körpers so wenig wie möglich mitzubekommen. Dann gibt es in ihr Erfahrungen, die zwar körperlich, nicht aber bildhaft und verbal encodiert sind. Dieser diffuse, konfuse innerseelische Zustand muß dadurch beendet werden, daß das Trauma wieder zu einer ganzheitlichen Erfahrung wird, die bildhaft gesehen, gefühlshaft erlebt, körperlich gespürt und verbal gedacht werden kann. – Oder es ist keine Abwehr durch dissoziative Mechanismen möglich gewesen. Dann liegt die traumatische Szene als Film, aber mit allen Empfindungen, Gefühlen und eben auch der Erfahrung der Ich-Fragmentierung an der seelischen Oberfläche bereit. Triggerreize können jederzeit dazu führen, daß die Erfahrung wieder abläuft und die aktuelle Realität völlig überlagert, so daß die Betroffene aus der Wirklichkeit herausgerissen wird. Dieser Zustand kann bis zur quälenden Hypermnesie (KRYSTAL 1968; NIEDERLAND 1980, S. 230f.) führen, die nur durch ausgedehnte Strategien von Vermeidung aller Triggerreize mühsam bewältigt werden kann. In diesem Fall muß die traumatische Erfahrung in eine haltende therapeutische Beziehung eingebettet werden, innerhalb derer die Ich-Funktionen erworben werden können zum Umgang mit traumatischen Erinnerungen. Ich betrachte die hier vorgestellte Traumaarbeit als eine spezifische Form von *Training zum eigenständig handelnden Umgang mit ängstigenden Imaginationen* (FÜRSTENAU 1990).

Das Vorgehen ist dadurch charakterisiert, daß die traumatischen Szenen zunächst distanziert und affektisoliert betrachtet werden »wie ein alter Film« (PUTNAM 1989). Zu dieser distanzierten Betrachtung, die die Dissoziationsfähigkeit der Patientinnen therapeutisch nutzt, gehört auch, daß von »dem Kind«, »dem Vater« die Rede ist und nicht von »Ihnen als Kind«, »Ihrem Vater«. In einem leid-vollen körpernahen Moment der traumatischen Szene wird die Patientin aufgefordert, so weit erträglich in die Szene einzusteigen, um ein ganzheitliches Erleben wieder herzustellen. Eine begrenzte Retraumatisierung für wenige Minuten ist unabdingbar. In dieser Sequenz soll möglichst mehr an Empfindungen und Körpergefühlen zugelassen werden als in der traumatischen Situation selbst, auch um eine Abreaktion zu ermöglichen. Dabei kann es zum Schreien, zum Erbrechen, zum Wimmern kommen und soll es auch. Anschließend klingt die Szene aus. Sie wird verlassen, diese und andere Erfahrungen werden innerlich fest verschlossen und nur hervorgeholt, wenn Patientin und Therapeut dies gemeinsam beschließen, damit einer diffusen Ausbreitung der Beschäftigung mit traumatischen Erinnerungen entgegengewirkt wird. Anschließend geht es darum, daß das traumatisierte Kind von der erwachsenen Patientin getröstet wird. Meine anfängliche Befürchtung, mich an dieser Stelle gegen Riesenwünsche und -erwartungen meiner Patientinnen massiv abgrenzen zu müssen, hat sich überhaupt nicht bestätigt. Vielleicht halte ich für wenige Minuten mal eine Hand, vielleicht lege ich meine Hand – immer angekündigt – zwischen Schulterblätter. Aber die Wünsche nach Trost sind meist sehr autonome Wünsche (»Ich werde mit diesem Kind einen Spaziergang durch den Regen machen und seine Hand halten« – »Ich werde diesem Kind einen Schokoladenpudding zubereiten, den hat es früher immer so gern gegessen. Kann mir Schwester Susanne dabei helfen?«). Der *Trost*, die suffiziente Selbstbemutterung ist unverzichtbar. Es geht keine Trauma-Sitzung zu Ende, bevor nicht die alten Filme fest verschlossen in einem Kellerarchiv liegen und die erwachsene Frau T. eine Vorstellung hat, wie sie das geschädigte Kind trösten wird.

Trauma-Sitzungen mache ich als Mann nur in Anwesenheit der Bezugsschwester, der Körpertherapeutin oder einer Kollegin als Zeugin. Der Raum für die Trauma-Therapie ist ein kleines Zimmer, in dem Turnmatten, mehrere Decken, Kissen, kleine Sandsäcke und Handtücher – falls sich jemand erbrechen muß – auf dem Boden liegen.

Frau T. betritt den Raum zu ihrer vierten Trauma-Sitzung. Sie hat ihren Teddy Bärma dabei und einen kleinen Halbedelstein, den sie als Handschmeichler verwendet. Zielstrebig geht sie auf die Gardinen zu und schließt sie mit einem Ruck, um das Zimmer abzudunkeln. Sie prüft einen Moment die Helligkeit und öffnet die Gardinen wieder ein Stück, weil das Licht ihr zu schummerig wurde. Ihre Bezugsschwester Susanne ist als schweigende Zeugin dabei. Ich habe auch meinen Handschmeichler bei mir, eine Olivenholzkugel.

»Wo wollen Sie heute sitzen, Frau T.?«
»Ich gehe wieder in meine Ecke«. Frau T. hat sich eine Ecke des Zimmers gewählt, wo ihr zwei Wände schon mal im Rücken Schutz bieten.
»Wo soll ich heute sein?«
»Wieder neben mir. Ich möchte aber, daß Sie auch an meiner Wand lehnen und mich nicht so ansehen. Dann fühle ich mich so gemustert, so taxiert«.
»In Ordnung. Sie spüren ja, daß in unsere Arbeit Ihre früheren Erfahrungen hineinwirken. Ich taxiere und mustere Sie nicht, aber ich kann gut verstehen, daß meine Blicke so auf sie wirken. Wir wollen gemeinsam das uns Mögliche tun, daß solche Gefühle sich hier so wenig wie möglich ausbreiten«. Es ist klar, daß Frau T. ihre Erfahrungen damit, für pornografische Filme mißbraucht worden zu sein, auf die aktuelle Situation überträgt. Sie empfindet mich als Voyeur, der ihren Körper und ihre Ausstrahlung mustert und taxiert, inwieweit sie der eigenen Lustgewinnung dienen können. – Ich nehme Platz, schiebe mir ein Kissen in den Rücken und lehne mich zurück. Ich sitze etwa einen Meter von Frau T. entfernt. Wir sind beide an die Wand gelehnt und schauen in die gleiche Richtung. »Ist mein Abstand so in Ordnung?«

Zustimmendes »hm«.
Ich merke, daß der Abstand auch für mich in Ordnung ist. Trotzdem habe ich aus einem mir unerklärlichen, aber deutlich spürbaren Empfinden heraus das Bedürfnis nach mehr Abgrenzung zwischen uns beiden. Solche Empfindungen nehme ich immer sehr ernst. Ich lege zwischen uns eine Decke, die ich zu einem Schlauch gerollt habe. »Für mich ist der Abstand auch in Ordnung, ich hätte aber gerne noch diese zusätzliche Grenze zwischen uns. So kann ich Ihnen innerlich näher sein. Ist das für Sie auch in Ordnung?«
»Ja. Ist noch besser so«.
»Wo soll Schwester Susanne sitzen?«
»Wieder da bei der Tür«.

Schwester Susanne sitzt in der Nähe der abgeschlossenen Tür an die Wand gelehnt. Im Türschloß steckt von innen ein Schlüssel, damit niemand trotz des Schildes »Nicht stören« mit einem »oh, Tschuldigung!« in den Raum tappen kann, Frau T. aber jederzeit eine Fluchtmöglichkeit hätte. In dem Raum ist kein Telefon, ich habe meinen Pieper nicht bei mir.

»Ja, Frau T., Sie haben beschlossen, daß es gut wäre, wenn Sie und ich uns eine Situation aus Ihrer Vergangenheit noch einmal gemeinsam betrachten. Etwas, das lange zurückliegt, das Sie aber noch nicht hinter sich lassen können. (Meine Stimme wird etwas monoton, ohne daß ich Trance-Induktionen oder gar hypnotische Befehle gebe). Vielleicht tritt Ihnen spontan eine solche Situation vor Augen, vielleicht haben Sie sich aber auch etwas vorgenommen. Wir wollen uns diese Szene wieder ansehen wie einen alten Film. Und Ihre Gedanken gehen zurück. Und Sie wissen, daß es ganz in Ihrer Hand liegt, was Sie sich heute betrachten möchten und welche Empfindungen Sie zulassen möchten. Das gibt Ihnen die Sicherheit, heute zurückblicken zu können in eine Zeit, als Sie noch jünger waren, als Sie noch unsicherer waren. Und es ist gut zu wissen, daß Sie heute als Erwachsene hier vielleicht etwas bewältigen können, was Ihnen früher schwer gefallen ist«. Aus den Augenwinkeln bemerke ich, daß Frau T. vor sich hin starrt. Mein Blick hat sich auf ein großes Kalenderfoto von einer Mittelgebirgslandschaft an der Wand gegenüber geheftet. Dieses Bild wird für mich dreidimensional. Ich bin eingestimmt. Ich lasse die Holzkugel in meiner linken Hand kreisen. »Wenn Ihnen etwas vor Augen steht, dann schildern Sie es mir«.
»Er steht wieder im Türrahmen, und ich habe ganz viel Angst«.
»Ihnen steht ein Mann vor Augen, den Sie kennen«. (Ich möchte die Distanz vergrößern, um keine unkontrollierte Affektüberflutung auszulösen).

»Klar doch. Mein sogenannter Papa«. (Frau T. ist auf Abstand gegangen: »Sogenannter« Papa weist hin auf sarkastische Distanz.)
»Wie sieht der aus, dieser sogenannte Papa?«
»Wissen Sie doch, hab ich doch schon zweimal beschrieben«.
»Ja. Aber ich möchte, daß Sie ihn auch heute wieder ganz genau betrachten, jede Einzelheit, die Sie wahrnehmen können«.
»Etwas kleiner als Sie, bullig, etwas muskulöser als Sie (süffisant; kleine Rache muß sein. Es hat ihr nicht gepaßt, daß sie ihren Stiefvater erneut beschreiben soll. Gerade beim Einstieg strebe ich aber eine zu empathische, zu unabgegrenzte Atmosphäre gar nicht an. Ich will wirklich eine möglichst nüchterne Filmbetrachtung mit vielen Filmstops; beim Video würde man sagen: *Standbild*). Dunkelbraun, so ein blasser Typ, wirkt irgendwie gewöhnlich. Bauch hatte er nicht. Der muß damals so Mitte 30 gewesen sein. Roch nach Alk.«
»Ihnen steht ein Mann vor Augen so Mitte 30. Bulliger, blasser Typ (ich lasse diesen Widerspruch einfach bestehen). Der riecht nach Alkohol. In welchem Raum steht dieser Mann?«
»Der steht in meinem Kinderzimmer«.
»Sie sehen ein Kinderzimmer. Können Sie mir diesen Raum beschreiben, damit ich ihn mir vorstellen kann?«
Ich lasse mir das Kinderzimmer beschreiben: Möbel und Tapeten, Poster, Vorhänge und Gardinen, den Teppichboden und das Holz der Tür. Dann die Wohnung und das Mietshaus, in dem die Wohnung ist. Dadurch wird das Bild paradoxerweise sowohl plastischer als auch distanzierter. »In diesem Raum ist noch jemand außer diesem – Papa?«
Frau T. steigt sprachlich auf meine Vorgaben jetzt ein. »Ich sehe da ein Mädchen im Bett liegen. Ist so 12, sieht aber jünger aus. Wie 10. Blonde Haare. Ich habe schon geschlafen«.
»Dieses junge Mädchen hat schon geschlafen und ist geweckt worden. Was hat es an?«
»Einen Pyjama. Mit Micky-Maus-Figuren drauf«. Sie verstummt. Die Atmosphäre wird dichter.
Mir fällt auf, daß ich meine Handkugel nervöser bewege. Ich atme tief durch und gehe selbst mehr auf Abstand. »Ja, was geschieht? Was sehen Sie?« Frau T. schreckt fast etwas auf. »Der Mann geht auf das Mädchen zu und zieht es aus dem Bett: Los, komm mit! Ich weiß schon, was jetzt kommen wird. Ich habe Angst. Mir ist kalt«. Frau T. zieht sich die Decke höher. Dadurch wärmt sie sich und verbirgt gleichzeitig ihren Becken- und Oberkörperbereich vor meinen Blicken. Sie schildert dann stockend, tonlos, wie der Stiefvater sie in einen großen Bademantel hüllt und mit ihr in eine Nachbarwohnung geht. Erneut lasse ich mir beschreiben, wie die Wohnung aussieht: Die Haustür, der Flur und das Wohnzimmer. (Inzwischen sind 25 Minuten

der Sitzung vergangen.) In dem Wohnzimmer sitzen die Mutter und ein befreundetes Paar, alle angetrunken.

Frau T. beherrscht die Technik bereits soweit, daß sie die Szene schildert, ohne daß ich viel eingreife. Sie hat inzwischen die Fernbedienung für den Film selbst in der Hand. Die Atmosphäre ist übrigens alles andere als »geil«, sondern mies, trist, trostlos. Frau T. spricht stockend, aber kontinuierlich. »Meine Mutter schaut mich an. Ihre Augen sind glasig und – böse. Sie hat etwas Gemeines. Auch die beiden anderen gucken so gemein. Die andere Frau räumt den Wohnzimmertisch ab. Das Mädchen wird auf den Tisch gelegt. Es wird ganz ausgezogen. Mir ist kalt. Mein Stiefvater hat eine Kamera mit Blitzlicht. Er macht Fotos. Die Erwachsenen spielen Karten auf meinem Bauch. Der Tisch ist so kalt. Da sind so Steine in der Tischplatte. Immer, wenn ein Kartenspiel vorbei ist, ziehen sich die drei Verlierer etwas aus. Mein Papa macht Fotos. Ich will am liebsten die Augen zumachen, aber ich weiß, daß ich dann geschlagen werde. Jetzt haben die Erwachsenen nichts mehr an. Das Mädchen muß den anderen Mann streicheln, bis sein Glied steif ist. Mein Papa macht weiter Fotos. Das Blitzlicht ist so grell. Der andere Mann schiebt mir jetzt sein Glied in den Mund. Ich nehme die Hand hoch und will ihn wegschieben. Da schlägt mir mein Stiefvater mit der Hand auf den Bauch. Ich fange an zu weinen. Er schlägt immer weiter. Ich mache meinen Bauch ganz hart. Er klingt wie eine Trommel. Das klingt schön, mein Bauch. Ich höre auf zu weinen«.

»Sogar in dieser Situation, als Sie geschlagen und gedemütigt wurden, haben Sie sich geschützt. Sie haben sich verhärtet, Sie haben sich gewehrt, Sie haben sich verzaubert. Sie haben Ihren geschlagenen Bauch in eine Trommel verzaubert. Ihre Seele war wehrhaft«.

»Der andere Mann ist durch mein Weinen und die Schläge von meinem Papa wieder schlaff geworden. Ich muß ihn wieder streicheln. Er ist wieder steif geworden und schiebt sein Ding in meinen Mund. Meine Mutter steht hinter mir und hält meine Arme über meinem Kopf fest. Ich darf die Augen nicht zumachen. Ich starr ganz fest auf das Tapetenmuster und versuche, die vielen kleinen Blumen darauf zu unterscheiden und zu zählen. Ich kriege kaum noch Luft«.

»Jetzt lassen Sie für einige wenige Minuten alle Wahrnehmungen, alle Empfindungen und Gefühle wieder zu, die Sie damals hatten. Und vielleicht können Sie sogar heute mehr zulassen als damals, als Sie sinnvollerweise versucht haben, so wenig wie möglich wahrzunehmen. Lassen Sie soviel zu, wie Sie ertragen können. Gehen Sie in ihren Körper hinein. Spüren Sie die Kälte im Rücken, den Schmerz in Ihrem Bauch. Spüren Sie ihre Scham und Pein, Ihre Wut und Ohnmacht. Lassen Sie alles da sein, was da ist. Und lassen Sie auch die

Empfindungen in Ihrem Mund zu«. In meiner Kehle spüre ich einen leichten Brechreiz. Ich schließe die Augen und atme tief durch.
Frau T. hat Schwierigkeiten zu atmen und fängt an zu würgen. »Ich muß kotzen«.
Ich richte mich auf, greife eines der Handtücher und reiche es ihr. »Lassen Sie alles raus, was raus will. Geben Sie von sich, was nicht in Ihren Körper gehört«. Frau T. übergibt sich zweimal. Es ist mehr ein trockenes Würgen, weil sie nicht viel ißt. Dann steckt sie sich einen Zipfel Handtuch in den Mund und beißt hinein. Sie hat sich auf die Seite gekauert, mir den Rücken zugedreht und sich etwas eingerollt.
»Ich werde Sie jetzt etwas zudecken«. Ich warte einen Moment, ob ein ablehnendes Signal kommt, und lege dann die Decke, die zu den Füßen heruntergerutscht ist, über Frau T. Dabei berühre ich ihren Körper nur kurz an den Schultern, als ich die Decke noch etwas höher ziehe. Sie zittert heftig. »Und mit jedem Zittern spüren Sie, wie etwas von der Spannung, der Scham und Wut, dem Schmerz und der Verzweiflung und was noch alles da ist ins Fließen kommt, abfließt, wie es Ihren Körper verläßt. Und mit Ihrem Atem suchen Sie ganz bewußt jene Bereiche Ihres Körpers auf, wo Sie etwas spüren, etwas empfinden: Haß oder Peinlichkeit, Trauer oder Ruhe. Und Sie spüren, wie jedes Einatmen ein wenig mehr in Ihrem Inneren ins Fließen bringt. Wo etwas verhärtet oder erstarrt ist, da löst der Atem immer ein wenig auf, läßt es fließen«.
Frau T. beginnt leise zu wimmern und zu weinen.
»Und mit jedem Zittern, mit jeder Träne und mit jedem Ausatmen verläßt ein klein wenig von dem, was bisher da war, wieder Ihren Körper, immer ein wenig mehr. Und Sie lassen sich fließen, Ihren Atem, Ihre Tränen, Ihre Klage. Es ist gut, das alles fließen zu lassen, abfließen zu lassen, von sich zu geben, loszulassen. Und Sie überlassen sich ganz diesem Fließen und Ihrem Atem«.
Ich warte einige Minuten, bis der Atem ruhiger wird und das Wimmern aufhört. »Und Sie spüren, wie die Erinnerung, auch andere Erinnerungen an schlimme Erfahrungen wieder zurücktreten, tief verschlossen werden in Ihrem Inneren. Wie in einem Tresor, zu dem nur Sie und ich den Schlüssel haben. Nur wenn wir beide beschließen, daß wir uns gemeinsam wieder etwas betrachten sollten, damit Sie es besser hinter sich lassen können, werden wir gemeinsam diese Tür öffnen. Und vielleicht ist ja auch heute etwas erledigt worden. Mit jedem Ausatmen lassen Sie mehr hinter sich vom Vergangenen, überlassen es dem Strom der Zeit, lassen es zurücksinken im Vergessen. Und es ist gut zu spüren, wie Sie heute daliegen, fließend und warm (das Zittern hat aufgehört), immer ruhiger und gefaßter. Und es ist gut zu wissen, daß Sie nie aufgegeben haben, daß Sie immer Wege gefunden

haben, sich zu schützen und wehrhaft zu bleiben. Und wenn Sie ganz zur Ruhe gefunden haben, werden Sie sich überlegen, wie Sie dieses Mädchen, das damals so schlimm behandelt wurde, heute trösten können. Was Sie ihm Gutes tun können«.
»Ich hasse dieses Mädchen«.
»Das hat es nicht verdient. Es war tapfer, findig und wehrhaft. Dieses Mädchen braucht Trost, und Sie werden ihm den geben. Da bestehe ich drauf«. Meine Stimme bekommt einen sanft-autoritären Tonfall. In dieser Hinsicht bin ich von einer gütig-väterlichen Kompromißlosigkeit. »Sie kommen erst noch weiter zur Ruhe, lassen noch mehr Spannung abfließen. Ich werde mich auch etwas hinlegen und meinerseits das wieder abatmen, was ich hier aufgenommen habe«. Ich stelle etwas mehr Abstand her, strecke mich aus und mache 10 Minuten Autogenes Training. Dabei atme ich immer bewußt aus und lasse auch einige Szenen noch einmal meinerseits abfließen. Dann nehme ich mich zurück und richte mich wieder auf. »Ja, was möchten Sie diesem Mädchen heute Gutes tun, Frau T.?«
Frau T. dreht sich auf den Rücken und schaut von mir fort zum Fenster hinüber. »Ich brauche erst mal einen Tee, um diesen scheußlichen Geschmack aus dem Mund zu kriegen«.
»Sehr gut«.
»Und dann werde ich mir mit dem Mädchen und Schwester Susanne – haben Sie Zeit? (Kopfnicken von Schwester Susanne) – ein Video mit Micky-Maus ansehen«.
»Frau T.: Micky-Maus – der Pyjama – ist das wirklich das Richtige jetzt für Sie und für dieses Mädchen?«
Kurzes Zögern. Frau T. wendet mir das Gesicht zu und schaut mir fest und klar in die Augen. »Ja, das ist jetzt genau das Richtige für uns beide«.
»Gut. Wenn Sie mich so ansehen, bin ich mir sicher, daß Sie ganz genau wissen, was jetzt gut für Sie ist. Ich wünsche Ihnen einen guten Nachmittag«.

Muß so was sein? Müssen solche Geschehnisse noch einmal lebendig werden? Ja. Es hilft, es erleichtert, es ermöglicht, hinter sich zu lassen.

Theoretisch ist das, was therapeutisch durch eine Trauma-Exposition bewirkt wird, mit unterschiedlichen Konzepten zu verstehen. Das Synthetisieren von Körperempfindung, Gefühl, Bild und Wort kann unter gestalttherapeutischem Blickwinkel als Therapieschritt verstanden werden, Abgespaltenes wieder einem ganzheitlichen Gestalterleben zuzuführen. HUBER (1995) spricht von *Traumasynthese*. Betrachtet man das Vorgehen tiefenpsychologisch fundiert, so wird hier im Rahmen einer haltenden therapeutischen Beziehung eine Subfunktion der Binnenwahrnehmung und des Umganges mit Trieben und Affekten vermittelt. Die Katathym-imaginative Psychotherapie hat Regieprinzipien zum Umgang mit ängstigenden inneren Bildern entwickelt, insbesondere die Technik der Symbolkonfrontation (FÜRSTENAU 1990; LEUNER 1994, S. 219ff.). Diffuse, ungreifbare Stimmungen von Leere, Grauen und Bedrohung sind viel schwerer erträglich als äußerst ängstigende, aber betrachtbare, konkrete Bilder von Dämonen, Schock- und Horrorgestalten oder menschlichen Greueltaten. Sie kennen sicher die Dramaturgie von Horrorfilmen, etwa »Alien I«. Da ist über die ganze Zeit hin eine unfaßbare, namenlose, gestaltlose, grauenhafte Bedrohung im Raum. Die ersten, flüchtigen Bilder vom Alien steigern den Horror eher noch, aber wenn es gegen Ende des Filmes erst einmal ganz sichtbar ist, verliert es bald die Qualität des Unfaßbaren: Es wird ein schreckliches, aber faßbares und damit zu bekämpfendes Wesen. Filmstop, Symbolkonfrontation, genauestes Betrachten und In-Worte-»fassen« sind kurzfristig ängstigend, sehr schnell aber entängstigend. Unter verhaltenstherapeutischem Blickwinkel würde man von einer Desensibilisierung sprechen, wie sie in den meisten Angst-Expositions-Therapien angewendet wird.

Da dieser Umgang mit dem inneren Grauen so hilfreich ist, kann ein Verbildern auch angewendet werden, um nicht erinnerbare Sequenzen sinnstiftend zu füllen.

Frau T.: »Ich sehe wieder, wie mein Stiefvater mit zwei fremden Männern ins Zimmer kommt. Ich bekomme noch mit, wie sie mir grinsend etwas zu trinken geben. Dann werde ich ohnmächtig. Ich muß aber wissen, was da passiert ist!«
»Dann überlassen Sie sich mal, soweit Sie können, den Signalen Ihres Körpers. Sie kennen inzwischen Ihre Körpersignale sehr gut. Lassen Sie zu Ihren Körpersignalen Bilder und Fantasien entstehen, die Ihnen passend sind. Es ist erstmal ganz egal, was wirklich geschehen ist. Wichtig ist, daß Sie Ihren Empfindungen Gestalt geben, sich Bilder schaffen, die Sie betrachten können. Sie ziehen Ihre Schultern hoch. Was sagen die Schultern?«

Spätestens an dieser Stelle wird Ihnen die Frage kommen: Ist das denn überhaupt alles wahr, was in einer solchen Traumasitzung gesehen wird? Meine Antwort als Therapeut lautet: Innerlich ist es erschreckend wahr; es sind Bilder subjektiver Realität, die als solche mit Achtung zu akzeptieren sind. Ich ziehe solche Berichte nicht in Zweifel, wenn es die Patientin nicht selbst tut. Meine ganz persönliche Stellungnahme lautet: Selbst wenn nur 10 Prozent Realität und 90 Prozent Dämonisierung sein sollten, wäre das schlimm genug. Ich bin aber überzeugt, daß es meistens eher umgekehrt ist: 90 Prozent Realität, 10 Prozent Dämonisierung. Die Lektüre der Erfahrungen von JÄCKEL (1993) und HUBER (1995) hat mich da zu meinem Bedauern eher bestätigt.

Als Forscher habe ich noch viele Fragen: Wie weitgehend wirkt Dissoziation? Wird eine Szene auch dann in der Erinnerung gespeichert, wenn die Dissoziation sehr weitgehend gelingt? Ist es wirklich so, daß Körpererfahrungen ohne bildliche und sprachliche Repräsentanz speicherbar sind? Sind Szenen, die aus Körperempfindungen heraus in der therapeutischen Situation entstehen, Rekonstruktionen oder sinnstiftende Konstruktionen? – Leider sind diese Fragen nicht nur von akademischem, sondern auch juristischem Interesse. Bisher habe ich eine Vermengung von Therapie und gutachterlicher Stellungnahme vermeiden können. Ich könnte bei der aktuellen Rechtslage, die einen Täter deutlich mehr schützt als ein Opfer, keiner Frau zu einem Prozeß raten. Retraumatisierung durch den Prozeß und mögliche Genugtuung durch das Verurteilen des Täters müssen sehr genau abgewogen werden. Ganz problematisch wird es natürlich dann, wenn eine traumatisierte Frau etwa eine jüngere Schwester schützen will und muß. Da könnte die Entscheidung lauten, daß es erträglicher ist, sich selbst erneut zu opfern und einen Prozeß anzustrengen, als hilflos zusehen zu müssen, wie die Verbrechen weitergehen. Das ist eine existentielle Grenzsituation. In der wachsenden Literatur zur Mißbrauchsproblematik ist gerade auch die juristische Seite mehrfach erörtert worden (z.B. ENDERS 1990; RUTSCHKY 1992).

Ich begleite die traumatische Szene, ohne sie verändern oder umdeuten zu wollen. Ich bin ein betroffener Zeuge, der ausspricht, was geschieht (ROHDE-DACHSER 1986, S. 94f.). Wird das Erleben einer Patientin zu intensiv, kann sie die Situation jederzeit dadurch steuern, daß sie vorübergehend ihren sicheren Ort aufsucht oder die Szene beendet. Diese hier beschriebene Szene mußte übrigens noch einmal aufgesucht werden. Es war an dem besagten Abend noch weiteres geschehen. Die Sequenz war noch unabgeschlossen. Das hatte zu zwei Flash-backs in der Zeit bis zur nächsten Traumasitzung geführt. Es ist immer besser, wenn die konkrete Szene bis zu ihrem Ende durchlaufen werden kann. Eine Traumasitzung dauert deshalb 60, 90, 100 Minuten oder in einzelnen Fällen noch länger.

Nicht jede traumatische Szene des bisherigen Lebens muß noch einmal aufgearbeitet werden. Es reichen zwischen 2 bis 20 Traumasitzungen. Die Patientin signalisiert selbst, wenn sie eine Pause wünscht oder etwas anderes sich in den Vordergrund drängt, etwa die therapeutische Bearbeitung ihrer eigenen Fremdaggressionen.

Noch ein Wort zur exhibitionistisch-voyeuristischen Seite solcher Szenen. In die Berichte der Patientinnen kommt in seltenen Fällen einmal etwas Laszives, Aufreizendes, Falsches. Manchmal ist es ein Hinweis darauf, daß eine Mißbrauchssituation sie körperlich erregt hat, was sie einerseits mitteilen wollen, was sie andererseits zutiefst beschämt. Sie fühlen sich »irgendwie mitschuldig«. Ich vermittle ihnen dann, daß ich es als den Gipfel der Perfidie empfinde, wenn es einem erwachsenen Täter gelungen ist, ihnen auch noch ihre Lust, mit das Privateste und Persönlichste, was wir Menschen sind und haben, zu enteignen.

Die hier geschilderte Traumaexposition hat als *Bildschirmtechnik* ihre Wurzeln in einer hypnotherapeutsichen Technik MILTON ERICKSONS. An ihrer Fortentwicklung waren Therapeuten wie KLUFT, PUTNAM und SPIEGEL beteiligt, die Patientinnen mit dissoziativer Identitätsstörung DIS/multipler Persönlichkeitsstörung MPS behandelten. Ich hatte keine Schwierigkeiten, in dieses Vorgehen das katatym-imaginative Regieprinzip der *Symbolkonfrontation* zu integrieren (SACHSSE und REDDEMANN 1997).

Es gibt andere Traumaexpositionstechniken, die hilfreich sind. Besonders zukunftsträchtig erweist sich gegenwärtig die Methode des *Eye Movement Desensitiziation and Reprocessing (EMDR)*, das von FRANCINE SHAPIRO (1995) entwickelt und von ARNE HOFMANN (1996) in Deutschland gelehrt wird. Dieses Verfahren geht davon aus, daß traumatische Erlebnisse im Gehirn nicht verarbeitet werden können. Es gibt inzwischen eine Reihe hirnphysiologischer Untersuchungen, die dies belegen (VAN DER KOLK et al. 1997). Im Netzwerk des Gehirns bleiben diese Erfahrungen isoliert, abgekapselt, weil sie mit den bisherigen Erfahrungen inkompatibel sind (SPITZER 1996, KOTRE 1996). Unsere Träume dienen dazu, Informationen des Tages, die in unterschiedlichen Hirnkomplexen, etwa linke versus rechte Hemisphäre, unterschiedliche Spuren hinterlassen haben, auszutauschen und anzugleichen. Während der Träume fließen Informationen über die Brücke rasch zwischen rechtem und linkem Gehirn hin und her. Dabei bewegen sich die Augen sehr schnell: REM. Beim EMDR werden unterschiedliche Hirnareale zunächst angeregt: Eine traumatische Erfahrung soll bildlich vor Augen geführt werden, es sollen negative Kognitionen dazu zugelassen werden (»Ich war ein Dummkopf, geschieht mir ganz recht«), es sollen positive Kognitionen entwickelt werden (»Ich war unerfahren; für mein Alter habe ich erstaunlich reif gehandelt«), es sollen Gefühle zugelassen werden und insbesondere die Körpersensationen. Dann schaut die Patientin auf die Hand des Therapeuten, der bei ihr horizontale Augenbewegungen, kontralaterale akustische oder hautsensorische Reize auslöst und dadurch sehr rasche, sehr intensive, aber nicht immer leicht zu steuernde traumähnliche Prozesse induziert, bei denen es zu intensiven Abreaktionen, aber auch zu Neubewertungen der traumatischen Situation kommen kann.

Beide Verfahren erfordern eine gewisse Ich-Stärke, die entweder bei Therapiebeginn schon vorhanden ist oder durch eine ausreichende Vorbereitung geschaffen werden muß. Patientinnen mit ausgeprägter Dissoziativität und Ich-Schwäche, etwa mit multipler Persönlichkeitsstörung, benötigen eine Fraktionierung und Dosierung der Traumasynthese, wie sie HUBER (1995) und VAN DER HART (1995) beschrieben haben. Traumaexposition und Traumasynthese können schaden, wenn sie unzureichend vorbereitet und nicht in einen schützenden, stützenden Rahmen eingebunden sind – stationär oder ambulant.

Der Rahmen der Traumatherapie: Stationsmilieu – Körpertherapie – Gestaltungstherapie

Was hatte ich Frau T. empfohlen? »Lassen Sie es sich 6 Tage und 22 Stunden die Woche so gut wie möglich gehen!« Von den verbleibenden 2 Stunden war gerade die Rede. Ich habe schon darauf hingewiesen, daß nach der Traumaarbeit die Gefahr besteht, daß die Erinnerungen an traumatische Erfahrungen sich ausbreiten, den Alltag überlagern und die Wahrnehmung aller nahen Beziehungen verzerren.

Das *Stationsmilieu* soll dieser Gefahr möglichst entgegenwirken. Die Schwestern und Pfleger sprechen die Patientinnen aktiv an und vereinbaren eigene Aromatherapie- und Gesprächstermine. Dabei geht es gerade nicht um Probleme, eine Vertiefung der Traumasitzungen oder andere mobilisierende Gesprächsinhalte, sondern um Alltagsgestaltung, Aktivitäten, Wochenendplanung, Selbstfürsorge. Kommt eine Patientin mit der Mitteilung »Ich stehe unter Druck«, lautet die erste Frage und Aufforderung: »Sind Sie schon an Ihrem sicheren Ort gewesen?« Der erste Versuch ist immer, die Patientin auf sich, ihre Ressourcen und ihre Selbstheilungskräfte zu verweisen. Sportliche Aktivitäten bis hin zur Lauftherapie (STENEBERG 1993) gehören ebenso zum Milieu wie Alltagsgespräche in der Sitzgruppe des Flures.

Es wird den Patientinnen dringend empfohlen, nicht ihre lebensgeschichtlichen Erfahrungen untereinander auszutauschen. Auf das Problem einer »Olympiade des Leidens« (Wer hat die schlimmste Lebensgeschichte? Wem geht es am schlechtesten?) werde ich später noch eingehen. Darüber hinaus kann jeder Bericht einer Mitpatientin zum Trigger für eigene Erfahrungen werden. Sofern die berichtende Patientin das mitbekommt, ist sie nicht erleichtert, sondern bekommt ein schlechtes Gewissen und macht sich Vorwürfe. Hinterher ist nicht eine entlastet und von der anderen getröstet, sondern es geht beiden schlechter als vorher.

Aufgabe der *Sozialpädagogin* ist es, am Beginn der 4- bis 6-Monatstherapie das soziale und juristische Umfeld der Patientin möglichst für 3 Monate in einen Dornröschenschlaf zu versenken. Je weniger sich in dieser Zeit bewegt, um so besser. Niemand kann Zwei- oder Dreifrontenkriege führen, schon gar nicht, wenn eine »Front« die konzentrierte Konfrontation mit den schlimmsten Erfahrungen ist, an die man sich in seinem bisherigen Leben erinnern kann. Wenn die Scheidung ansteht, wenn der Streit um das Sorgerecht für die Kinder gerade in die nächste Instanz geht und mit aller Gemeinheit geführt wird, zu der wohl nur Menschen fähig sind, die sich einmal geliebt haben (»Mein

Mann hat mich täglich geschlagen und sich an die Töchter herangemacht« – »Meine Frau ist längst eine psychiatrische Langzeitpatientin und für die Mutterrolle völlig ungeeignet«), wenn der Gerichtsvollzieher wegen Versandhausschulden täglich zweimal klingelt, wenn die Wohnung gekündigt wird, wenn, wenn – dann ist es nicht einfach, sich gefaßt nach innen zu wenden, Traumata aufzuarbeiten und – wie es Frau T. so treffend formulierte – »*auszuschmerzen*«. Nach meinen Erfahrungen fällt es den Patientinnen leichter, ihre Probleme im Realraum zielstrebig anzupacken, wenn der Kampf nach innen gegen die eigenen Erinnerungen entbehrlich geworden ist.

Zentraler Bestandteil jeder Therapie einer SVV-Patientin ist an unserer Klinik die *Körpertherapie* (KT). Jede stationäre Psychotherapie beinhaltet inzwischen wohl ein körpertherapeutisches Angebot. Körpertherapie ist nach unserer Erfahrung besonders wirksam und deshalb besonders behutsam anzuwenden. Meistens wird KT als mobilisierendes, destabilisierendes Vorgehen verstanden. Jede KT-Übung, jedes Vorgehen, das die Abwehr herabsetzt oder gar überschwemmt, das Konflikte mobilisiert oder gar ein Trigger für traumatische Erinnerungen ist, ist nach meiner Überzeugung strikt kontraindiziert. Das bedeutet, daß die Körpertherapeutin Signale verstehen muß, die auf eine Mobilisierung der Patientin hinweisen. Indiziert ist jede KT-Übung, die stabilisiert, die Körpergrenzen spürbarer und erfahrbarer macht, den eigenen Leib als gewichtigen Körper im Raum deutlich sein läßt und die innere Balance verbessert. Besonders gute Erfahrungen haben wir in Bielefeld und Göttingen mit dem *Qi Gong* (HEISE 1996) gemacht, einer chinesischen Bewegungs- und Atemmethode, durch die der eigene Körper begrenzt, abgegrenzt im Raum erlebt und erfahren wird. Die Bewegungen sind langsam; die Muskelanspannung geschieht beim Einatmen, was eine Atemmassage des Körpers von innen bewirkt; die Übungen erinnern nicht an die Fitness-Gymnastik der aktuellen Super-Models und bringen nicht in Vergleich und Konkurrenz mit irgendwelchen Ideal-Körpern. Spezifische, sehr vorsichtig dosierte, vielleicht sogar etwas konfrontative und mobilisierende Körperarbeit muß lange Zeit in der Zweierbeziehung geschehen, da die Patientinnen in Gruppen von Angst, Scham, Peinlichkeit, Minderwertigkeitsgefühlen und Neid unerträglich überflutet werden. Bisher kann ich aus dem Austausch mit psychotherapeutisch erfahrenen Physiotherapeutinnen folgende Erfahrungen weitergeben:

Massagen sind sehr förderlich, aber schwer dosierbar. Geschehen sie zu sanft, löst das entweder Angst vor Entgrenzungs- und Fragmentierungsempfindungen aus oder wird gar nicht wahrgenommen. Ist die Massage etwas zu derbe, werden die Patientinnen plötzlich erstaunlich empfindsam und schimpfen auf die brutale Physiotherapeutin. Es gehört bei der Physiotherapie dazu, mit der Patientin die Intensität und die möglichen Körperregionen auszuhandeln und im Gespräch darüber zu bleiben. – *Bäder* sind relativ unproblematisch, leichter aber noch Duschen. Das Prickeln der Dusche vermittelt Grenzempfindungen. Häufig wird die Dusche etwas zu heiß gestellt. Dies ist aus meiner Sicht ein Fortschritt im Umgang mit sich selbst, denn eine etwas zu heiß eingestellte Dusche finde ich besser als einen Schnitt. Außerdem ist es heutzutage mit den meisten Duschen aufgrund energiesparender Boilereinstellungen nicht mehr möglich, sich richtig zu verbrühen. – *Atemtechniken* machen viel Angst, besonders das Schließen der Augen. Hingabe an das eigene Innere im Gefühl der vertrauensvollen Sicherheit ist erst langsam möglich. – Günstig sind muskuläre Bewegungsübungen, *Lageübungen zur Erfahrung des eigenen Körpers im Raum.* – Die *Lauftherapie* steht erst am Anfang ihrer Entwicklung, hat nach meiner Einschätzung aber Zukunft (STENEBERG 1993).

Die Selbsterfahrungsschritte Haut, dann Muskulatur, später erst Vegetativum und Viscera, noch später Berührung und Körperkontakt mit der Körpertherapeutin scheinen am erfolgversprechendsten zu sein. Von der begonnenen, inzwischen breiter geführten Diskussion der körperbezogenen Therapieverfahren verspreche ich mir erhebliche Fortschritte (z.B. BRÄHLER 1986; BUCHHEIM et al. 1992). Anregungen könnten auch von den Erfahrungen mit KT bei autistischen oder geistig behinderten Kindern mit SVV (ROMANN und HARTMANN 1988; JANTZEN und VON SALZEN 1990) kommen.

Neben der Grenzstabilisierung ist eine zweite Domäne der KT die *körperliche Umsetzung und Einübung aggressiver Bewegungen*. In einer späteren Therapiephase wird der Umgang mit Aggressionen für die Patientinnen zu einer zentralen Problematik. Wenn autoaggressives Verhalten verlassen werden soll und fremdaggressives Verhalten nur im sozial üblichen Rahmen erwünscht ist, dann muß ein Übungsfeld einerseits zum spielerischen Umgang mit Aggression, andererseits zu heftigen, körperlichen Erfahrungen von eigenen Tötungsimpulsen bereitgestellt werden. In der KT ist schon so mancher symbolisch geköpft worden. – In Göttingen haben wir auch eine Gruppe, in der *Selbstverteidigung* eingeübt wird. Es ist wichtig, den eigenen Körper als wehrhaft zu erfahren und zu trainieren.

Auch in der *Gestaltungstherapie* steht die bildliche Umsetzung des sicheren Raumes und der eigenen Abgrenzung am Anfang: Höhlen und Burgen, Mauern und ferne Planeten können Motive sein, die gemalt oder modelliert werden. In der Gestaltungstherapie kann es gelingen, einem unfaßbaren Empfinden, einem Grauen, einer Leere oder tiefen Verzweiflung Gestalt zu geben. Ich habe schon das Beispiel der Horrorfilme angeführt: Jede konkret gestaltete, faßbare, sichtbare Erfahrung ist vielleicht kurzfristig destabilisierend, mittelfristig aber immer besser als ein ungreifbares Grauen oder eine diffus-unfaßbare Befindlichkeit. Manche Patientinnen malen bei andrängenden dissoziativen Zuständen auf dem Zimmer, oft die halbe Nacht. Oder sie schreiben seitenlang Tagebuch. Beides sind Möglichkeiten, dem Ungreifbaren faßliche Gestalt zu geben.

Gegenwärtig ist eine umfangreiche Einführung in die stationäre und ambulante traumazentrierte Psychotherapie in Vorbereitung (REDDEMANN und SACHSSE 1997, SACHSSE und REDDEMANN, im Druck).

Konsolidierung und Integration

Dieses Kapitel ist kurz gehalten, weil die weiteren Kapitel auch dieser Problematik gewidmet sind. Durch Traumaarbeit kann es gelingen, die permanenten Dekompensationen sehr viel seltener werden zu lassen. Eine mittel- oder langfristige Therapie wird dadurch nicht entbehrlich.

Ein Therapieziel gegen Ende der stationären Behandlungsphase und während der anschließenden ambulanten Therapie besteht darin, einer *Selbstdefinition über die Traumatisierung entgegenzuwirken*. Nicht alles im bisherigen Leben war Trauma, und nicht jede seelische Problematik kann so einfach auf die

Traumata geschoben werden. Es gilt, die Traumata zu relativieren, ihnen den ihnen gebührenden Platz in der eigenen Geschichte zuzuweisen: Sie weder zu dämonisieren noch zu bagatellisieren. Es gilt, sich erneut den eigenen Ressourcen, Begabungen und Fähigkeiten zuzuwenden, den oft hohen intellektuellen, kreativen und sozialen Möglichkeiten. Immer mal wieder wird es natürlich auch Patientinnen geben, die ihre Identität über ihre Pathologie definieren und finden müssen (»ich bin Alkoholikerin – ich bin eine Mißbrauchte«); auch das ist eine achtenswerte Konsolidierung der eigenen Geschichte.

Meine anfängliche Hoffnung, eine mittel- oder langfristige Behandlung könnte durch die Traumatherapie entbehrlich werden, hat sich nicht erfüllt. Zu viele Wahrnehmungsverzerrungen sind inzwischen entstanden, zu viele Beziehungsdeformierungen, zu viele soziale Probleme und Entwicklungsverzögerungen, als daß dies alles durch eine Behandlung in wenigen Monaten wie von selbst verginge. Die Therapie wird nur »möglicher«, »üblicher«. Trotzdem ist durch die Einführung der Traumatherapie nichts entbehrlich geworden von dem, was ich im folgenden bereits in den ersten beiden Auflagen dieses Buches dargelegt habe.

IV

Therapiestrategie und therapeutische Grundhaltung der Langzeittherapie

Patientinnen mit oberflächlichem »Ritzen« mit oder ohne Traumagenese werden inzwischen in vielen qualifizierten psychotherapeutischen, psychosomatischen und psychiatrischen Kliniken mit und ohne eigentliche Traumatherapie erfolgreich behandelt. Es ist jene Gruppe von Patientinnen, die paktfähig sind, deren Ich als Bündnispartner wenigstens zeitweise stabil zur Verfügung steht und die sich auf strukturierte Therapieprogramme und Absprachen – und sei es nach zähem Ringen (KERNBERG et al. 1993) – einlassen können. Darüber hinaus gibt es eine kleine, aber schwer zu behandelnde Gruppe von Patientinnen, bei denen die Persönlichkeitsentwicklung sehr schwer gestört ist, die eine sehr verzögerte Pubertätsentwicklung durchlaufen, die für die Traumatherapie eine lange Vorbereitungsphase benötigen und die auch nach einer Traumaarbeit intensiver Therapie bedürfen. Gerade auch dieser Gruppe von Patientinnen sind große Teile des Buches gewidmet, da sie erfahrungsgemäß »zwischen alle Stühle« geraten: In psychotherapeutisch-psychosomatischen Kliniken ist das Selbstbeschädigungs- und Suizidrisiko schwer tragbar, und in psychiatrischen Kliniken hat sich noch nicht überall jene stabile psychotherapeutische Kompetenz zum Umgang mit schweren Persönlichkeitsstörungen gebildet, wie sie dem grundlegenden Buch von DULZ und SCHNEIDER (1994) zu entnehmen ist; obwohl Persönlichkeitsstörungen einen immer größeren Anteil der Klientel psychiatrischer Versorgungskrankenhäuser ausmachen.

Die Psychodynamik der Symptombildung läßt sich als Resultat einer Selbst-Spaltung konzeptualisieren. Dabei ist das »gute

Objekt« kein nur gutes Objekt im Sinne MELANIE KLEINS (1972). Vielmehr ist es »gut«, d.h. stillend, beruhigend und befriedigend mit Mitteln, die allgemein als »schlecht«, d.h. frustrierend, unlustvoll und schädlich gelten, nämlich mit Mitteln der Verletzung und des Schmerzes. Das gute Objekt ist ein pervers-gutes oder ein *konfuses Objekt*.

Mein Therapieziel ist es, daß die Patientin durch die Therapie Möglichkeiten entwickelt, anders – in meinem persönlichen Verständnis besser – mit sich selbst und ihrem Körper umzugehen, ihr Erleben aktiv befriedigender zu gestalten und die unabwendbaren Frustrationen und Widernisse des Lebens anders zu bewältigen als durch SVV. Ich habe ein *klares Therapieziel*, das in Symptombesserung durch Veränderung der die Symptomatik determinierenden pathogenen psychodynamischen Prozesse besteht. Dieses Ziel will ich mit den mir zur Verfügung stehenden therapeutischen Mitteln erreichen.

Die psychoanalytische Psychotherapie ist geschichtlich als Methode entstanden, in der sich FREUDS Therapie- und Forschungsinteresse eng verwoben haben. FREUD behandelte seine Patienten mit dem Ziel, Unbewußtes bewußt zu machen. Seelische Mechanismen, die dies erschweren, konzeptualisierte er als Widerstand und Abwehr. Beides galt es zu bearbeiten, damit dort, wo Es war, Ich werden konnte. LORENZER hat darauf hingewiesen, daß die *Behandlungs- und Forschungsmethode Psycho-Analyse eine Dekonstruktion* bedeutet. Abwehrmechanismen, Widerstandsphänomene und infantile Übertragungen werden dem erwachsenen Ich gedeutet. Die Kunst des Analytikers besteht unter anderem darin, diese Dekonstruktion nicht destruktiv werden zu lassen. Der Analytiker traut dem stabilen »Normal-Ich« seines analysefähigen Analysanden zu, dieser Dekonstruktion im Schutz der analytischen Beziehung gewachsen zu sein (FREUD 1940, S. 98f.). Das in der Tradition der Aufklärung stehende Ziel einer Psychoanalyse ist Einsicht und Erkenntnis, verbunden mit dem Angebot, aufgrund erwachsener Selbsterkenntnis veränderte Neukonstruktionen zu versuchen, sich mit Begrenztheiten abzufinden und sich mit der eigenen Geschichtlichkeit anzufreunden.

Bei den Versuchen, so auch strukturell ich-gestörte Patienten zu behandeln, hat sich herausgestellt, daß dieses dekonstruktive Vorgehen nicht hilfreich ist, im Extrem sogar schädlich sein kann. Hieraus haben sich therapeutische Haltungen und Techniken entwickelt, die andere Vorgehensweisen auf dem Boden der psychoanalytischen Theorie versuchen (FÜRSTENAU 1992, S. 54–62, 101–108).

KERNBERGS *expressive Therapie* (1988, S. 145 ff.) steht dabei meines Erachtens überwiegend in der Tradition der dekonstruktiven Psychoanalyse. Nach seiner Erfahrung ist die dekonstruktive, deutende Bearbeitung pathologischer Selbst-Objekt-Konstellationen und Abwehrmechanismen therapeutisch besonders hilfreich, weil das Ich dadurch von Erlebens- und Wahrnehmungsverzerrungen befreit wird und realistischer wahrnehmen und handeln kann. – Ab 1978 habe ich meine erste SVV-Patientin »nach Kernberg« behandelt. Dabei machte ich zunehmend die Erfahrung, daß diese Technik die Patientin zwar von ihren Wahrnehmungsverzerrungen entlastete, aber »was nun«? In den ersten ins Deutsche übersetzten Arbeiten KERNBERGS fehlten Handlungsanweisungen, die eine weitere therapeutische Förderung des Ich ermöglicht hätten. Direktive, pädagogisch orientierte Interventionen, Ratschläge oder Techniken, bei denen der Therapeut modellhaft wirkt, wurden damals nicht empfohlen. Wenn ich also die pathogenen Selbst-Objekt-Beziehungsmuster deutend aufgelöst hatte, eröffneten sich mir bei der Patientin massive Ich-Funktions-Defizite, mit denen die Methode die Patientin allein ließ. Diese Defizite konnte sie entgegen den Erfahrungen KERNBERGS nicht aus eigener Kraft nachentwickeln. In den letzten Jahren sind auch von KERNBERG zunehmend Artikel erschienen, die technische Hinweise dafür enthalten, wann und wie der Therapeut sinnvoll Hilfs-Ich-Funktionen übernehmen kann.

Komplementär zur Psycho-Analyse steht die Psycho-Synthese. Dieser Begriff wurde von BENEDETTI (1983) für seinen Umgang mit psychotischen und präpsychotischen Patienten verwandt. Arbeiten von SEARLES (1974) mit psychotischen Patienten enthalten bereits Gedankengänge, die in diese Richtung weisen. BENEDETTI öffnet sich dem psychotischen Erleben seiner Patienten, läßt es zu, daß er temporär und passager selbst psychotisch labilisiert wird, um dann seine psychosynthetischen Fähigkeiten den Patienten zur Verfügung zu stellen. In einem Prozeß, für den er den intrauterinen Austausch zwischen Mutter und Fötus als Metapher verwendet hat, fördert er in und durch die reifen Anteile seiner Person die allmähliche Assimilierung der Psychose des Patienten. Träume und Phantasien des Therapeuten werden als

Symbolisierungsschritte benutzt und dem Patienten frei zur Verfügung gestellt (BENEDETTI 1983, S. 17).

KERNBERG (1988) stellt sich übrigens ähnlich psychosynthetisch zur Verfügung. In seinem therapeutischen Vorgehen öffnet sich der Therapeut den projektiven Identifizierungen und pathologischen Selbst-Objekt-Beziehungen, erlebt in der Gegenübertragung seine oft heftig antwortenden Affekte und nutzt sein reifes Ich, um diese Prozesse zu verstehen und per Deutung dem Patienten verfügbar zu machen. Damit übernimmt er Hilfs-Ich-Funktionen, denn zunehmend ermöglicht seine Therapie dem Patienten, sich in Selbstbeobachtung zu fragen: ›Was läuft bei mir denn da gerade wieder ab?‹.

Die *Hilfs-Ich-Funktion des Therapeuten* wird von BLANCK und BLANCK (1980, 1985) weiter ausgearbeitet. Ihre Bücher bieten eine Fülle von Einzelhinweisen und Anregungen, wie der Therapeut Ich-Funktions-Defizite diagnostizieren und behandeln kann.

Ausgehend von dem Wissen, daß das Ich sich in der Interaktion mit den wichtigen Bezugspersonen seiner Kindheit bildet, haben HEIGL-EVERS, HEIGL und Mitarbeiter die *psychoanalytisch interaktionelle Psychotherapie* entwickelt (HEIGL-EVERS und OTT 1994). Dabei wird das Prinzip Deutung durch das *Prinzip Antwort* ersetzt. Der Therapeut anwortet dem Patienten authentisch, aber dosiert. Seine Antworten sollen der Ich-Entwicklung des Patienten förderlich sein und nicht der emotionalen Entlastung des Therapeuten dienen. – Psychoanalytisch interaktionell habe ich ebenfalls eine SVV-Patientin längere Zeit behandelt. Dabei habe ich für mich keinen Weg gefunden, die Manifestationen negativer Übertragungen und schwer destruktiver Selbst-Objekt-Beziehungsmuster durch authentische Antworten angemessen aufzulösen. Schon sehr dosiert aggressive, kritische oder leicht verletzte Antworten wurden von der Patientin als massive Vorwürfe, Zurückweisungen und Verurteilungen erfahren und heftig gegen die eigene Person gerichtet. Dies könnte einem anderen Therapeuten durchaus besser gelingen. Der Therapeut ist nun mal eine der wichtigsten Variablen im therapeutischen Prozeß.

Bei jeder psychoanalytisch fundierten Therapie stellt der Therapeut also Teile seines eigenen psychischen Apparates der Förderung des Patienten zur Verfügung. BENEDETTI stellt die Symbolisierungsfähigkeit seiner eigenen Traum- und Phantasiewelt und seine synthetische Ich-Funktion der Bewältigung der vom Patienten projizierten und von ihm introjizierten Psychose zur Verfügung. KERNBERG stellt sein beobachtendes, introspektionsfähiges, frustrationstolerantes, im Umgang mit Trieben und Affekten stabiles Ich den projektiven Identifizierungen und den primitiven Selbst-Objekt-Übertragungen des Patienten zur Verfügung, um die Borderline-Mechanismen zu erkennen, zu deuten und durch reifere Mechanismen abzulösen. BLANCK und BLANCK sowie HEIGL-EVERS und HEIGL stellen ihr reifes Ich dem defizienten Ich des strukturell ich-gestörten Patienten in Empathie und Antwort als Hilfs-Ich zur Verfügung, um eine Ich-Reifung zu ermöglichen. Der Analytiker in der Nachfolge der Schüler SIGMUND FREUDS stellt sich abstinent und neutral den neurotischen Übertragungen des Analysanden zur Verfügung, stellt seine Gegenübertragungsreaktionen und sein analysierendes Ich in den Dienst der Erkenntnis von Übertragungsprozessen, die er deutet und erklärt, damit sie dem reifen Normal-Ich des Analysanden einsichtig werden.

Bevor ich meine therapeutische Haltung und meine Strategie in den Einzelschritten konkret darstelle, will ich kurz umreißen, welche *allgemeine Strategie* ich verfolge und wie ich dabei vorgehe: Im ersten Therapieschritt kommt es mir darauf an, die Äußerungen – also Worte, Tonfall, Mimik, szenische Mitteilungen, Handlungen – der Patientin daraufhin zu überprüfen, welche guten und schlechten Anteile darin enthalten sind. Beides bedarf zunächst einer Trennung. Die Lust-Unlust-Erlebnismöglichkeit muß erst entwickelt werden. Dabei habe ich besonders lange gebraucht zu lernen, das Gute zu sehen, das in allem steckt. *Ich trenne das Gute vom Schlechten und benenne beides. Schlechtes bearbeite ich dekonstruktiv* mit den Techniken KERNBERGS, immer verstehend, Über-Ich- und Ich-entlastend. Wesentliches Arbeitsfeld ist die Gegenwart. Aber die Genese beziehe ich als Verstehensmöglichkeit für die Gegenwart ein. *Das Gute greife ich auf*, erarbeite im Sinne der interaktionell psychoanalytischen Therapie symptomauslösende Konstellationen, identifiziere Ich-Funktions-Defizite und stelle mich antwortend *als Hilfs-Ich und als Modell* zur Verfügung. Besonders widme ich mich dem *Schutz der therapeutischen Beziehung vor destruktiven und autodestruktiven Impulsen und den Anregungen zur Selbstfürsorge für den eigenen Körper.*

Der Umgang mit der eigenen Gegenübertragung: Selbsterfahrung – Empathie – Theorie

Es wird einige von Ihnen vielleicht überraschen, daß ich meine Überlegungen und Erfahrungen zum Umgang mit der eigenen Gegenübertragung noch vor »Die Gestaltung der therapeutischen Beziehung« stelle. Wenn Sie selbst schon eine Patientin mit schwerem SVV behandelt haben, wird Sie das aber nicht überraschen. Für mich war der *Umgang mit meinen Affekten und Impulsen* über Jahre hin die größte Schwierigkeit, und ich weiß aus vielen Supervisionen von Kolleginnen und Kollegen, daß es bei anderen ähnlich ist (DIEPOLD und ZAUNER 1982). Eine zentrale Unfähigkeit der Patientinnen externalisiert und inszeniert sich nämlich: den eigenen andrängenden Affekten gewachsen zu sein. Die Ich-Funktionen des Umganges mit Trieben und Affekten und der Frustrationstoleranz sind wenig verfügbar. Nicht nur die Patientin, auch ihre Behandler brauchen Unterstützung dabei, sich zurückzulehnen und ihr selbstbeobachtendes Ich fragen zu lassen: »Was läuft hier eigentlich? Mit mir, zwischen mir und den anderen und überhaupt?« Ich finde es schon faszinierend, wie diese Patientinnen immer wieder auch *in erfahrenen Behandlungsteams eine relative Ich-Schwäche induzieren* können. Die Behandler sind dann selbst ihren Affekten und Impulsen so wenig gewachsen wie die Patientin und verlieren ihre synthetischen Fähigkeiten.

Ich persönlich könnte »prä-ödipal« schwer gestörte Patienten, Menschen mit »Frühstörungen« (HOFFMANN 1986), schweren »Persönlichkeitsstörungen« oder »strukturell Ich-Gestörte« (FÜRSTENAU 1977) – wie immer man sie benennen will – nicht ohne *Supervision* und ohne meine lange *Selbsterfahrung* behandeln. Ich brauchte eine verläßliche, stabile Beziehung, in der ich meinen eigenen Sadismus und Masochismus, meine faschistischen Impulse und Ich-Ideal-Anteile, meine Depressivität und Selbstverachtung, meine Pygmalion-Phantasien und Größenvorstellungen, meine unzureichende Selbstfürsorge – und was alles während der Therapien in mir mobilisiert wurde – erfahren, durchleben und verarbeiten konnte. Ohne meine Selbsterfahrungsgruppe und meine Einzelselbsterfahrung hätte ich sicher viele Behandlungsabbrüche provoziert oder Schaden angerichtet, weil ich mich nicht anders hätte schützen können. Selbsterfahrung ist in diesen Fällen nicht nur ein Akt der therapeutischen Kompetenzerweiterung, sondern auch der beruflichen Selbstfürsorge (HEIGL und IBENTHAL 1984).

Ich habe auch lange gebraucht, innerlich wirklich zu akzeptieren, daß *mein Beziehungsangebot sehr lange unzureichend* ist, die Symptomatik ersetzen und erübrigen zu können. Dies gilt ja auch für süchtige Symptome. Mein menschliches Verständnis und Engagement wirkt nie so schnell, so sicher und so intensiv wie ein Schnitt. Dieses hat mich gekränkt, und es kränkt mich manchmal heute noch.

Lange Zeit hatte ich Schwierigkeiten, mich in SVV *empathisch einzufühlen* (KERNBERG 1988, S. 154). Daß ein Mensch sich selbst schneidet oder Zigaretten auf der Haut ausdrückt, konnte ich nicht mitempfinden. Rückblickend ist mir klar, daß eigene Abwehr an dieser *Empathiestörung* (natürlich) beteiligt war. – Dabei ist SVV in tiefer Not und Verzweiflung kulturell und individuell ja nicht selten. Menschen beißen sich in die Hand oder schlagen sich die Knöchel der Faust an der Wand blutig, wenn sie ohnmächtige Wut haben oder sich in einer hoffnungslosen Lage empfinden. In vielen Ländern zerkratzen sich Trauernde die Haut und schlagen sich heftig auf die Brust, wenn sie von innerem Schmerz überwältigt werden. Ich habe solche Empfindungen (leider) auch schon gehabt, wie wohl jeder andere auch. Dabei war ich *innerlich zerrissen*, hatte vegetative Empfindungen wie »es bricht mir das Herz«, »es zerreißt mich innerlich«, »es verbrennt mir die Eingeweide«, »ich könnte platzen, könnte zerspringen« – alles Versuche, bildliche Metaphern für diese vegetativ-coenästhetischen, viszeralen Zustände zu finden, unter denen wir Menschen in Extremsituationen zu leiden haben. Der helle Schmerz, den mir ein Beißen in den Handrücken oder in die Finger der geballten Faust bereitete, übertönte kurzfristig dieses dumpf-unerträgliche Zerrissenheitsgefühl aus meinem Körperinneren. »... damit ich den großen Schmerz nicht spüre«, wie es Frau D. so treffend formulierte. Oft schlagen wir in solchen Situationen von außen gegen die Stelle im Körper, wo es so unerträglich drückt, pocht oder brennt: gegen die Stirn, gegen das Herz. Oder wir pressen von außen die Hände in den Bauch. *Der helle Hautschmerz ist eine Möglichkeit, viszeralen Schmerzen etwas entgegenzusetzen.*

Selbstbeschädigungen sind auch kulturell verbreitet (FAVAZZA

1987, ECKHARDT 1994, HÄNSLI 1996). Es ist einfach eine Frage, wie weit man diesen Begriff fassen will. Modische, aber viel zu enge Schuhe, Löcher für Ohrringe oder manche Frisuren lassen sich auch als SVV einstufen. In der Punk-Kultur sind Rasierklingen und Hautverletzungen fester Bestandteil der eigenen Identität. Die Geißler des Mittelalters hatten ein religiös motiviertes SVV. Viele Riten von Naturvölkern enthalten Selbstverletzungen. BETTELHEIM (1982) und FAVAZZA (1987) haben darüber geschrieben, und in der aktuellen psychoanalytischen Literatur zur männlichen Strukturbildung wird auf Forschungsergebnisse aus etnologischen Studien Bezug genommen (LIDZ und LIDZ 1991). Jeder kennt die Rituale der »Blutsbrüderschaft« (HELLWALD o.J.) aus KARL MAY und mehr oder weniger tapfere Versuche als frühpubertärer Jugendlicher, diesen Schritt oder Schnitt zur Männlichkeit zu vollziehen. Ich kann hier nur Assoziationen beitragen. Die Möglichkeit, sich *assoziativ der Symptomatik anzunähern*, verringert aber die Notwendigkeit, das Symptom als etwas völlig Fremdes aus sich auszugrenzen.

Ausgedehnte Hautverletzungen gibt es natürlich auch bei der *Tätowierung*, die ebenfalls ihre eigene Kultur hat und z.B. in Japan den Rang einer Kunstrichtung einnimmt, unabhängig davon, daß sie Gruppenzugehörigkeiten endgültig festlegt, wie bei uns in manchen Randgruppen ja auch. Hierzu gibt es dermatologische, soziologische und psychologische Arbeiten.

Zufällig bin ich auf einen Bericht gestoßen in einem alten »Stern«-Magazin (LEHMANN und ULLAL 1987), in dem es um *tibetanische Heilkunde* ging. Nach diesem Bericht ist diese Heilkunde sehr schonend. Hirnorganische Erkrankungen werden aber mit Beifuß-Kegeln behandelt, die auf Akupunktur-Punkte der Stirnhaut gedrückt und dann langsam abgebrannt werden. Dabei setzen sie runde Hautverbrennungen, die den Wunden nach dem Ausdrücken von Zigaretten auf der Haut ähneln. Sicherlich gibt es noch weitere naturmedizinische Beispiele für therapeutisch intendierte Hautverletzungen.

Hilfreich ist es auch, sich klar zu machen, daß selbstschädigende und selbstverletzende Verhaltensweisen schon zum Alltagsleben dazu gehören. *Habituelles Nagelbettreißen* ist eine weit verbreitete Form von SVV, die der Autostimulation dient und für viele Menschen beruhigend wirkt (HIRSCH 1991). Milde Formen der *Trichotillomanie*, des Ausreißens von Haaren, sind ebenfalls oft zu finden. Vernarbende Wunden werden nicht selten mit Fingernägeln manipuliert, so daß sie verzögert zuheilen, insbesondere in der Heilungsphase, in der sie jucken. Folgt man OKASHA (1985), so sind sehr viele alltägliche Handlungen wie reichliches Essen, Alkohol, Rauchen, riskante Sportarten, ja sogar Patriotismus selbstdestruktive Verhaltensweisen.

Ausdrücklich nenne ich zum Abschluß dieses Kapitels eine weitere Hilfe zum Umgang mit der eigenen Gegenübertragung, die andere vielleicht anderswo plaziert hätten: *Kenntnis der Theorie.* Wir brauchen unseren Verstand, um diese Patientinnen behandeln zu können. Gute theoretische Kenntnisse, auf die ich mich bei den Therapien immer wieder beziehen kann, sind unentbehrlich. Sie dienen dazu, emotional heftig aufwühlende Situationen diagnostisch einordnen zu können und sinnstiftend und fördernd intervenieren zu können. Nach gegenwärtig gültiger Einschätzung lassen sich *die Konzeptualisierungen der Psychoanalyse vier Modellen zuordnen* (MERTENS 1981; PINE 1990; HEIGL-EVERS et al. 1993):

Das erste Modell, die *Triebpsychologie,* geht von FREUD aus und beinhaltet das erste und zweite topische Modell, das Strukturmodell mit Es, Ich und Über-Ich einschließlich der Trieb-Abwehr-Überlegungen, der Aussagen zu den Triebschicksalen und der allgemeinen Neurosenlehre. Dieses Modell besitzt bis heute Gültigkeit zum Verständnis neurotischer Symptom-, Struktur- und Charakterbildungen.

Das zweite Modell ist die *psychoanalytische Ich-Psychologie* (DREWS und BRECHT 1975; BLANCK und BLANCK 1985), ausgehend von FREUD (1923), wesentlich gestaltet von HARTMANN (1972, 1975), KRIS, LOWENSTEIN und RAPAPORT (1967). Aus neuerer Zeit ist die Zusammenfassung und Ordnung der *Ich-Funktionen und Ich-Funktions-Störungen* von BELLAK, HURVICH und GEDIMAN (1973) besonders wichtig, die im deutschen Sprachraum besonders HEIGL-EVERS, HEIGL (1978, S. 136–143) und STREECK verbreitet haben. Eine gute Zusammenstellung der einzelnen Ich-Funktionen findet sich bei RUST (1993). Mit diesen Konzepten arbeite ich, wenn ich interaktionell interveniere.

Das dritte Modell ist die *Objektbeziehungs-Theorie,* ausgehend von MELANIE KLEIN (1972) (SEGAL 1974), anschließend von FAIRBAIRN (1959), BION und der »englischen Schule«. KERNBERG (1978) hat die Borderline-Persönlichkeitsstörung und den pathologischen Narzißmus im wesentlichen mit Konzepten der Objektbeziehungs-Theorie erklärt und eine umfangreiche Literatur zu ihrer diagnostischen und therapeutischen Anwendung bei Störungen der präödipalen Objektbeziehungs-Muster verfügbar gemacht, ebenso ROHDE-DACHSER (1983).

Das vierte Modell ist das *Narzißmuskonzept* von KOHUT (1973, 1979). Es befaßt sich mit der *Entwicklung des Selbst*, des Selbstgefühls und des Selbstwertgefühls, versteht Objekte auch als Selbst-Objekte zur eigenen narzißtischen Stabilisierung und sieht in narzißtischen Größenphantasien kompensatorische Reaktionen auf Kränkungserfahrungen.

Ohne ausreichende Theoriekenntnisse bleibt die Psychotherapie von Patientinnen mit SVV nach meiner Einschätzung »gut gemeint« im Sinne ADORNOS. In jeder konkreten Therapiesituation muß ich die mir bekannten theoretischen Konzepte »durchprobieren«, weniger nach dem naturwissenschaftlichen Kriterium ›richtig-falsch‹ als nach den therapeutischen Kriterien: schafft Verstehen, stiftet Sinn, hilft in dieser Situation.

Die Gestaltung der therapeutischen Beziehung

Mit dem Beginn einer therapeutischen Beziehung beginnt immer eine neue, einmalige, so noch nicht gelebte zwischenmenschliche Beziehung. Dies gilt übrigens auch für eine lege artis durchgeführte Analyse (FÜRSTENAU 1977a, S. 849). Die *konkrete zwischenmenschliche Beziehung* (zwischen Patientin und Therapeut) betrachten übrigens Psychotherapieforscher wie LUBORSKY (1988) als die *wichtigste Therapievariable* für den Erfolg einer Behandlung. Hier fließt also meine persönliche *Beziehungsfähigkeit als Therapeut* in die Therapieindikation mit ein. Ich muß mich fragen, ob ich der Förderung dieses konkreten Menschen viele Stunden meines Lebens über mehrere Jahre widmen kann und will. Das Ideal, jeden so zu akzeptieren, daß ich ihn lange Zeit behandeln könnte, ist mir unerreichbar. Ich strebe es übrigens auch nicht an.

Kränkenderweise gilt dies umgekehrt auch. Die Patientin wird sich prüfen, ob sie mit mir kann; vielleicht nicht bewußt, aber sicher vorbewußt. Sie wird mir mitteilen, wenn sie mit mir nicht kann oder mit mir nicht will; oft nicht mit Worten, sondern durch Inszenierungen, szenische Mitteilungen. Frühe Behandlungsabbrüche sind sicherlich oft Mitteilungen: »Mit Ihnen kann ich nicht. Ich kann mich bei Ihnen nicht öffnen. Ich mag Sie einfach auch nicht.« Do take it personal, it's not business! STREECK (1988, S. 16ff.) führt aus: »Patienten mit präödipalen, strukturellen Störungen dagegen, die weder duale noch triadische Übertragungen entwickeln, werden meist nicht in einen effizienten therapeutischen Prozeß kommen mit einem Therapeuten, der zwar sein Handwerk und seine therapeutische Technik gut versteht, den sie aber mehr oder weniger unsympathisch finden und der – in einem allgemeinen Sinne – nicht zu ihnen zu ›passen‹ scheint. ... Vielmehr muß der Psychotherapeut zu dem Patienten ›passen‹ in dem Sinne, daß der Patient ihn als Selbstobjekt in Gebrauch nehmen kann. Dazu aber muß er als die Person, die er – über jedes technisch bestimmte Verhalten hinaus – tatsächlich ist, sich dazu eignen, Defekte beim Patienten vorübergehend auszufüllen und in bestimmte Funktionen einzutreten, die der Patient braucht, um sich ganz und vollständig fühlen zu können. ... Ob der Therapeut sich aber als Selbstobjekt eignet, ist nicht allein und nicht einmal in erster Linie eine Frage seiner therapeutischen Technik, sondern vielmehr eine Frage dessen, welche Art von Person er für den Patienten ist und wie er sich im Bereich der persönlichen, realistischen Beziehung auch außerhalb seines therapeutischen Tuns verhält und dem Patienten darbietet. ... *Der Therapeut muß sich für die Ingebrauchnahme als Selbstobjekt eignen*; und zu diesem Zweck wird er *als Person ebenso geprüft wie als therapeutischer Handwerker*, ohne daß der Patient selbst den einen vom anderen unterscheiden würde. Und deshalb wird der Psychotherapeut selbst sich notwendigerweise außer über seine Gegenübertragung auch darüber Klarheit verschaffen müssen, wie er denn außerhalb seines eigentlichen psychotherapeutisch-handwerklichen Tuns tatsächlich ist und sich üblicherweise verhält. Das zu erkennen kann manchmal schwieriger sein, als die eigene Gegenübertragung zu analysieren.«

Beziehungsabbrüche nehme ich nicht so einfach hin. Es ist mir wichtig, gemeinsam verstanden zu haben, warum eine therapeutische Beziehung mit mir momentan nicht möglich ist. Ich schreibe hinter der Patientin her, ich telefoniere hinter ihr her und dränge auf ein klärendes Gespräch. Mein Ziel ist es nur, den Abbruch zu verstehen. Es geht mir nicht darum, die Beziehung auf jeden Fall aufrechtzuerhalten oder notdürftig zu kitten. Sehr oft enden solche Gespräche in der Anfangsphase der Therapie meinerseits etwa mit den Worten:

»Frau D., wir haben jetzt wohl gemeinsam verstanden, warum Sie nicht weitermachen wollen und den letzten Termin rundweg abgelehnt haben. Es hat Sie so gekränkt, daß ich Ihren Bericht aus Ihrer Schulzeit vergessen hatte und beim vorletzten Mal nachfragte, daß Sie den Eindruck hatten, ich interessiere mich für Sie und das, was Sie sagen, nicht die Bohne. Ich habe Ihnen gesagt, daß ich das anders sehe. Es ist nicht selten so, daß ich mir ganz andere Dinge merke, weil ganz andere Dinge für mich wichtig sind, als das, was der Patient wichtig ist. Außerdem habe ich wirklich nicht gespürt, wie wichtig Ihnen diese Begebenheit war, die Sie mir da aus Ihrer Schulzeit erzählt haben. Das kann wieder so geschehen. Ich bin fast sicher, solche oder ähnliche Enttäuschungen werden sich wiederholen. Es ist gut, wenn Sie sich überlegen, ob Sie unter diesen Voraussetzungen mit mir weiterarbeiten können und wollen. Überlegen Sie es sich! Ich bin zum nächsten Termin einfach hier und werde ja sehen, ob Sie kommen.«

Ist es gemeinsam wirklich gelungen, die aktuelle Dynamik des Beziehungsabbruches zu verstehen, wird die Therapie nach solchen Klärungen meist fortgesetzt. Dabei ist es nicht leicht, auf Beziehungsabbrüche angemessen zu reagieren. Einerseits haben viele Beziehungsabbrüche auch den Charakter eines Tests, ob die Patientin dem Therapeuten überhaupt wichtig ist. Das sind Situationen wie bei Kindern, die fortlaufen, um eingeholt und auf den Arm genommen zu werden. Andererseits kann ein *Beziehungsabbruch die letzte Notbremse* sein, um eine völlig verfahrene Therapie zu beenden oder eine für die Patientin spürbar problematische therapeutische Beziehung gar nicht erst zustandekommen zu lassen (WILLENBERG 1990). Ich darf als Therapeut auch nicht zum paranoisch verfolgenden Objekt werden, das die Patientin nicht mehr los wird (FÜRSTENAU 1992, S. 85). Und ich darf auch nicht zum impertinent lieben Menschen werden, der es immer nur gut meint und das aber auch bitte dankbar bestätigt bekommen muß (SCHMIDBAUER 1977).

Wenn ich mich gründlich geprüft habe, ob ich überhaupt mit dieser Patientin langfristig arbeiten *will*, muß ich mir Rechenschaft ablegen, ob ich das auch *kann*. Wenn in wenigen Monaten meine befristete Stelle an der Klinik aufhört, ich in die Neurologie rotiere oder gerade im dritten Monat schwanger bin, kann ich gar kein langfristiges therapeutisches Beziehungsangebot machen. Ich stimme mit KERNBERG (1988, S. 469) völlig überein, daß es für diese Patientinnen optimal ist, wenn ihr *stationärer Psychotherapeut auch die ambulante Behandlung* übernimmt. Aber die Klinikverhältnisse und die persönliche oder berufliche Entwicklung des Therapeuten stehen optimalen Therapiebedingungen oft entgegen. Wichtig ist dann, der Patientin schon bei der Therapievereinbarung klar zu sagen: »Wir können höchstens ein Jahr zusammenarbeiten, dann werde ich diese Klinik wieder verlassen. Lassen Sie uns gemeinsam überlegen, was in dieser Zeit zweckmäßig ist und was nicht.« Sonst kommt es zu ganz unguten Konstellationen. Die therapeutische Beziehung beginnt, wird sehr schnell intensiv, der Therapeut engagiert sich nach Kräften und sagt plötzlich für die Patientin völlig überraschend: »Ach, übrigens, ab nächster Woche ist mein Kollege für Sie zuständig. Der wird mein Nachfolger sein. Ich gehe in eine andere Klinik.« Dies entwertet den persönlichen Gehalt der bisherigen Beziehung für die Patientin völlig, entwertet auch sie selbst und bedeutet ein erneutes Realtrauma, das die frühkindlichen Erfahrungen von Abwertung und Verlassenheit reaktiviert. Solche *Beziehungsabbrüche durch den Therapeuten* erschweren jede weitere Therapie und sind oft schädlicher, als wenn eine Psychotherapie gar nicht erst intensiver begonnen worden wäre (PLASSMANN 1987, S. 895). Dann ist eine kurze Krisenintervention mit der Suche nach einer anderen Behandlungsmöglichkeit besser.

Die ganze folgende Therapie läßt sich übrigens unter dem sehen, was ich *»Primat der therapeutischen Beziehung«* genannt habe. Mein Ziel ist es, eine realistische, begrenzte, genügend gute therapeutische Beziehung zu etablieren und diese gegen die destruktiven und autodestruktiven Impulse der Patientin nach Kräften zu schützen, damit die Patientin Erfahrungen in dieser Beziehung als ein neues, genügend gutes, selbstfürsorgliches Objekt in einer späteren Phase internalisieren kann. Wie bei Pflegekindern oder anderen beziehungsgeschädigten Menschen auch wird diese neue Beziehung über längere Zeit mit den Erfahrungen aus früheren wichtigen Beziehungen belastet, geprüft, ausgetestet. Das ist keine Böswilligkeit der Patientin, sondern das erwünschte und angestrebte Arbeitsfeld der Therapie.

Ich sagte bereits, daß die therapeutische Beziehung für mich Primat besitzt. Sofern möglich, besitzt sie Primat etwa vor den sonst üblichen Klinikarrangements oder der narzißtischen Besetzung bestimmter Therapieverfahren. Wenn ich das Gefühl bekomme, mein therapeutisches Vorgehen gefährdet den Bestand der Beziehung, muß ich ein anderes wählen oder entwickeln.

Mit einer Patientin, einer noch sehr jungen Frau, bin ich zunächst viel im Klinikpark spazieren gegangen, und wir haben uns über Umweltschutz und Haie unterhalten. Sie wußte über Haie wirklich bemerkenswert gut Bescheid, und ich habe viel gelernt. Ein Jahr später haben wir uns über Selbstfürsorge, Schutz des eigenen Körpers und destruktive Gefühle unterhalten.

Innerhalb der Klinik bleibe ich für die Patientin zuständig, unabhängig davon, auf welcher Station sie ist. Das hat mir übrigens nie Probleme gemacht, weil anfangs sowieso niemand gerne zuständig war. Abgelehnt habe ich Konstellationen, in denen ich zwar behandeln durfte, aber nichts mehr zu sagen und mitzuentscheiden haben sollte. Dann habe ich Kollegen darum gebeten, die Behandlung ganz zu übernehmen, und hatte dann fast immer wieder Einfluß auf die Ausgangsregelung oder die Medikation.

Sie sehen, ich strebe innerhalb der Klinik *zumeist keine Spaltung in therapeutische Beziehung und Stationsarzt-Beziehung* mit der Entscheidung über Ausgang, Medikation und ähnliches an (RAUCHFLEISCH 1981, S. 122f.). Mir ist von Anfang an wichtig, grenzsetzend zu handeln und diese *Grenzsetzung als Fürsorge* zu vermitteln (STREECK-FISCHER 1991). In einem Fall habe ich mit einem gut befreundeten Kollegen allerdings auch eine Aufspaltung der Funktionen vorgenommen, und zwar bei der eben genannten jugendlichen Patientin.

Auch wenn die Patientin zur chirurgischen Wundversorgung in ein anderes Krankenhaus verlegt wird, halte ich den Kontakt aktiv aufrecht. Dabei überlege ich mir genau, welche Beziehung ich in dieser Situation anbieten will. Eine Patientin habe ich in der Anfangsphase der Therapie nach einem autodestruktiven Impulsdurchbruch auf der chirurgischen Station mehrmals besucht. Einer anderen habe ich im dritten Therapiejahr nach einer tiefen Oberschenkelverletzung zweimal wöchentlich Telefonkontakte zur üblichen Therapiezeit vom Stationszimmer ihrer chirurgischen Station aus ermöglicht. Ich fand diesen Impulsdurchbruch nicht mehr unabwendbar und wollte meine Mißbilligung handelnd vermitteln, natürlich aber nicht die Beziehung unterbrechen oder gar abbrechen. Ich hätte es in dieser Therapiephase widersinnig, ja ›doppelbindend‹ gefunden, einerseits die Selbstverletzung kritisch zu hinterfragen, andererseits am Krankenbett zu stehen. Außerdem wollte ich nicht sechs Wochen lang zweimal die Woche ins Krankenhaus fahren. Bei einer dritten Patientin habe ich anläßlich eines Klinikaufenthaltes die Therapie für drei Wochen unterbrochen.

Dies bedeutet natürlich zu handeln. Es bedeutet auch, seine Handlungen und Entscheidungen zu vertreten, sich angreifen, kritisieren und auf die Ungerechtigkeit der Entscheidung hinweisen zu lassen. Sie können sicher sein, daß die Patientinnen Ihnen alles vorhalten werden, was gegen Ihre Entscheidung vorzubringen ist. Ich kenne aber keinen anderen Weg. Mir ist es nicht gelungen, nicht zu handeln. In Abwandlung des berühmten WATZLAWICK-Statements könnte ich bei vielen dieser Patientinnen sagen: *Es ist nicht möglich, nicht zu handeln.* Zumindest gilt dies im stationären Behandlungsrahmen (FÜRSTENAU 1992, S. 125f.).

Frau D. spricht mich jedesmal an, wenn ich gerade die geschlossene Station verlassen will:»Herr Dr. Sachsse, ich habe über eine Stunde hier auf Sie gewartet. Ich muß Sie unbedingt heute noch ganz kurz was fragen, unbedingt. Das hat keine Zeit bis morgen, unser nächster Termin ist ja auch erst übermorgen.« Sie ist sehr drängend, und immer handelt es sich um Dinge, die aus meiner Sicht nicht gleich heute entscheidungsbedürftig wären: Medikamentenänderungen, Ausgangsregelungen, Besuche. – In der Supervision wird klar, daß Frau D. die Trennung von mir nicht gut verträgt. Das Stationsklima verändert sich, wird etwas dysphorischer, stiller, leerer, wenn die Stationsärzte und die Sozialarbeiterin gegangen sind und die Nachmittagsschicht der Schwestern sich auf die Übergabe der Station an die Nachtschicht vorbereitet. Die Beziehung zu mir ist inzwischen auch so bedeutsam, daß es relevant ist, ob ich in der Nähe bin oder nicht. Frau D. hat so viele Trennungssituationen, so viel Verlassenheit und Deprivation erfahren, daß jede alltägliche Trennung von einem wichtigen Menschen für sie auslösend wird für bedrohliche dysphorische Verlassenheitszustände. Sie versucht, die Trennung hinauszuzögern und vor meinem Fortgang noch etwas »Sachsse zu tanken«. Wir überlegen, daß ich mit Frau D. zukünftig jeweils 10 Minuten spreche, bevor ich die Station verlasse. Dafür fällt einer der beiden 30-Minuten-Termine aus, denn ich kann und will meine Zeit nicht einfach ausweiten. – Frau D. protestiert dagegen, denn sie braucht »gerade ganz viel Zeit, die paar Minuten bringen mir doch nichts«. Aber ich bleibe bei dieser Termingestaltung und sage ihr: »Ich stimme Ihnen zu, daß Sie eigentlich ganz viel Zeit brauchen. Ich würde Ihnen auch gerne mehr Zeit zur Verfügung stellen. Aber ich habe da Grenzen und muß mich auch Ihren Mitpatientinnen widmen. Also muß ich abwägen: Ist es wichtiger, daß Sie mich täglich kurz sehen, oder daß wir zweimal wöchentlich längere Zeit miteinander sprechen können? Wenn ich mir ansehe, wie Sie die letzten zwei Wochen gehandelt haben, ist es wichtig, daß Sie mich täglich sehen. Zur Zeit jedenfalls. Wir können das ja wieder ändern, wenn es Ihnen anders geht.« – *Wenn Du wissen willst, was Du willst, mußt Du Dir ansehen, was Du tust!* (Sponti-Spruch).

Ich habe bereits darauf hingewiesen, wie wichtig ich es finde, der Patientin möglichst früh die eigene berufliche Realität und Perspektive offenzulegen. Aber nicht nur die äußere, auch die *innere Realität des Therapeuten* ist wichtig. Ich habe gelernt, keine spontanen Zusagen zu geben, wenn ich noch einen Rest Zweifel in mir spüre. Es ist mir passiert, daß ich Beziehungsangebote wie z.B. längere Termine gemacht habe, um nur ja nicht so unterversorgend und enttäuschend erlebt zu werden wie die bisherigen Bezugspersonen der Patientin. Schon bald habe ich mit dem inneren Gefühl gearbeitet, mich zu verausgaben, zu viel versprochen zu haben. In Supervisionen wurde mir klar, daß dies neben meiner persönlichen Problematik wiederum Elemente projektiver Identifizierung enthielt. Die Patientin hatte eine ausgeprägte Haltung altruistischer Abtretung eigener Bedürfnisse entwickelt, behandelte depressiv andere so, wie sie selbst gerne behandelt worden wäre. So ging auch ich mit ihr um, bemerkte aber zunehmend, wie ich innerlich ausbrannte und die Patientin immer weniger gerne sah. Da es mir wichtig ist, verläßlich zu sein, hatte ich große Schwierigkeiten, die Situation wieder zu verändern, und mußte lange gegen meine innere Befindlichkeit anarbeiten. Ich habe solche Erfahrungen innerlich als »Lehrgeld« verbucht. Schließlich mußte ich mich als Therapeut mit meinen Möglichkeiten und Grenzen ja auch erst kennenlernen.

Aufgrund meiner inneren und äußeren Wirklichkeit kann und will ich einer Patientin auch nicht das Angebot machen: »In Krisen können Sie mich Tag und Nacht erreichen.« Schon von meiner äußeren Realität her wäre dies eine Beziehungsfalle. Ich bin häufiger bei Lehrveranstaltungen, Gerichtsterminen, Tagungen u.a. Wenn meine Patientin nun in der Sicherheit lebte, ich wäre in der Not sofort erreichbar, würde sie sich möglicherweise zusammenreißen und bis zum letzten Moment kämpfen. Wäre ich dann nicht sofort erreichbar, trüge ich nach meiner Auffassung an dem folgenden SVV oder Suizidversuch Mitschuld, weil ich sie *in trügerischer Sicherheit gewogen* hätte. Ich will ein solches Arrangement, das viele meiner Kollegen ja machen, aber auch aus inneren Gründen nicht anbieten. Aufgrund meiner Struktur, mit der ich mich inzwischen leidlich angefreundet habe, brauche ich Zeiten am Tag, in denen ich für nichts und niemanden verfügbar bin und selbst bestimmen kann, mit wem ich etwas zu tun haben will und mit wem nicht. Eine permanente Rufbereitschaft wäre für mich sehr problematisch. Die Grenzen anderer sind ganz andere. Ich finde es wichtig, die eigenen kennenzulernen und selbstfürsorglich mit sich umzugehen.

Jedes Beziehungsangebot und jede *Beziehungsbegrenzung* lösen natürlich Gefühle, Sehnsüchte, Enttäuschungen, Kränkungen und Erinnerungen aus. Diese gilt es zu beachten und zu bearbeiten, denn die Vergangenheit der Patientin muß in der Beziehungsgestaltung berücksichtigt werden, kann aber nicht der alleinige Maßstab des Beziehungsgefüges sein. Kraß gesagt, halte ich einen absolut verläßlichen Termin einmal im Monat für besser als tägliche Termine, die ständig verlegt werden oder ausfallen.

Eine Beziehungsbegrenzung ist natürlich auch ein *Signal von Unbewußt zu Unbewußt*. Meine Weigerung, zeitlich unbegrenzt verfügbar zu sein, bedeutet auf der unbewußten Ebene, daß ich eine symbiotische Verschmelzung ablehne. Mein Angebot ist das einer verläßlichen, stabilen, aber *begrenzten* therapeutischen Beziehung.

Antizipatorisch muß ich mit der Patientin erarbeiten, was sie tun kann, wenn ich nicht da bin. *Urlaubszeiten* sind in der stationären Therapiephase nicht so ein Problem. Wenn möglich, sollte der Vertreter gemeinsam gesucht und ausgehandelt werden. Um es wieder kraß zu formulieren: Ein Zivildienstleistender, mit dem sich die Patientin gut versteht, ist ein besserer Vertreter als ein qualifizierter Kollege, der die Patientin und den die Patientin nicht leiden kann. In der ambulanten Therapie habe ich verschieden abgestufte Arrangements erprobt und halte die meisten für möglich. Es ist dann eine Frage des offenen Aushandelns, wobei ich lange Zeit die Gewichtung und Entscheidung für die Patientin in Hilfs-Ich-Funktion mit vornehmen muß. Wenn eine Krise fast sicher zu erwarten ist, wäre eine *vorsorgliche stationäre Einweisung* abzuwägen (HARTOCOLLIS 1985, S. 196f.). Ungünstig ist das Angebot, sich bei Bedarf in Krisen an jemanden wenden zu können. Aufgrund ihrer Über-Ich-Größen-Selbst-Bildungen sind die Patientinnen lange Zeit nicht in der Lage, offen einzugestehen: »Es geht mir so schlecht, daß ich jetzt Hilfe brauche.« Eher lassen die Patientinnen es auf einen Rückfall ankommen. Besser sind dann feste Termine beim Kollegen oder feste Termine, die abgesagt werden können. – Einer Patientin habe ich für die Zeit meiner Abwesenheit einen schillernden, scharfkantigen Stein aus meiner Praxis als *Übergangsobjekt* mitgegeben. HEIGL-EVERS und HENNEBERG-MÖNCH (1985, S. 233) berichten, sie hätten einer Patientin gestattet, sich eine Muschel aus dem Behandlungszimmer mitzunehmen oder von der Therapeutin ein Polaroid-Foto zu machen. Einer Patientin habe ich gestattet, die letzte Sitzung vor meinem Urlaub auf Band aufzunehmen. Dabei hatte ich hinterher ein mulmiges Gefühl, weil ich Befürchtungen bekam, sie könne damit nicht diskret umgehen und das anderen vorspielen. Diese Befürchtungen hatten sicher mehr mit mir und meinem Exhibitionismus als mit der Patientin zu tun, aber ich wiederhole: Es ist sehr wichtig, als Therapeut auch mit seinen eigenen irrationalen Seiten selbstfürsorglich umzugehen. Zwei Patientinnen habe ich wöchentlich oder zweimal wöchentlich kurze Postkarten aus dem Urlaub geschrieben, Signale: »Ich lebe noch, Ihre Phantasien haben mich noch nicht zerstört.« In einer konkreten Situation habe ich einmal einen wöchentlichen Telefontermin vom Urlaubsort über drei Wochen arrangiert.

Sehr häufig fahre ich mit dem Gefühl in Urlaub, meine Patientin werde die wochenlange Trennung von mir sicher nicht überleben, zumindest aber einen schweren Rückfall erleiden. Ich lasse an dieser Stelle einmal unberücksichtigt, welche Wünsche, Impulse und Phantasien meinerseits in diese Vorstellung einfließen. Sicherlich ist dieses Gefühl nämlich immer auch ein Resultat projektiver Identifizierung, denn genau dies befürchtet die Patientin. Fast immer habe ich die Erfahrung gemacht, daß meine *Urlaubsabwesenheit selbst relativ unproblematisch* verkraftet wurde. Der vertretende Kollege wird mir vielleicht sogar sagen: »Also ich fand die Arbeit mit Frau D. nicht sonderlich problematisch und weiß gar nicht, was Du immer hast.« Dafür wird die zweite Woche *nach meiner Rückkehr eine einzige Krise*, so als hätte die Patientin alle Probleme aufgespart, sich während meiner Abwesenheit zusammengerissen, sich dann über meine Rückkehr gefreut und erleichtert alles manifest werden lassen, was in den letzten Wochen latent bleiben mußte. – Dieser Ablauf erinnert mich an Kinder, die von ihren Eltern mit großen Sorgen zu Verwandten oder Babysittern gegeben werden. Die Vertretung ist unproblematisch, dafür ist die Zeit nach der Rückkehr der Eltern meist etwas turbulent. – Sie können also beruhigt in Urlaub fahren. Nicht die Vertretung, nicht so sehr andere Menschen, sondern Sie selbst werden aller Voraussicht nach zu spüren bekommen, was Sie mit Ihrem Urlaub der Patientin angetan haben.

Für *Krisensituationen in der Nacht und am Wochenende* gebe ich den Patientinnen meist einen Kurzbrief: »An den Arzt vom Dienst des NLKH Göttingen. Frau D. ist bei mir in ambulanter Behandlung. In seelischen Krisen wird sie um stationäre Aufnahme bitten. Ich bitte Sie sehr, Frau D. auch bei begrenzten Bettenkapazitäten aufzunehmen, da die ambulante Behandlung nur so durchführbar ist. Vielen Dank!« Dieser Brief beruhigt uns beide, gibt Sicherheit und informiert den diensthabenden Kollegen, der die Indikation für eine stationäre Krisenintervention nicht erst abwägen muß.

Alle diese Absprachen, Arrangements und Beziehungsgestaltungen sind Ergebnisse von Aushandeln und Abwägen, wobei ich die Interessen und Nöte der Patientin besser wahrnehmen (im doppelten Wortsinn) muß, als sie selbst es anfangs kann. Vielleicht entsteht bei Ihnen jetzt der Eindruck, ich handele die therapeutische Beziehung wöchentlich neu aus. Dem ist nicht so. Da sowieso jedes Beziehungsangebot frustrierende Anteile hat und ich mit diesen in der Therapie konfrontiert werde, verteidige ich ein einmal gefundenes Arrangement lange. Ich versuche, nicht starr dabei zu werden, aber stur kann ich schon sein. Noch einmal: Jedes Beziehungsangebot ist subjektiv unzureichend. Selbst wenn Sie 25 Stunden am Tag leibhaftig präsent wären, ginge es um die Minuten, die Sie allein aufs Klo gehen wollen. Es gibt kein Beziehungsangebot, durch das Sie die Enttäuschung und Wiederbelebung der früheren Deprivations- und Vernachlässigungserfahrungen in der therapeutischen Beziehung verhindern könnten. Das wäre auch gar nicht sinnvoll.

Paktabsprachen sind wichtige strukturierende Parameter in der Therapie strukturell Ich-gestörter Patienten. Bei einer Paktabsprache muß ich aber abwägen, ob die Patientin gegenwärtig überhaupt paktfähig ist. In Supervisionen habe ich gelegentlich die Erfahrung gemacht, daß manche Paktabsprachen vom Therapeuten aus ideologischen oder gegenübertragungsbedingten Gründen aufgedrängt wurden. Viele Therapeuten weigern sich, die volle Verantwortung zu übernehmen, vorübergehend für eine Patientin Entscheidungen zu treffen und Außensteuerung notfalls zu erzwingen. Es widerspricht ihrem Menschenbild. Andere wollen nicht so böse sein. In beiden Fällen dient der Pakt der Entlastung des Therapeuten und ist kein wirklicher Vertrag zwischen den erwachsenen Anteilen zweier Beziehungspartner. Ein echter Pakt muß nach meinem Verständnis auch ein Angebot des Therapeuten enthalten, etwa »wenn Sie in Versuchung kommen, sich selbst zu verletzen, können Sie mich jederzeit ansprechen.« Eine Absprache wie »Ich behandele Sie nur, wenn Sie zusagen, auf Selbstverletzungen zu verzichten« ist eine – möglicherweise sehr sinnvolle – *Therapiebedingung*, aber kein Pakt. Scheitert die Patientin, wird sie rückfällig, wird sie ihre Aggression heftig gegen sich selbst wenden und ihre Symptomatik verstärken. Andererseits ist es wichtig, so viel Selbstverantwortung wie möglich zu fordern (KERNBERG et al. 1993). Das ist oft eine Gratwanderung.

Ich bin bei diesem Thema lange geblieben, weil das therapeutische Beziehungsangebot bei diesen Patientinnen reflektiert werden muß. Es ist ein wichtiges therapeutisches Agens und Movens, zumindest in den Anfangsmonaten der Therapie. Auf Station sind meist flexiblere Gestaltungsmöglichkeiten gegeben als in der ambulanten Praxis. Das Beziehungsangebot sollte variabel, angepaßt, aber längere Zeit stabil, verläßlich und nicht willkürlich sein. Es sollte klar ausgehandelt und verbindlich für beide abgesprochen sein (FÜRSTENAU 1992, S. 56, 58).

Die Bearbeitung des »pervers-guten Objektes«

Ein zentrales Element der Psychodynamik, die zur Symptombildung SVV führt, ist die Internalisierung eines pervers-guten oder eines konfusen Objektes. Selbstbeschädigung und Selbstfürsorge sind ununterscheidbar verschmolzen. Selbstfürsorge für die eigene Befindlichkeit geschieht durch selbstschädigendes Verhalten.

Der erste Schritt in der Therapie besteht deshalb darin, alle Worte, Taten, Szenen, Ereignisse, kurz alle beobachtbaren Lebensäußerungen der Patientin daraufhin zu untersuchen, *welche selbstbeschädigenden und welche selbstfürsorglichen Anteile* sie enthalten. Es gilt, beides zu benennen, bewußt zu machen, sich auf einer Metaebene gemeinsam zu betrachten und nach möglichen Alternativen zu suchen. Es geht um die *Differenzierung von Gut und Schlecht*, von Lust und Unlust, wobei als gut zunächst ausdrücklich befriedigend, stillend, beruhigend, entlastend verstanden wird. FISCHER (1990) weist darauf hin, daß zur *Auflösung konfuser Objekte* die »Fähigkeit zur Objektspaltung« erforderlich ist.

Frau D. ist inzwischen 6 Wochen in stationärer Therapie. Sie sitzt mir im Rahmen eines abendlichen Kurztermins gegenüber. Der linke Arm ist frisch verbunden, sie hat sich in der Mittagszeit eine Brandwunde zugefügt. Eine schwer alkoholintoxikierte Patientin namens Silvia war aufgenommen worden, aggressiv dekompensiert und mußte überwältigt werden, weil sie eine Schwester angegriffen hatte. Frau D. hatte das vom Speiseraum aus gesehen, das Essen stehengelassen, war aufs Zimmer gegangen und hatte da das Feuerzeug einer Bettnachbarin aus deren Nachtschrank genommen. Sie hatte das Feuerzeug in ihre Schuhe gesteckt, war zur Toilette gegangen und hatte sich eine mittlere Brandwunde zugefügt. Ich schaue sie fragend an. – »Ja, ja, Herr Doktor. Ist schon klar. Das ging nicht anders. Ich wäre sonst abgedreht, ehrlich.« – »Wie ist das denn gekommen?« – »Als ich gesehen hab, wie die sich zu viert auf die Silvia gestürzt haben, bin ich fast ausgetickt. Ich war danach unheimlich unter Druck. Ich finde das so scheiße.« – »Geht mir auch so. Ich würde auch lieber ohne so was arbeiten. Aber wenn Schwester Regina angegriffen wird, was sollen wir denn dann machen?« – »Sicher, klar, Ihr seid im Recht. Seid Ihr ja immer. Sowieso. Was soll's?« – »Das klingt ja so, als hätten Sie in diesem Moment intensiv mit der Silvia mitempfunden, mitgelitten. Fast, als wären auch Sie überwältigt worden.« – Schweigen. – »Sie haben mir ja schon erzählt, daß Ihnen als Kind und Jugendliche viel Gewalt angetan wurde. Sind diese Erinnerungen wieder wach geworden?« – Schweigen – »Ich will Ihnen sagen, was ich vermute. Das mit Silvia hat in Ihnen Erinnerungen daran wachgerufen, wie Sie selbst früher überwältigt wurden, geschlagen wurden. Wenn ich mich in Sie hineinversetze, hätte mich die ganze Situation mit ohnmächtiger Wut erfüllt oder mit Haß auf die Schwestern. Den hätte ich mir wahrscheinlich gar nicht richtig eingestehen können, weil der ja nur zum Teil berechtigt gewesen wäre. Die Schwestern haben sich ja nur gewehrt. Aber unsere Gefühle richten sich ja nicht nach unserem Verstand. Also: Haß, Wut, Ohnmacht, Verzweiflung – alles das wäre in mir losgetobt. Wie ging es Ihnen eigentlich?« – »Ich hatte Druck, nur so ein Gefühl, als müsse ich platzen.« – »Ihnen war zum Aus-der-Haut-fahren. Was wäre denn passiert, wenn Sie dem Drang, sich zu verbrennen, nicht nachgegeben hätten?« – »Weiß ich nicht. Ich wäre jedenfalls abgedreht, voll durchgebrannt.« – »Ich denke, in dieser Situation war das Verbrennen das kleinste Übel. Sonst wäre in Ihnen innerlich irgend etwas passiert, was noch schlimmer gewesen wäre. Was, wissen wir noch nicht. Können wir ja beim nächsten längeren Termin noch gemeinsam versuchen herauszufinden. Außerdem finde ich, die Wunde ist etwas weniger tief als beim letzten Mal. Die Abstände werden auch etwas länger. Vielleicht gelingt es Ihnen ja beim nächsten Mal, mich auf Station zu erreichen, bevor Sie ›durchbrennen‹. Ja, bis morgen dann.«

Frau D. ist nach 2jähriger stationärer Therapie vor sechs Wochen in ein Appartement entlassen worden, das in einem Wohnsilo auf dem gleichen Flur liegt wie das Zimmer einer Mitpatientin, mit der sie sich angefreundet hat. Sie sitzt mir gegenüber wie ein begossener Pudel. Nach drei Minuten Schweigen, das für mich immer bleierner, immer lastender wird, spreche ich sie an: »Ja, Frau D. Ist etwas? Was macht es Ihnen so schwer, heute anzufangen?« – Weitere drei Minuten Schweigen – »War etwas am Wochenende?« – Nach zwei Minuten: »Ich habe mich wieder geschnitten.« – Ich bin innerlich etwas enttäuscht, denke mir aber: *erst verstehen, dann verurteilen!* »Ja, wie ist das denn gekommen?« – Drucksen, Sich-Winden, zerquältes Gesicht. »Ich habe Haschisch genommen.« – Innerlich explodiere ich. Ich könnte sie anbrüllen: »Du blöde Sumpfkuh, Du schneidest Dich und verbrennst Dir die Haut, Du hast immer mal wieder Probleme mit Alkohol und Benzos, Du kommst so ganz allmählich erst mit Deinen Mitmenschen wieder klar und bist mehr enttäuscht als befriedigt in deinen Beziehungen: Reicht Dir das nicht? Geht's Dir zu gut, Du Esel, oder was? Immer rauf auf's Eis? Wo kann ich mir denn noch ein Problem schaffen? Öfter mal was Neues! Haschisch, dann vielleicht Koks. Es gibt ja so vieles auf der schönen Welt. Soll dieser Trottel von Therapeut sich doch abstrampeln! Ich lass' mich gehen.« Nach dieser inneren Tirade aus Sorge, Haß, Abwertung und gekränktem Therapeutenstolz lehne ich mich innerlich zurück und denke mir: ›So wie die mir gegenüber sitzt, und so wie ich ihr Über-Ich inzwischen kenne, hat die sich das selbst schon gesagt, nur heftiger. Also, Ulrich, noch einmal: Erst verstehen, dann verurteilen!‹ »Ah ja. Hm. Wie waren denn Ihre Erfahrungen? Wie ist es Ihnen damit ergangen?« – Langes Zögern. Das Gesicht hellt sich immer mehr auf. »Es war toll.« – Ich schlucke. Was denn nun? Ich hatte mit einem Horrortrip gerechnet, vielleicht auch latent darauf gehofft. »Könnten Sie das noch etwas genauer beschreiben, wie es Ihnen damit ging?« – »Ich hab mich zum ersten Mal seit Jahren wieder frei gefühlt, wieder ich selbst. Ich war sorglos, heiter, gelassen, beschwingt. Wie ganz früher manchmal als Kind. Es war einfach toll.« – Ich überlege mir meine Antwort sehr lange: »Frau D., das macht mir Hoffnung. Es freut mich, daß Sie da wieder eine Seite in sich gefunden haben, die jahrelang verschüttet war. Eigentlich schade, daß dafür das Haschisch nötig war, aber allemal besser so als gar nicht. Daß Haschisch für Sie problematisch werden kann, wissen Sie ja sicher selbst, das brauche ich Ihnen nicht unter die Nase zu reiben. (Heftiges Kopfnicken) Sie könnten solche Zustände über eine Droge anstreben, und das wäre ein Irrweg. – Wie Sie mir am Anfang gegenüber gesessen haben, wirkten Sie übrigens gar nicht heiter und gelassen. Und Sie haben sich ja auch wieder geschnitten. Wie kam es denn dazu?« – »So genau weiß ich das selbst nicht. Ich hab das am Sonntag geraucht, und als ich am Montag wach wurde, war alles viel schlimmer als vorher.« – »Haben Sie durch den Kontrast zum Sonntag abend erst so richtig gespürt, wie unglücklich Sie meist sind?« – »Ja, schon möglich. Wenn es einem immer nur schlecht geht, gewöhnt man sich dran, aber wenn man es erstmal wieder anders erlebt hat, ist das doppelt hart. Außerdem hat am Montag meine Schwester angerufen und mir erzählt, wie schlimm das Wochenende für sie war. Danach bin ich endgültig abgestürzt. Da war ich dann auf einmal in der Küche und hatte das Brotmesser in der Hand. Basta.« – Diese Sequenz leitet eine mehrmonatige Auseinandersetzung mit ihren negativen therapeutischen Reaktionen ein, ihrer Angst, es sich besser gehen zu lassen: Angst vor dem destruktiven Neid anderer, denen es inzwischen schlechter geht als ihr; ihren Über-Ich-Verboten, das Leben zu genießen; ihrer Angst, mich zu verlieren, wenn es ihr besser geht u.a.

Beide Sequenzen zeigen, worauf es mir ankommt: *Die selbstfürsorglichen Anteile, die nach meiner Erfahrung in allem stecken, aufzuspüren und quasi herauszuschälen aus der sie umgebenden Selbstbeschädigunghülle*; beides wahrzunehmen, das eine zu bestätigen, das andere dosiert, vorsichtig kritisch in Frage zu stellen. Gerade die Kritik kann lange Zeit nicht vorsichtig genug dosiert werden. *Kleine und kleinste Therapiefortschritte* werden wahrgenommen und bestätigt (HEIGL und TRIEBEL 1977):

»Die Wunde ist nicht mehr so tief. – Die Abstände sind länger. – Besser ein Schnitt als ein Suizid (oder ein Totschlag). – Sie haben versucht, jemanden zu erreichen, und erst als der Arzt vom Dienst nach einer Stunde immer noch nicht da war, konnten Sie es nicht mehr aushalten. Sie wissen, der hatte noch einen Notfall. Ich finde es bemerkenswert, wie lange Sie gekämpft und durchgehalten haben.«

Das Schlechte spreche ich an, versuche, auch das Über-Ich entlastend zu verstehen, und weise darauf hin, daß es »im Moment noch« so ist. Damit mache ich Hoffnung, der Patientin und mir.

V

Die psychosynthetische Förderung des Guten

Bei der Darstellung der Psychodynamik und Struktur der Patientinnen ist deutlich geworden, welch zentrale Funktion das Symptom SVV intrapsychisch und interaktionell besitzt. Im Extrem hat es den Charakter eines Ich-Funktions-Komplexes, einer »Plombe« für die Ich-Funktions-Lücke, um die plastische Metapher von MORGENTHALER (1974) zu verwenden. *Das SVV ist so lange nicht entbehrlich, wie es nicht durch angemessene Ich-Funktionen ersetzt ist.* Defizient sind insbesondere folgende Ich-Funktionen: die Binnenwahrnehmung mit ihrer Subfunktion Affektdifferenzierung, die Frustrationstoleranz, die Fähigkeit zum Umgang mit Trieben und Affekten, die Antizipationsfähigkeit und die realistische Wahrnehmung bedeutsamer Anderer im Rahmen der Objektbeziehungen.

Die Bearbeitung von Ich-Funktions-Defiziten durch psychoanalytisch interaktionelle Psychotherapie

Ich halte die *psychoanalytisch interaktionelle Psychotherapie* (HEIGL-EVERS und HEIGL 1973, 1983; MAHR 1979, 1983; HEIGL-EVERS und HENNEBERG-MÖNCH 1985; HEIGL-EVERS und STREECK 1985; HEIGL-EVERS et al. 1993, S. 202ff.; HEIGL-EVERS und OTT 1994) für die am weitesten entwickelte psychoanalytisch fundierte Methode, Ich-Funktions-Defizite gezielt zu diagnostizieren und zu therapieren. In ihrer diagnostischen Wahrnehmungsausrichtung fußt sie auf der psychoanalytischen Ich-Psychologie.

Der erste Schritt ist die *diagnostische Frage: Welche Ich-Funktion war in dieser Krisensituation ungenügend vorhanden,* so daß es zu einer Symptomhandlung oder einer anderen Problematik kam? Meist sind mehrere Ich-Funktionen defizitär.

»Frau D., gestern im Kurztermin haben wir ja schon über die Situation gesprochen, als Silvia überwältigt wurde – werden mußte, wie ich meine – und Sie da so unter Druck gerieten. Ich habe Ihnen meine Vermutungen dazu mitgeteilt. Was ist Ihnen dazu noch durch den Kopf gegangen?« – Längeres Schweigen. »Sehr viel«. Sie klingt sehr vorwurfsvoll. – »Ja, was denn? Im Moment klingen Sie vom Tonfall her so, als würden Sie mir oder jemand anderem etwas vorwerfen. Ich weiß aber nicht genau, was, und kann darauf gar nicht reagieren. Würde ich gerne.« – Leise, aber etwas verbittert und höhnisch: »Nein, nein, Herr Doktor, wer wird Ihnen denn Vorwürfe machen? Sie tun doch nur Ihre Pflicht.« – »Sie klingen mir sehr verbittert. Ich möchte wissen, was genau Sie bei mir gerade so verbittert macht.« – »Das können Sie sich doch wohl denken. Das wissen Sie doch.« – »Zum Teil ja. Sie sind als Kind von Ihrem Vater geschlagen worden, und zwar so geschlagen, daß ich das als Kindesmißhandlung bezeichnen würde. Ich vermute, diese Erinnerungen sind wieder wach geworden und haben unerträgliche Gefühle wachgerufen.« – »So ähnlich. Also, was fragen Sie denn noch?« – »Ich frage, weil ich mich zwar zum Teil in Sie hineinversetzen kann, aber auch wieder nur begrenzt. Ich bin nur Psychotherapeut, kein Hellseher. Sagen Sie, was für Gefühle sind in Ihnen da wach geworden?« – »Ich kam unter Druck, habe ich doch schon gesagt.« – »Druck. Ich glaube, ich sagte es gestern schon: Wenn ich versuche, mich mal in Sie hineinzuversetzen, käme mir, glaube ich, die kalte, ohnmächtige Wut.« – »Also ohnmächtig habe ich mich gefühlt. Bin ich ja auch immer gewesen. Bin ja selbst auch schon mehrfach bei einer Aufnahme überwältigt worden. Kenne ich ja. Wut? – Hab ich nicht empfunden.« – »Sie sagen das jetzt so – ja, fast erstaunt. Als würde es Sie selbst wundern.« – »Wundert mich auch. Eigentlich hätte ich wütend werden müssen. Obwohl – so richtig wütend bin ich noch nie geworden. Kann ich mich auch als Kind nicht dran erinnern. Hab ich mir wohl abgewöhnt – oder ist mir ausgetrieben worden.« Sie klingt wieder sehr verbittert. – »Ja, könnte ich mir gut vorstellen, daß Ihnen das ausgetrieben wurde. Auch, daß Sie das heute verbittert. Ich glaube, wo andere heftige Gefühle bekommen, spüren Sie diesen unerträglichen Druck und verletzen sich dann selbst, weil dieser dumpfe, diffuse Druck so unerträglich ist.« – »Kann schon sein.«

Binnenwahrnehmung, Introspektionsfähigkeit ist ein sehr komplexes Phänomen (Sachsse 1984; Rust 1993, S. 53f.); mit unseren Affekten ist es wie mit unserem Körper: sie sind Subjekt und

Objekt unseres Erlebens zugleich. Als Subjekt sind sie oft noch präverbales Leben, Erleben, Erfahrung, als Objekt verbalisierbare, in Worte »faßbare« Gefühls»zustände«, die wir wie ein Außenobjekt wahrnehmen, beurteilen und bewerten können. Unser Erleben differenziert sich aus der Choreografie zwischen Mutter und Kind (STERN 1979). Die Mutter gibt den angeborenen mimischen Mustern und den ersten Lauten durch ihre Antwort eine soziale Bedeutung, nimmt sie als Signale, und führt sie somit einer *Desomatisierung* (SCHUR 1974) und *Affektsozialisation* (KRAUSE 1983) zu. Bereits vor dem Spracherwerb entstehen bedeutungsvolle Gesten und Gebärden, mit denen das Kind Lust und Unlust, Wollen und Ablehnung signalisieren kann. Die Sprache präzisiert und differenziert das Erleben zum *Affekt* (BRENNER 1974), gibt ihm eine Identität, so daß HEIGL-EVERS und HEIGL (1983) bei diesem Schritt von »*Affektidentifizierung*« sprechen. Sprache verändert das Erleben aber auch. Verbalisierbare Gefühle kann ein Mensch »haben«, präverbales Erleben kann nur »sein«. – Da viele strukturell Ich-gestörte Patienten entweder unter einer defizitären Affektsozialisation oder einer affektiven Regression mit *Resomatisierung* zum psychophysiologischen Uraffekt leiden (KRYSTAL und RASKIN 1983), ist bei ihnen die Arbeit an der Affektdifferenzierung, -identifizierung und -sozialisation entwicklungsfördernd. Die Förderung der Binnenwahrnehmung durch Affektdifferenzierung geschieht im wesentlichen durch ein Verbalisieren von Emotionen, die mimisch oder per Tonfall mitgeteilt werden und vom Therapeuten empathisch mitvollzogen und dann versuchsweise verbalisiert werden. Die Gesprächstherapie würde vom »*Verbalisieren emotionaler Inhalte*« sprechen. Die interaktionellen Antworten geschehen in empathischer Identifikation und durch authentische, dosierte Mitteilung der eigenen antwortenden Gefühle (SACHSSE 1994).

Vier Monate später. Frau D. hat eine Blumenvase hinter einer Schwester hergeworfen und sie nur knapp verfehlt. Die Schwestern sind hell empört. In der Teambesprechung habe ich für meine Erläuterung, das wäre doch ein deutlicher Therapiefortschritt, denn Frau D. würde ihre Aggressionen jetzt rauslassen, verbale Prügel bezogen. Unmittelbar nachdem sie die Vase in Richtung Schwester geworfen hat, hat Frau D. versucht, sich mit einer Scherbe der Vase zu schneiden. Sie sitzt mir gegenüber. Ich eröffne unser Gespräch mit einem lauten Stirnrunzeln. – »Ja, ich weiß. Hätte ich nicht machen sollen. Aber was denn nun: Soll ich meine Wut mehr rauslassen oder nicht?« – Seufz! »Sie sollen. Aber nicht so.« – »Sonst noch Wünsche?« Frau D. schießen die Tränen in die Augen. »Ich mache immer alles nur falsch. Lasse ich meine Wut nicht raus, sondern schneide mich, ist es nicht recht und ich werde eingesperrt. Lasse ich meine Wut raus, ist es auch nicht recht. Dann sehen mich alle vorwurfsvoll an. Keiner kann mich ab. Ich habe es noch nie jemandem recht machen können. Am besten bringe ich mich gleich um.« – »Das können Sie ja immer noch tun. Diese Entscheidung hielte ich für verfrüht. Sie haben sich doch schon weiter entwickelt, warum sollte es nicht noch weiter gehen? Mir haben Sie es schon sehr oft recht gemacht in letzter Zeit. Außerdem steht auf Vasen-Schmeißen nicht die Todesstrafe. Ich stimme Ihnen aber zu, daß ich Sie durch meine Therapie momentan in eine schwierige Lage gebracht habe.« – »Momentan ist gut.« – »Muß ich auch hinnehmen, ja: nicht nur momentan. Die Therapie macht es vorübergehend nicht leichter, sondern erschwert Ihnen vieles. Jetzt ist es gerade so, daß Sie Ihre Wut und Ihren Zorn viel besser spüren, aber noch nicht damit umgehen können. Ist auch schwierig, mit Wut umzugehen. Fällt mir auch nicht leicht. Warum haben Sie eigentlich die Vase auf Schwester Rita geworfen?« – »Ich sage der guten Morgen und die blöde Kuh übergeht mich einfach. Für die bin ich Luft. Die kann mich sowieso nicht ab.« – »Ja, kann sein, daß sie Sie manchmal wie Luft behandelt. Sie können sich gegenseitig nicht gut leiden, das sehe ich auch so. Andererseits können Sie nicht auf jeden mit Vasen schmeißen, der Sie kränkt.« – »Leider.« – Süffisantes Schmunzeln. »Frau D., welch ungewohnte Töne erreichen mein erstauntes Ohr? Ich dachte, Sie sind nur friedfertig. Sollte da doch noch anderes in Ihnen bereit liegen?« – Etwas scheues, nach innen gekehrtes Grinsen: »Vielleicht nicht ganz ausgeschlossen, um es mal so vorsichtig zu formulieren, wie Sie das immer machen.« – Breites Grinsen meinerseits. »Ich will Sie ja nicht zu Beleidigungen anstiften. Aber ich könnte mir in solchen Situationen vorstellen, zu mir selbst mehr oder weniger laut ›Du blöde Kuh!‹ zu sagen, um meinem Ärger und meiner Kränkung dezent Ausdruck zu geben. – Übrigens muß das nicht sein, daß die Sie schneiden wollte – interessante Assoziation, na ja. Ich kenne Schwester Rita auch oft so, daß die in Gedanken ist. Dann sieht die niemanden. Ist mir auch schon mit der passiert. Ich glaube, Sie sollten das in Zukunft nicht so persönlich nehmen.« – »Werd's versuchen.« – »Haben Sie sich schon bei ihr entschuldigt?« – »Au Scheiße, auch das noch?« – »Also wenn Sie hinter mir eine Vase hergeworfen hätten, würde ich darauf warten, daß Sie sich bei mir entschuldigen.« – »Muß ich dann ja wohl.«

Affektdifferenzierung, genaues Erleben und Wahrnehmen bisher undifferenziert-diffus empfundener Gestimmtheiten macht den Patientinnen das Leben vorübergehend schwerer, nicht gleich leichter. Die Differenzierung ihrer viszeralen Zustände in aggressive Affekte wie Wut, Zorn, Haß, Ärger, Mißmut oder Verbitterung, in narzißtische Affekte wie Kränkung, Demütigung, Verletzt-sein, Leere, oder in depressive Affekte wie Trauer, Niedergeschlagenheit, Schmerz, Schuldgefühle oder Leere – eine qualitativ etwas andere Leere als die narzißtische – macht es erforderlich, diese Affekte nun auch auszuhalten und sozial angemessen mit ihnen umzugehen. Affektdifferenzierung ist sowieso nicht einfach ein Aufspüren und differenziertes Verbalisieren vorhandener Affekte, sondern gleichzeitig eine *Affektsozialisation*. Ich diene als Modell für die Affektentwicklung und Nachentwicklung der Patientin. Dies ist auch problematisch. Einmal werde ich wie jeder Mensch meine Subjektivität haben, nicht alle Affekte ohne Abwehr jederzeit verfügbar haben, und bin so wie jeder andere Mensch kein ideales Modell. Andererseits besteht die Gefahr, daß eine Patientin erlernt, welche Gefühle in welcher Situation jetzt »normal und richtig« wären und dann einfach sagt »ich bin wütend«, ohne daß dies verbaler Ausdruck eines erlebten Affektes ist. – Die Gefahr, daß ich als Modell begrenzt bin, muß ich offen einbeziehen und dazu wiederum authentisch stehen. Es ist zu hoffen, daß meine Affektsozialisation und Affektdifferenzierung ein gutes Stück derjenigen meiner Patientin voraus ist. Anderenfalls könnte ich die Technik der psychoanalytisch interaktionellen Methode nicht empfehlen. Der zweiten Gefahr begegne ich am besten dadurch, daß ich *die in der Therapiesitzung aktuell empfundenen Affekte* der Patientin empathisch erspüre und verbalisiere, weniger retrospektiv arbeite; gelegentlich muß ich auch das, denn ich bin ja nicht bei jedem Wochenendtreffen mit der Freundin aus der Wohngemeinschaft dabei, und auch in diesen Situationen können Ich-Funktions-Defizite deutlich und bearbeitungsbedürftig werden. Aber die *Verbalisierung der aktuell spürbaren Affekte im Hier und Jetzt* ist nach meiner Erfahrung allemal wirksamer und stimmiger.

Die Bearbeitung der *Frustrationstoleranz* und der Fähigkeit zum *Umgang mit Trieben und Affekten* (RUST 1993, S. 58ff.) zwingt den Therapeuten übrigens, sich selbst Rechenschaft abzulegen.

Mit Sicherheit kommen Fragen wie: »Was machen Sie denn, wenn Sie jemand wütend macht?« »Wie gehen Sie denn mit Depressionen um? Haben Sie sich noch nie besoffen? Oder kennen Sie gar keine Depressionen, Sie glücklicher Mensch?« – Die Methode verlangt dann eine authentische Stellungnahme. Übrigens kann die *authentische Antwort* dann auch lauten: »Wenn ich mir das recht überlege, habe ich darüber noch gar nicht genauer nachgedacht. Sie haben recht: Wie mache ich das eigentlich? Das werde ich mir mal durch den Kopf gehen lassen und Ihnen beim nächsten Termin mitteilen. Aber für heute können wir uns ja schon mal gemeinsam überlegen, was denn andere so machen, wenn sie eine Niederlage erlebt haben, niedergeschlagen sind, an sich selbst zweifeln und am liebsten nicht mehr leben würden. Sich besaufen ist eine Möglichkeit – die Nachteile kennen Sie. Was gibt es denn noch so?« – Und dann ließe sich eine ganze Palette selbstfürsorglicher Möglichkeiten durchspielen: Das Aufsuchen tröstlicher oder narzißtisch bestätigender Traumwelten im eigenen Inneren (sicherer Ort und innere Helfer), im Kino, im Fernsehen, in Büchern oder im Theater; jemanden treffen, sich aussprechen; passive Selbstfürsorge wie ein Bad, Musik, Dösen, durchaus auch Alkohol in kontrolliertem Einsatz – was diesen Patientinnen aber fast nie gelingt –, oder zur Not eben Psychopharmaka und vieles andere.

Je authentischer die Antworten gelingen, um so wirksamer sind sie (ROHDE-DACHSER 1983, S. 196f., 1986, S. 66; PLASSMANN 1987, S. 894). *Das heißt nicht, daß ich alles von mir sage* (MOSER 1984, S. 58). Ich dosiere nicht nur so, daß ich die Verarbeitungsfähigkeiten der Patientin respektiere, sondern auch so, daß ich selbst es ertragen kann. Eine authentische Antwort lautet darum gelegentlich: »Das möchte ich nicht sagen. Ist mir zu privat.« *Die Grenze meiner Offenheit* lege ich so fest, daß ich nur das mitteile, was ich auch öffentlich sagen könnte. Ich teile nichts mit, was die Patientin eigentlich verschweigen müßte, nach dem Motto: »Gut, ich will Ihnen etwas sagen, aber das ist jetzt vertraulich. Ich bitte Sie, damit so umzugehen, als stünden Sie mir gegenüber so unter Schweigepflicht wie ich Ihnen.« Damit *parentifiziere ich die Patientin*, mache sie zur geheimen Verbündeten und binde sie in einer ungute Loyalität an mich, so wie sie das aus ihrer Familie kennt. Sie darf dann über mich und die Therapie mit niemandem mehr sprechen und kann vielleicht wichtige Triangulierungs- und Entidealisierungsschritte nur erschwert machen. Sie ist von mir wieder in ihre alte Familienkonstellation gebracht worden.

Angst-, Neid-, Kränkungs- oder Ambivalenz-Toleranz sind wohl *Unterfunktionen der Frustrationstoleranz und der Fähigkeit zum angemessenen Umgang mit Trieben und Affekten.* DREWS und BRECHT (1975, S. 198) kritisieren m.E. völlig zu Recht, daß die Ich-Psychologie sich viel mehr um Triebunterdrückung und Triebaufschub oder -verzicht, allenfalls noch um Sublimierung gekümmert hat als um *Triebbefriedigung.* Die autoplastische Anpassung an die vorhandene Umwelt wird viel gründlicher durchdacht als die Möglichkeiten der alloplastischen Anpassungen der äußeren Umwelt an die eigene Bedürfnislage. *Der angemessene Umgang mit – nunmehr identifizierten – Affekten und Trieben ist die sozial adäquate Befriedigung derselben.*

Einige Worte noch zur Ich-Funktion der *Antizipation* (RUST 1993, S. 51f.). Antizipation beruht auf der Fähigkeit, seine *Phantasie zum konkreten Probehandeln* zu verwenden. *Phantasie* hat einerseits *tröstende*, Bedürfnisbefriedigung verheißende *Funktionen* (›Halt durch, bald ist Freitag, und dann ...‹), andererseits *narzißtisch reparative Funktionen* (›Wenn ich meine Ausbildung hinter mir habe, werde ich am letzten Arbeitstag dem Chef nochmal sagen ... Jawohl, genau das!‹), zum dritten Planungs- und Schutzfunktionen. Menschen, die in früheren Zeiten etwa das Auftauchen wilder Tiere oder feindlicher Mitmenschen nicht antizipiert haben, werden evolutionäre Entwicklungsprobleme bekommen haben. Es geht um die Fähigkeit, auf mich zukommende Situationen annähernd realistisch voraus zu phantasieren, mich per *Probehandeln in der Phantasie* vorzubereiten und die Situation so in meinem Sinne zu beeinflussen (FÜRSTENAU 1992, S. 87). Wer nicht antizipieren kann, ist permanent Opfer neuer, unerwarteter Gegenwarten. Er wird aus Schaden nicht klug und manövriert sich aus einer Krise in die nächste. – Eine stabile Antizipationsfähigkeit kann sich in einer willkürlichen, unberechenbaren Umwelt natürlich nur schwer entwickeln. Aufgrund der Willkür und Unberechenbarkeit, denen sie in ihrer Kindheit ausgesetzt waren, fühlen die Patientinnen sich in Entscheidungssituationen wie ein Pawlowscher Hund, der nicht weiß, ob er bei der Berührung einer Taste Futter oder einen Stromschlag bekommen wird; auch die Patientinnen werden als Säuglinge oft nicht »gewußt« haben, ob ihr Schreien Füttern oder Schlagen auslösen wird.

»Ja, Frau D. Morgen wollen Sie ja zu Ihrer Schwester. Was, meinen Sie denn, wird da auf Sie zukommen?« – »Da will ich lieber gar nicht dran denken. Sonst fahre ich da gar nicht erst hin. Aber vielleicht wird's diesmal ja schön.« – »Ich weiß, es wird einmal ein Wunder geschehen ... Schön wär's. Würde ich mir an Ihrer Stelle auch wünschen. Die letzten beiden Besuche waren ja sehr belastend für Sie. Wissen Sie noch, was da so problematisch war?« – »Meine Schwester warf mir vor, ich reiß mich nicht genug zusammen. Ich lasse mich gehen, lasse mich in der Psychiatrie verwöhnen und mache ihr das Leben schwer, weil ich mich bei ihr nur ausweine.« – »Ja, und dann war es so, daß Ihre Schwester sich bei Ihnen nur ausweinte, besser: ausklagte oder ausjammerte, wie Sie es empfanden. Und warum sollte es morgen anders werden?« – »Weiß ich auch nicht. Hoffe ich nur.« – »Ich an Ihrer Stelle würde mich innerlich wappnen und damit rechnen, daß es wieder solche Vorwürfe gibt. Wir haben in den letzten zwei Wochen ja gemeinsam erarbeitet, wieviel Neid zwischen Ihrer Schwester und Ihnen war und ist. Ich glaube nicht, daß das einfach jetzt weg ist. Aber vielleicht können Sie selbst ja auch etwas tun, damit es nicht so wird wie die beiden letzten Male.« – »Ich habe mir schon überlegt, daß wir irgendwas zusammen unternehmen sollten. Nicht die ganze Zeit nur reden.« – »Das finde ich gut. Leuchtet mir unmittelbar ein. Woran haben Sie denn gedacht?« – »Die geht gerne in Ausstellungen. Ich würde mitkommen. Mir die große Mittelalter-Ausstellung mit ansehen, obwohl mich das eigentlich nicht so interessiert.« – »Ja, es könnte die Sache wert sein, um der Beziehung willen etwas mitzumachen, was nicht ganz Ihren Wünschen entspricht. Da können Sie inzwischen innerlich abwägen und Kompromisse schließen.« – »Und wenn es unerträglich wird, fahre ich diesmal ab, bevor es soweit ist, daß ich mich im Zug auf der Rückfahrt besaufen muß.« – »Einverstanden. Frau D., ich wünsche Ihnen ein erträgliches Wochenende.«

Vielleicht ist Ihnen aufgefallen, daß meine Interventionen oft sehr lang sind. *Ich denke quasi laut. Ich lasse Frau D. an meinen Gedankengängen teilnehmen.* Sie soll mitbekommen und nachvollziehen, wie ich zu meinen Vermutungen, Schlüssen, Interventionen und Anregungen komme. Damit beuge ich einer allzu starken Idealisierung vor und verdeutliche, daß ich auch nur mit Wasser koche und kein Hellseher oder weiser Guru bin (KERNBERG 1981, S. 513). Ich hoffe auch, daß mein Beobachten und Verarbeiten von Wahrnehmungen wiederum zum Modell werden kann für die Patientin. Ein wichtiger Hinweis dafür, daß dies gelungen ist, besteht darin, daß die Patientin ihre neu erworbenen

Fähigkeiten zur realistischen Fremdwahrnehmung auf mich als Therapeuten anwendet.

Die Bearbeitung emotional verzerrter Realwahrnehmungen

Bei Borderline-Patienten ist die basale Fähigkeit zur Realitätswahrnehmung und Realitätsprüfung nicht eingeschränkt. Gerade die *Diskriminierungsfunktion zwischen Innen und Außen* (RUST 1993, S. 51f.) ist erhalten, anders als beim psychotisch erkrankten oder präpsychotisch strukturierten Patienten. Die Unterscheidung zwischen Träumen, Vorstellungen, Phantasien und Denkabläufen einerseits und Wahrnehmungen der äußeren Wirklichkeit andererseits ist prinzipiell möglich.

Diese Diskriminierungsfähigkeit und die damit verbundene Fähigkeit zur realistischen Sicht anderer Menschen ist aber gestört in nahen, bedeutsamen Beziehungen. Immer dann, wenn ein Mensch, eine Institution oder »die Welt« heftig frustrierend oder sehr bedürfnisbefriedigend wird, schwindet die realistische Sicht dieses Objekts mehr und mehr und weicht einer durch präödipale Selbst-Objekt-Konstellationen verzerrten Wahrnehmung. Menschen werden nur gut oder nur schlecht, süchtig befriedigend oder völlig kalt-frustrierend, ideal oder vernichtenswert. Solche *»Teilobjektbeziehungen«* charakterisieren die Objektbeziehungsfähigkeit präödipal Gestörter. Jeder von uns wird solche Wahrnehmungsverzerrungen aber auch bei sich selbst kennen, beispielsweise aus Zeiten, in denen er verliebt war, oder solchen, in denen er von einem ihm wichtigen Menschen verlassen wurde.

Die Bearbeitung solcher präödipaler Übertragungen ist diffizil, erst recht, wenn es um mich als Therapeuten geht. Meist handelt es sich um eine *schwer entwirrbare Mischung aus Realwahrnehmung und projektiver Verzerrung*. Wenn ich den Anteil an Realwahrnehmung einfach bestätige, laufe ich Gefahr, die begleitenden Affekte wie Empörung oder grenzenlose Gier ebenfalls als berechtigt hinzustellen. Zentriere ich auf die überzogenen Affekte und Verzerrungen, laufe ich Gefahr, der Patientin ihre Realwahrnehmung abzusprechen. Lassen Sie mich das Dilemma und meine Interventionsstrategie an zwei Beispielen vorstellen:

Frau D. ist inzwischen 19 Monate in stationärer Therapie. Nach sieben Monaten geschlossener Behandlung ist sie auf eine offene Psychotherapiestation gekommen. In Krisen geht sie für einige Stunden bis einige Tage wieder auf die geschlossene Station. Gerade ist sie wieder einmal eine Nacht auf »der Geschlossenen« gewesen. Sie schaut mich lange und prüfend an. Dann senkt sie den Kopf und schweigt. – »Morgen, Frau D. Was war denn gestern nacht wieder?« Ich klinge ungehalten, drängend, ungeduldig. – »Das hat doch alles keinen Sinn. Am besten, wir lassen das Ganze.« – »Wieso?« – »Sie können mich nicht mehr ab.« – »Wieso?« – Frau D. lächelt müde. »Wie ich Sie so dasitzen sehe, wenn ich Ihren Gesichtsausdruck betrachte und Ihren Tonfall auf mich wirken lasse, dann würde ich sagen: Sie haben mich satt, Sie finden mich zum Kotzen, Sie sind mich leid – um Herrn Dr. Sachsse zu zitieren.« – Ich bin in der Zwickmühle. Innerlich stimme ich ihr spontan zu. Sie hat richtig erspürt, in welche Richtung meine Gefühle heute morgen bei ihr gehen. Andererseits wäre es falsch, jetzt einfach authentisch, aber wohl wenig förderlich zu intervenieren: »Stimmt, ich kann Sie nicht mehr sehen.« Einmal wäre das eine Totalabwertung, die auch stabilere Zeitgenossen nur schwer verkraften. Zum zweiten ist das auch nur die halbe Wahrheit. So krass sind meine Gefühle nämlich nicht. Ich bin schon gereizt und genervt, insbesondere bin ich ungeduldig. Aber es ist auch viel drängend-fördernde Ungeduld in mir. Es würde genauso stimmen, ihr zu sagen: »Völlig falsch, stimmt überhaupt nicht. Ich sehe Sie gerne und finde nur, Sie sind eigentlich schon einen Schritt weiter. Sie brauchen die geschlossene Station eigentlich nicht mehr.« Ich merke, wie sich in mir eine der mir in der Gegenwart von Frau D. inzwischen sattsam bekannten Zwiespältigkeiten auftut. »Daß ich heute morgen ärgerlich und gereizt bin, stimmt. Haben Sie richtig wahrgenommen. Das bezieht sich aber nicht nur auf Sie. Ich habe mich heute über jemand anderen geärgert, und ein bißchen davon kriegen Sie jetzt auch noch ab. Tut mir leid. Ich habe mich aber auch über Sie geärgert. Wahrscheinlich bin ich da im Unrecht, aber ich merke allmählich so eine Ungeduld in mir. Ich frage mich zunehmend: Ging es nicht ohne Geschlossene? Es fällt mir ganz schwer, Ihnen da gerecht zu werden. Einerseits will ich Sie nicht überfordern. Das haben Sie jahrelang mit sich selbst im Übermaß getan, und das ist Ihnen nicht bekommen. Darum will die eine Seite in mir Ihnen sagen: ›Schonen Sie sich, schützen Sie sich, gehen Sie sofort auf die Geschlossene, wenn Sie merken, daß Sie wieder Selbstbeschädigungsimpulse bekommen!‹ Andererseits will ich Ihnen sagen: ›Frau D., ein bißchen mehr Anstrengung und Durchhaltevermögen ist allmählich schon nötig. Bei jeder Kleinigkeit auf die Geschlossene, das bringt Sie nicht weiter.‹ Ich bin da so richtig hin- und hergerissen. Wie ist das denn in Ihnen?«

Frau D. steht nach 23 Monaten stationärer Therapie kurz vor ihrer Entlassung. Sie sucht seit langem vergeblich ein Zimmer. »Für die beim Wohnungsamt bin ich doch nur eine Nummer. Aktenzeichen. Da zähle ich doch gar nicht. Und Ihre Sozialarbeiterin rührt keinen Finger für mich. Hilf Dir selbst, dann hilft Dir Deine Sozialarbeiterin! Aber da können Sie ja auch nichts für.« – »Vielen Dank, Frau D., daß Sie mich mit Ihrem Ärger verschonen! Aber so einfach kann ich es mir leider nicht machen. Die Sozialarbeiterin arbeitet mit Ihnen in Absprache mit mir. Ich habe Ihnen klar gesagt, daß wir Ihnen Hinweise geben und Hilfestellung, Ihnen aber kein Zimmer besorgen werden. Erstmal denke ich, ein Teil des Ärgers auf die Sozialarbeiterin gilt eigentlich mir, natürlich nicht aller. Die Sozialarbeiterin tut sicherlich bei weitem nicht so viel, wie Sie es sich wünschen würden. Ich denke, Sie wünschen sich, daß Ihnen ein Zimmer mit Balkon in einer netten Wohnlage nahe der Innenstadt zum Mietpreis von 1965 beschafft wird und Sie nur hineinzuziehen brauchen. Wenn wir Sie schon aus der Klinik drängen, sollen wir Ihnen wenigstens draußen ein Nest bauen. Habe ich übrigens volles Verständnis für. Hätte ich mir manchmal auch gewünscht. Außerdem wird diese Situation jetzt ja auch wieder durch Ihre früheren Erfahrungen überlagert. Ihr Vater hat Sie mit 17 einfach rausgeschmissen, als Sie durch's Schwesternexamen fielen. ›Denn wie man sich bettet, so liegt man. Es deckt einen keiner da zu. Und wenn einer tritt, dann bin ich es. Und wird einer getreten, dann bist's Du‹, wie Brecht es im ›Aufstieg und Fall der Stadt Mahagonny‹ so plastisch geschildert hat. Ich kann Ihre Gefühle nachvollziehen, finde sie aber unangemessen. Die Situation ist heute eine andere. Wir vernachlässigen Sie nicht so wie Ihr Vater, wir unterstützen Sie aber auch nicht so, wie Sie es sich – nachvollziehbar – wünschen würden.« – »Ja, ja. Sie meinen, ich mache es mir zu einfach. Ich will meinen inneren Zwiespalt mal wieder nicht aushalten und verteufele alle, auch Sie.« – »Meine ich, richtig.«

Ziel meiner Interventionen ist es, beiden Anteilen der Äußerung gerecht zu werden, beide aber voneinander zu trennen. Die Anteile an *Realwahrnehmung bestätige ich.* Tue ich dies nicht, spreche ich der Patientin ihre Realwahrnehmung ab. SEARLES (1974, S. 74f.) sieht in der *Absprechung oder im Verbot der Realwahrnehmung einen Versuch, den anderen in den Wahnsinn zu treiben*: »Einer meiner Patienten, dem man seine Kindheit lang erklärte: ›Du bist verrückt!‹, wenn er das defensive Leugnen seiner Eltern durchschaute, begann seinen eigenen emotionalen Reaktionen so zu mißtrauen, daß er sich jahrelang auf seinen Hund verließ, dessen Reaktion ihm sagte, ob die Person, der er zusammen mit ihm begegnete, freundlich und vertrauenswürdig oder feindselig und mit Vorsicht zu genießen sei.« – Vgl. auch VON ZERSSEN (1986, S. 41). – Gerade im Umgang mit psychotischen Patienten, meiner Erfahrung nach aber nicht nur da, ist es deshalb wichtig, hinzunehmen, wenn man durchschaut wird, und zu dem zu stehen, was für einen selbst von dem Wahrgenommenen akzeptabel ist (SACHSSE 1992). Als Kindern wird den Patientinnen ihre *Realwahrnehmung oft abgesprochen* worden sein: »Ich bin nicht wütend, laß mich in Ruhe! Laß mich in Ruhe, hab ich gesagt!« Klatsch! – »Mama ist immer für Dich da. Mama ist nicht müde.« Der Kopf der Tabletten-intoxikierten, chronisch suizidalen Mutter fällt auf die Schulter, die Mutter beginnt laut zu schnarchen. – »Kinder, keinen Streit beim Essen! Es ist genug für alle da. Mutti hat genug für alle gekocht.« Auf dem Teller verlieren sich einige Happen für zwei hungrige Frühpubertäre. – »Papa, du sagst immer, ich soll nichts wegnehmen. Warum nimmst Du Mama immer das Haushaltsgeld weg und holst Dir Bier?« Eine Stunde später sitzt Mutter mit dem Kind in der Chirurgieambulanz: Prellungen und Jochbeinbruch »nach einem Treppensturz«.

Solche *Absprechungen der eigenen Realwahrnehmung* sind ubiquitär. Sie dienen meist dem Schutz der Erwachsenen, der Großen und Starken vor den entlarvenden Blicken der Kinder, der Kleinen und Schwachen. »Kindermund tut Wahrheit kund« sagt ein Sprichwort. So, wie ich jede Lebensäußerung auf ihre selbstfürsorglichen Anteile hin prüfe, so prüfe ich jeden Angriff, jeden Vorwurf und jeden Eindruck meiner Patientin darauf, ob »da nicht was dran« ist. Fast immer ist da was dran.

Was ich übertrieben, überzogen, verzerrt finde, davon distanziere ich mich. Ich relativiere es, stelle meine Sichtweise dem gegenüber und streite mich manchmal auch etwas, weil wir nicht auf einen Nenner kommen können. Ich finde die Sozialarbeiterin ganz akzeptabel, nicht sonderlich engagiert, aber korrekt und verläßlich; Frau D. findet sie faul und gleichgültig und bleibt auch dabei. Gut so. Menschen kann man so und so sehen.

Dieses Vorgehen ist für mich als Therapeuten natürlich nicht immer angenehm. Es erfordert etwas Mut, eine längere Selbsterfahrung und die Bereitschaft, zu sich selbst als Menschen mit

Grenzen und Insuffizienzen zu stehen. In der konkreten Situation, in der ich gerade angegriffen oder abgewertet werde, gelingt mir das natürlich auch heute noch nicht immer.

Manchmal denke ich dann auf dem Nachhauseweg, innerlich immer noch aufgebracht: ›Also so, wie die mir das vorgeworfen hat, stimmt das ja nun wahrlich nicht. Aber ein bißchen war schon was dran: ...‹. Das werde ich dann im nächsten Termin einbringen: »Ach, was ich übrigens noch nachtragen wollte: Ich bleibe dabei, daß ich Ihnen nicht den Tod an den Hals wünsche. Aber vielleicht haben Sie da bei mir etwas gespürt, was ich selbst noch gar nicht gemerkt habe. Gestern auf dem Heimweg ist mir folgendes durch den Kopf gegangen: ...«. Sofern ich allerdings nichts von dem bei mir wiederfinde, was mir unterstellt wird, vertrete ich auch das: »Ich bin ziemlich sicher, daß Sie da jemand anderen in mir gesehen haben müssen.«

KERNBERG (1989, S. 281): »Mit einem schwer regredierten Patienten außerhalb der Behandlungsstunden ausgiebig beschäftigt zu sein, kann vom Analytiker durchaus gesund und muß nicht notwendigerweise neurotisch sein. Wenn eine schwere Übertragungsregression besteht und die Aktivierung projektiver Mechanismen deutlich vorherrscht, kann sogar ein *Großteil des Durcharbeitens der Gegenübertragungsreaktion vom Analytiker außerhalb der Sitzungen geleistet werden müssen.*«

Mitteilungen über die eigene Person wirken erneut entidealisierend. Wenn ich zu Halbheiten, kleinen Ungerechtigkeiten, Unzulänglichkeiten und später zu gelegentlichen Gemeinheiten stehen kann, kann die Patientin das mir gegenüber auch. Wichtig sind auch Mitteilungen, daß die Patientin manchmal Stimmungen von mir abbekommt, für die sie nicht verantwortlich ist. Damit wird ihr egozentrisches Weltbild korrigiert, und sie geht vielleicht in Zukunft nicht mehr so oft mit der präödipalen Weltsicht durch's Leben: »Ich bin an allem schuld. Alles, was ich erlebe, ist von mir verursacht worden.« Wenn ich der Patientin unrecht getan habe, mir meine eigenen Gefühle durchgegangen sind – und das ist mir in den ersten Jahren als Therapeut leider häufiger passiert –, dann habe ich mich im nächsten Termin *entschuldigt*.

In solchen Situationen *beziehe ich* auch *die Genese der Patientin klärend, entlastend mit ein*. Ich interveniere nicht »Sie erleben mich jetzt wie Ihren Vater«, sondern ich sage, wie ich mich selbst sehe, daß mancher mich auch anders sehen könnte, daß ich aber nicht glaube, daß ich deshalb ganz wie ihr Vater bin. Die

Kenntnis der Genese nutze ich zum Verständnis der emotionalen Verzerrungen: Ich werfe es Frau D. nicht vor, daß sie mich gewalttätig findet, weil ich verstehe, daß meine Anordnung, sie für diese Nacht zu fixieren, in ihr Gefühle und Erinnerungen an ihren gewalttätigen Vater wachgerufen hat. Was ich getan habe, ist auch gewalttätig, aber es ist eine andere Gewalttätigkeit als die des betrunkenen, willkürlichen Vaters, der sich nur abreagiert hat.

Ich habe dieses Vorgehen unter meine Überlegungen zur Förderung der Ich-Funktionen, in diesem Fall der *Fremdwahrnehmung* und der *Objektbeziehungen* eingeordnet. Man könnte dies auch unter Überlegungen zum therapeutischen Umgang mit pathologischen Objektbeziehungsmustern, die sich am Therapeuten konkretisieren, abhandeln. *Der Blick auf die Ich-Funktionen und der auf die Selbst-Objekt-Beziehungsmuster mit den verbindenden Affekten sind natürlich nur zwei Sichtweisen auf ein und dasselbe Phänomen* (RAUCHFLEISCH 1981, S. 49).

Die Förderung der synthetischen Ich-Funktion

Was macht es diesen Patientinnen eigentlich so schwierig, Entscheidungen zu treffen, Kompromisse einzugehen, eigene widerstrebende Tendenzen »unter einen Hut zu bringen« (HEIGL 1978, S. 139; RUST 1993, S. 77f.)?

Um die psychodynamisch bedingten Schwierigkeiten zu verstehen, ist es hilfreich, sich Entscheidungen allgemein einmal genauer zu betrachten. *Echte Entscheidungen sind dadurch gekennzeichnet, daß immer auch gewichtige Gründe gegen diese Entscheidung sprechen.* In jeder gewichtigeren Entscheidungssituation stehen sich berechtigte Argumente und Interessen gegenüber. Für beide Seiten einer Entscheidung gibt es gute Gründe. Es gibt ebenso gute Gründe, zur Bundeswehr zu gehen wie den Kriegsdienst zu verweigern. Das bedeutet, daß ich mich bei einer Entscheidung immer auch gegen Gutes entscheide, mich immer auch etwas ins Unrecht setze und tendenziell – in Ansätzen zumindest – schuldig mache. Jeder kann mir berechtigte Vorwürfe machen, mich so und nicht anders entschieden zu haben. Ein Beispiel ist das Leben in der ehemaligen DDR. Es gibt nach meiner Einschätzung keine wirklich Gerechten. Jene, die die DDR verlassen haben, haben unrecht getan und sich schuldig gemacht, weil sie nicht im Land gekämpft haben für einen besseren Staat und die anderen in ihrem Kampf alleingelassen haben. Jene, die sie nicht verlassen haben, haben unrecht getan und sich schuldig gemacht, weil sie sich angepaßt haben. Sie haben Kompromisse geschlossen und vorgelebt, daß ein Leben in der DDR möglich ist. Jene, die gekämpft haben in der DDR und sogar jahrelang ins Gefängnis gegangen sind, haben unrecht getan und sich schuldig gemacht, weil sie den Staat provoziert haben. Sie haben anderen, die um Verständigung und langsame Annäherung bemüht waren, die Arbeit erschwert und nahe Angehörige, die ihr Engagement gar nicht geteilt haben, unverschuldet in Schwierigkeiten gebracht. Jene, die nicht gekämpft haben und um Verständigung gerungen haben, haben unrecht getan und sich schuldig gemacht, weil sie mit einem Unrechtsregime so umgegangen sind, als handele es sich um einen gleichwertigen Gesprächspartner, und die Machthaber dadurch aufgewertet haben.

Was ich hier an einem politischen Beispiel verdeutlicht habe, ist Gegenstand vieler Dramen: Das *Tragische* mancher Lebenssituationen; etwa in SARTRES (1961) »Die schmutzigen Hände«. Das erleben viele SVV-Patientinnen schon in jeder kleinen, alltäglichen Entscheidungssituation: *Es ist oft unmöglich, sich nicht schuldig zu machen.*

Frau D. sitzt mir mit Tränen in den Augen auf der Geschlossenen gegenüber. Es hat sich herausgestellt, daß sie gestern so gerade noch die Klingel für die Nachtschwester betätigen konnte, um sich auf eigenen Wunsch fixieren zu lassen. – »Was hat in Ihnen denn wieder diese Impulse entstehen lassen?« – »Ich weiß auch nicht. Silvia hat mich gefragt, ob ich nicht mit ihr rausgehe. Sie hat abends zwei Stunden Ausgang in Begleitung, und sie wußte niemanden, den sie sonst hätte fragen können. Seit die mehrmals betrunken auf Station zurückgekommen ist, will die niemand mehr begleiten. Mir war es eigentlich ja zu kalt draußen, aber dann hätte Silvia ja nicht raus gedurft. Also habe ich gesagt, ich komme von sechs bis acht mit. Und um viertel vor sechs hat Theresa plötzlich angefangen, mir ihre ganze Lebensgeschichte zu erzählen, alles, was sie schon erlebt hat. Einfach so. Die erzählt ja jedem, daß sie mehrfach vergewaltigt wurde und schon im Puff gearbeitet hat. Ich wollte das gar nicht hören, aber ich konnte ihr doch auch nicht sagen: ›Theresa, hör auf, ich kann das nicht hören!‹ Und um sechs stand Silvia natürlich auf der Matte, und dann war alles aus. Theresa fing an zu heulen: ›Du kannst mich doch jetzt nicht einfach sitzen lassen, wenn ich Dir so was Wichtiges von mir sage!‹ Obwohl ich die doch gar nicht darum gebeten hatte. Im Gegenteil. Und Silvia wollte raus, die stand an der Tür: ›Los, Maria, mach schon! Du hast mir das versprochen.‹ Ich dachte, ich werd nicht mehr. Und dann habe ich einfach beide stehen lassen und bin auf mein Zimmer gerannt. Und da lag dann das Feuerzeug wieder von meiner Bettnachbarin. Ich weiß jetzt gar nicht, wie die heißt. Und da hab ich gerade noch die Kurve gekriegt und geklingelt.« – »Das freut mich. Ich finde es gut, daß Sie da besser für sich gesorgt haben als bisher. – Warum, meinen Sie, hat das mit Silvia und Theresa Sie denn so aufgewühlt?« – »Ich konnte beide so gut verstehen. Ich fand das so beschissen von mir, Theresa mitten im Gespräch sitzen zu lassen. Genauso beschissen fand ich es aber auch, Silvia den Ausgang zu vermasseln. Die sind jetzt natürlich auch beide stocksauer auf mich. Ach Scheiße!« – »Ja, am liebsten hätten Sie sich zweigeteilt. Es ist unmöglich, zwei Herren gleichzeitig zu dienen. Eigentlich wollten Sie auf Station bleiben, aber Sie hatten Mitleid mit Silvia. Konnten sich gut in deren Situation versetzen. Und dann konnten Sie sich auch gut in Theresa hineinversetzen. Obwohl Sie das lieber alles auch gar nicht gehört hätten, was die Ihnen erzählte. Ich bin sicher, da ist Ihnen manche belastende Erinnerung hochgekommen.« – »Und ob.« – »Ja, und als Sie sich nicht zerreißen konnten, als Sie eine auf jeden Fall enttäuscht hätten, haben Sie Ihre Wut gegen sich selbst gerichtet. Eigentlich hätten Sie ja auch auf die beiden wütend sein können.« – »Wieso auf die? Verstehe ich jetzt nicht.« – »Na, es war doch schon ein Entgegenkommen, daß Sie mit Silvia überhaupt raus gingen. Da hätte die doch auch etwas geduldiger sein können. Und Theresa, haben Sie selbst gesagt, hat sich Ihnen geradezu aufgedrängt. Sie haben die doch nicht eingeladen, sich Ihnen mal mitzuteilen.« – »Stimmt eigentlich. Ist mir gar nicht aufgefallen.« – »Ja ja. Wenn jemand aggressiv mit Ihnen umgeht, erleben Sie das wie unter einem Verkleinerungsglas. Und wenn Sie selbst mal zu jemandem ein bißchen aggressiv, abweisend oder ungerecht sind, dann erleben sie Ihre Untat wie unter einem Vergrößerungsglas.« – »Was hätten Sie denn gemacht?« – »Nun, ich bin ja öfters in der Situation, in der Sie da waren: Mehrere Patientinnen wenden sich gleichzeitig mit berechtigten Anliegen an mich. Das war doch gerade letzte Woche so, als Sie selbst um einen Nottermin baten. Ich habe gesehen, wie schlecht es Ihnen ging. Und ich habe gedacht, es ist gut, daß Sie sich sofort melden. Es war spürbar, wie schwer Ihnen das fiel, wieviel Überwindung es Sie kostete. Und trotzdem mußte ich Sie über zwei Stunden warten lassen, weil ich einen anderen Termin fest zugesagt hatte, den ich nicht verschieben konnte. Ist mir auch nicht leicht gefallen, und Sie haben dann ja auch abgesagt mit den Worten: ›Dann hat es eh keinen Zweck mehr; wußte ich doch, wenn man Sie wirklich mal braucht, sind Sie nicht vorhanden.‹ Das hat mir auch einen Stich versetzt, denn Sie hatten in dieser Situation schon recht. Ich komme nicht umhin, manchmal ungerecht zu sein.« – »*Ich hab mir geschworen, nie so zu werden.*« – »Ja, das merke ich.«

Die Patientinnen haben soviel Unrecht, Härte und Vernachlässigung erfahren, daß in ihnen häufig die inneren Formeln wirksam sind: »*Nie sich schuldig machen! Nie Unrecht tun! Nie enttäuschen!*« *Das ist zwischenmenschlich unmöglich.* Sobald wir mit anderen Menschen in Beziehung treten, kommen wir in Loyalitätskonflikte, Entscheidungsnotwendigkeiten und existenzielle Situationen, in denen wir uns zwangsläufig die Hände schmutzig machen, egal wie wir uns entscheiden. Für viele meiner Patientinnen wurden schon alltägliche Entscheidungssituationen zu existentiellen, tragischen Katastrophen: Mit Silvia das Wochenende auf Station gestalten oder der Einladung der Schwester folgen? Theresa weiter zuhören oder Schwester Ritas Angebot einer Aussprache annehmen?

Neben *alltäglichen Loyalitätskonflikten* anderen gegenüber und später zwischen den Interessen anderer und den inzwischen besser wahrgenommenen eigenen Wünschen sind es oft auch *Konflikte zwischen Progression und Regression*, die zu Dekompensationen führen.

»Frau D., seitdem die Verlegung auf die offene Station für nächste Woche Dienstag fest steht, geht es Ihnen wieder deutlich schlechter. Zweimal ist es auch wieder zu – glücklicherweise leichteren – Selbstbeschädigungen gekommen. Was ist los?« – »Ich gehe da nicht hin.« – »Das wundert mich. Wochenlang haben Sie auf Ihre Entlassung, dann zumindest Ihre Verlegung gedrängt. Jetzt wollen Sie da nicht hin.« – Frau D. bricht in Tränen aus. »Ich weiß. Ach Scheiße, ich will gar nichts mehr. Ich sag auch gar nichts mehr.« – »Nun mal langsam! Vielleicht hat das wie ein Vorwurf von mir geklungen. Gemeint habe ich es anders. Ich wollte Ihnen nichts vorwerfen, ich wollte etwas verstehen. Ich verstehe einfach noch nicht, warum es Ihnen jetzt wieder schlechter geht.« – »Ich hab Angst, daß ich das nicht schaffe. Daß ich sofort wieder auf der Geschlossenen lande. Und dann kann ich ja auch gleich hier bleiben.« – »Ja, was könnten Sie da nicht schaffen?« – »Auf der Psychotherapiestation sind auch Männer, und ich weiß ja, wie schwierig das für mich ist. Ich habe auch schon von anderen gehört, daß man da ständig angemacht wird und daß die da ständig miteinander auf den Zimmern verschwinden. Ekelhaft! Ich raste aus, wenn mich jemand anpackt!« – »Ja, das wird schwieriger als hier auf der Frauenstation. Auf der gemischten Station sind die zwar nicht ständig alle miteinander in den Betten, aber auch das kommt vor. Sie haben Angst davor, sich nicht abgrenzen zu können, mit der Anmache nicht umgehen zu können und dann die Kontrolle über sich zu verlieren.« – »Ja. Und außerdem ist nachts niemand da. Was soll ich denn da machen? Gerade abends brauche ich doch immer jemanden.« – »Zunächst mal finde ich gut, daß Sie inzwischen Ihr Schutzbedürfnis gerade abends und Ihre Sehnsucht nach jemandem, der dann für Sie da ist, zulassen und sich selbst eingestehen können. Da sind Sie weiter gekommen. Ich verstehe Ihren Zwiespalt: Sie werden auf der offenen Station mehr Freiheit haben, brauchen sich Ihres Aufenthaltes hier innerlich auch nicht mehr ganz so zu schämen, aber Sie verlieren auch Schutz, Sicherheit und Geborgenheit. Ich schlage Ihnen zweierlei vor: Der Aufenthalt auf der Offenen soll zwei Wochen lang zur Probe sein. Zeigt sich, daß die Verlegung noch zu früh war, gehen Sie einige Wochen zurück auf die Geschlossene und versuchen es dann noch einmal. Und die erste Woche schlafen Sie abends einfach noch auf der Geschlossenen und sind nur tagsüber auf der Offenen.« – »Ich muß das doch mal schaffen! Ich kann doch nicht ewig hier bleiben.« – »Jetzt kommt die andere Seite des Zwiespaltes: Ihr Stolz. Eine Rückverlegung würde Sie schwer kränken, Sie hätten dann das Gefühl einer Niederlage, stimmt's?« – Kopfnicken. – »Ja ja, und Niederlagen verzeihen Sie sich nicht so schnell. Nun gut. Über den Umgang mit Männern sollten wir vielleicht noch etwas ausführlicher reden. Ein Leben ganz ohne Männer wäre nur im Nonnenkloster möglich, und selbst da kommt ab und an der Beichtvater und der Bischof. Wußten Sie, daß fast die Hälfte der Menschheit aus Männern besteht?« – Grinsen: »Wir Frauen sind die Mehrheit.«

Progression haben die Patientinnen in ihrer Kindheit *als Einbahnstraße* erfahren. Durch die Notreifung und die Parentifizierung ist die Individuation ohne Wiederannäherungsmöglichkeit abgelaufen. Progression, Entwicklung, Fortschritt werden vom Ich-Ideal ultimativ gefordert, sonst müssen die Patientinnen sich verachten und schneiden. Schutz, Wärme, Schonung sind andererseits unverzichtbar. Drohen sie verlorenzugehen, kommen Gefühle von Leere, desolater Hoffnungslosigkeit und endgültigem Untergang alles Schönen. Aus dieser inneren Deprivationssituation mit Depersonalisationserlebnissen kann auch oft wieder nur ein Schnitt befreien.

Ein weiteres Problem zwischen Progression und Regression sind die rehabilitativ unabdingbaren *therapeutischen Arbeitsbelastungsversuche* (DEMUTH et al. 1982; FÜRSTENAU 1992, S. 109). Sie sind sehr schwer dosierbar. Es ist die *Diskrepanz zwischen hoher intellektueller und geringer emotionaler Belastungs- und Leistungsfähigkeit*, an der die Patientinnen immer wieder scheitern. – Die Patientinnen stellen an sich vom Ich-Ideal her zwei Arbeitsanforderungen: erstens schon alles zu können, zweitens alles fehlerfrei zu können. In ihren Familien haben sie die Erfahrung gemacht, daß leistungsmäßige Insuffizienz schlimme Folgen haben kann – zum Beispiel die Insuffizienz der Mutter, die ihren Aufgaben überhaupt nicht gewachsen war, oder die eigene »Insuffizienz«, durch die sie »Mitschuld« tragen am Suizid der Mutter. Zumeist vom Vater, aber auch von der parentifizierenden Mutter wurden zudem Können und Leistung verlangt, ohne daß dies vorbildhaft vermittelt wurde und geübt werden konnte. Diese *Überforderung* ist sicherlich auch eine der *Wurzeln der phobischen Strukturanteile der Patientinnen* (KÖNIG 1981). *Sie mußten immer alles schon können*, ohne es vorgemacht zu bekommen, üben zu dürfen und erste Fehler machen zu dürfen. Es fällt den Patientinnen *extrem schwer, Anfängerinnen zu sein* (KERNBERG 1988, S. 96).

Wie sehen denn *reife, erwachsene Entscheidungen* in solchen Situationen aus? Es sind *Kompromisse*, Übergänge, ein Teilsteils, Sowohl-als-auch, Von-beidem-etwas. Solche Kompromisse und Lösungen muß ich sehr lange Zeit für die Patientinnen suchen und vorschlagen, denn aufgrund der inneren Spaltungstendenz sind Kompromisse und die zugehörigen gemischten Gefühle ihnen nicht möglich. Entscheidungen, die ich vorschlage, sehen dann etwa so aus:

»Vielleicht geht es ja beim nächsten Mal, daß Sie Theresa sagen: Ich werde Dir weiter zuhören, wenn ich in zwei Stunden wiederkomme, aber für jetzt habe ich Silvia versprochen mitzukommen. Das hieße dann: Nicht entweder-oder, sondern eins nach dem anderen. Und beim übernächsten Mal können Sie vielleicht sogar beiden sagen: Ich möchte bitte für mich allein sein. Aber das wäre jetzt gleich zuviel des Guten auf einmal.«

»Fragen Sie doch Silvia, ob sie nicht zu Ihrer Schwester mitkommen will. Die wäre dann hier nicht allein, und vielleicht ergibt sich bei Ihrer Schwester ja auch eine neue Situation, wenn Sie mit einer Freundin zusammen kommen.«
»Wir sollten den Übergang von der Geschlossenen auf die Offene langsam und schrittweise machen. In der ersten Woche tagsüber auf der Offenen, nachts auf der Geschlossenen. In der zweiten Woche dann schon mal zwei Nächte auf der Offenen, in der dritten vier. Und in Krisen können Sie jederzeit wieder zurück; natürlich nicht: endgültig zurück. Das denken Sie ja dann gleich wieder. Jeder Schritt zurück wird zu einer endgültigen Niederlage.«

»Nach jedem guten Kompromiß sind alle Beteiligten etwas unzufrieden«, sagte Helmut Schmidt, glaube ich, einmal. Solche Lösungen sind natürlich gerade das nicht, was ersehnt wird und was den innerseelischen Spaltungstendenzen entspräche: Ideal oder nur gut. Weil die Patientinnen solche Lösungen vor ihrem Ich-Ideal oder Über-Ich nicht vertreten könnten, muß ich sie ihnen abnehmen. Dann können sie zur Not immer noch sagen, daß das ja mein Vorschlag war, und so einen Teil der Verantwortung abladen. Diese gemeinsame Suche nach Lösungen in Form von Übergängen, Kompromissen und auch klaren Entscheidungen bedeutet also *nicht nur Hilfs-Ich-Funktion für die defizitäre synthetische Ich-Funktion, sondern auch eine Entlastung für das überharte Ich-Ideal und Über-Ich der Patientinnen.*

Selbstfürsorge für den eigenen Körper

Der eigene Körper ist bei SVV-Patientinnen weitgehend aus dem Selbst abgespalten, *ist Nicht-Selbst*. Auf und in ihn wird das Schlechte projiziert. Damit ist die Beziehung zum eigenen Körper ablehnend, abwertend, verächtlich, feindselig, haßerfüllt. Der Körper ist ausschließlich Quelle unlustvoller Spannungszustände und spürbare und sichtbare Manifestation der eigenen Begrenztheit und Insuffizienz. Selbstfürsorge und körperlicher Genuß finden nicht statt. *Anhedonie* und Dysphorie sind durchgängige, körperlich empfundene Zustände (WALTER 1987).

Der Umgang mit dem Körper in der psychoanalytisch fundierten Psychotherapie ist in den letzten Jahren in die Diskussion gekommen (FÜRSTENAU 1992, S. 93). MOSER (1987) hat in seiner Streitschrift »Der Psychoanalytiker als sprechende Attrappe« herausgearbeitet, warum ausschließlich verbale Interventionen eines Psychotherapeuten bei präverbal gestörten, insbesondere psychosomatisch erkrankten Patienten wirkungslos bleiben. – Von MÜLLER-BRAUNSCHWEIG (1989) liegt eine Arbeit vor, in der die Integration von Körperarbeit (konzentrative Bewegungstherapie KBT, funktionelle Entspannung FE) sowie Zeichnen und Malen in ein verbales Therapievorgehen mit kasuistischen Beispielen verdeutlicht wird. Er verweist darauf, daß er nur Bezug nimmt auf körpertherapeutische Verfahren, in denen er Selbsterfahrung besitzt. Auch in der Arbeit von SCHMOLL (1988) zur stationären Behandlung einer SVV-Patientin ist diese Integration nachvollziehbar. – Bereits 1983 hat NEUN angeregt, Körpertherapie in die Weiterbildung im Bereich der klinischen Psychosomatik einzubeziehen. – 1991 war »Der Körper in der Psychotherapie« ein Leitthema der Lindauer Psychotherapiewoche. Die Vorträge liegen inzwischen als Band 2 der »Lindauer Texte« vor (BUCHHEIM, CIERPKA und SEIFERT 1992).

Selbstfürsorglicher Umgang mit dem eigenen Körper als Selbst-Anteil ist eines der zentralen Therapieziele. Ich-psychologisch betrachtet ist es eine Subfunktion der adaptiven *Regression im Dienste des Ich* (RUST 1993, S. 68ff.). Ich finde es hilfreich, sich den *selbstfürsorglichen Umgang mit dem eigenen Körper* allgemein einmal bewußt zu machen.

Nach meiner Sichtweise behält die erwachsene Selbstfürsorge für den eigenen Körper *viele Elemente des Bemutterns und Bevaterns* eines Kindes. Ein Bad ist nicht nur für viele Säuglinge ein Vergnügen. Wir können die Temperatur wählen, je nach dem, ob wir uns entspannen oder aufputschen möchten, und die Badeessenzen wirken lösend, entspannend, aufbauend. Außerdem riechen sie gut. Die Wassermenge wird von unserem ökologischen Gewissen begrenzt. – Duschen vermittelt ein völlig anderes Körpererleben und Hautempfinden: prickelnder, aktiver. Auch das steht uns zur Verfügung. – Im Bad, unter der Dusche oder beim Abtrocknen können Bürstenmassagen das Hauterleben intensivieren. Beim Abtrocknen können wir unsere Haut sanft abtupfen bis heftig rubbeln.

Die kosmetische Industrie hält dann eine große Palette von Cremes, Ölen und Salben bereit, mit denen wir unsere Haut pflegen können. Interessanterweise wird für viele Säuglingspflegemittel so geworben, daß sie als Zielgruppe die Erwachsenen erreichen sollen. Hautpflege können wir hastig, mechanisch oder bewußt autoerotisch gestalten, je nach Zeit, Gestimmtheit und genereller Haltung zum eigenen Körper.

So wie einst Mutter oder Vater uns zu Bett gebracht haben, so können wir uns selbst ins Bett legen. Vielleicht können wir es ja inzwischen sogar noch besser als Vater und Mutter. Uns wurde etwas vorgelesen, heute wählen wir uns unsere Lektüre selbst: Heimat oder Horror.

Oder wir lassen uns etwas vorsingen. Da Mütter dies bei erwachsenen Kindern nur noch ganz selten tun und dann gerade von Psychotherapeuten auch skeptisch gesehen werden, sorgen wir selbst für Musik. Wir legen eine CD oder Musikkassette auf und lassen uns etwas vortönen. Je nach Alter, Gesellschaftsschicht, Ich-Ideal und Vorlieben reicht die Palette von Telemann bis Genesis, von Heino bis Scorpions.

Sich selbst Essen zuzubereiten kann eine hohe Lust und Kunst sein. Trotzdem bleibt fast jedem der Wunsch, sich sein Essen aussuchen zu dürfen und dann vorgesetzt zu bekommen. Davon lebt ein großer Zweig des Dienstleistungsgewerbes: Restaurants und Pommesbuden, Freßtempel und Biosnacks. Gehe ich zum Italiener, Türken, Griechen, Chinesen oder zum Deutschen? Inzwischen können wir uns die Sachen auch ins Haus liefern lassen – gegen einen geringen Verlust an Frische, Knackigkeit und Wärme. Das anschließende Verdauen läßt sich wiederum ganz unterschiedlich gestalten: in Ruhe oder durch einen Verdauungsspaziergang, mit oder ohne Cognac, mit oder ohne Nikotin.

Am Beispiel des Rauchens läßt sich, nebenbei eingefügt, die Anwendung von Ich-Psychologie und Objektbeziehungs-Theorie an einem Alltagsbeispiel gut verdeutlichen. Jeder Raucher kennt den Ablauf: In einer konkreten Situation kommt die Ich-Funktion der Frustrationstoleranz an eine Grenze. Wir ergreifen die nächste Gelegenheit zur adaptiven Regression im Dienste des Ich, um abzuschalten, wieder aufzutanken und uns zu entspannen. Dabei greift der Raucher auf ein hochambivalentes, präödipales Objekt zurück: die Zigarette. Dieses erregende/beruhigende Gift wird durch einen Spaltungsvorgang genießbar. Wir erleben die Aufnahme von Nikotin, als sei es ein nur guter Vorgang. Ist es ja ganz kurzfristig auch. Dabei verleugnen wir, blenden wir aus, daß Nikotin mittel- und langfristig schlecht und schädlich ist. Aufgetankt und frisch gestärkt kehren wir mit erstarkter Frustrationstoleranz an die Arbeit zurück.

Wenden wir uns unserer Muskulatur zu. Bewegung wird von vielen Kindern als Lust an sich erlebt. Sie vermittelt das Gefühl von Kompetenz (HEIGL 1978, S. 139) und Selbstbeherrschung, ermöglicht Entdeckungen und Eroberungen. Muskelerotik ist eine Form autoerotischen Genusses. Ist uns dieses Gefühl als Erwachsenen verlorengegangen, können wir durch Joga, Gymnastik oder Kraftsport ein neues Muskelgefühl erwerben. Joga etwa verbindet unser Empfinden für Atmung, Muskulatur, Körperinneres und Körpergrenzen. Kraftsport kann uns einem aktuellen Schönheitsideal näher bringen: »Ich bin eine Mischung, die ist ziemlich lecker, aus Albert Einstein und Arnold Schwarzenegger« singt die Gruppe EAV. Wir können laufen, Fahrrad fahren, schwimmen und erleben auch da unseren Körper als ganzheitliche Einheit aus Knochen, Gelenken, Muskulatur, Haut und Vegetativum mit Atmung, Herzschlag und Schweißproduktion. Sport können wir wiederum lustvoll oder hart fordernd gestalten. Wir können unsere Kontaktbedürfnisse einbringen, zu zweit Sport betreiben oder unsere Lust am Kampf sublimieren und Mannschaftssportarten betreiben: mühsam sozialisierte und ritualisierte Abkömmlinge triebhafter Hordenkämpfe (MARSH und MORRIS 1989).

Alle Sinnes- und Erlebnisqualitäten finden dann ihren Platz in der Sexualität. Das überlasse ich nun Ihrer eigenen Phantasie.

Wahrscheinlich ist Ihnen jetzt schon einiges aufgefallen, was ich ausgelassen habe. Vielleicht: an Blumen riechen oder an Parfüm, sich die Sonne auf den Pelz scheinen lassen, Sauna und Badelandschaften – es gibt noch so viele, schöne, lustvolle und befriedigende Möglichkeiten der Selbstfürsorge und des Genusses.

Außer SVV, Rauchen, Alkohol und sich mit Musik »Zudröhnen« haben die meisten SVV-Patientinnen kaum Möglichkeiten der Selbstfürsorge. *Der ganze körperliche Genuß- und Lustbereich ist aus psychodynamischen Gründen unentwickelt.* Es gibt kaum eine Möglichkeit der Regression im Dienste des Ich, nur pathologische Regression (LEUNER 1978). Ich brauche dies jetzt nicht erneut zu erläutern.

Leider ist es therapeutisch nicht einfach möglich zu sagen:

»Wissen Sie was, Frau D.? Jetzt lassen Sie sich mal ein schönes Bad ein mit Baldrianessenz, rubbeln sich anschließend schön ab, cremen sich die Haut langsam und genüßlich ein und legen sich eine halbe Stunde ins Bett! Sie sollen mal sehen, wie es Ihnen dann schon wieder viel besser geht.« Der ganze Umgang mit dem Körper ist *antivegetativ*. Der eigene Körper ist kein Selbst-Anteil, sondern ein latenter Feind. Er ist psychodynamisch auch dringend als Außenfeind erforderlich, um auf und in ihn orale und anale Destruktivität projizieren zu können und an ihm alles das abhandeln zu können, was interpersonell nicht möglich ist (PLASSMANN 1993). Eine der schwierigsten Stellen im Therapieverlauf ist dann erreicht, wenn die Patientinnen beginnen, ihren Körper in Identifikation mit der Therapie selbstfürsorglicher zu behandeln. Dann fällt dieser *stets verfügbare Außenfeind Körper* weg, und wohin dann mit den eigenen archaischen Impulsen? Was nun? *Es kommt nach ersten selbstfürsorglichen Handlungen fast regelhaft zu schweren negativen therapeutischen Reaktionen*, worauf ich noch genauer eingehen werde. Psychotherapeuten ist das Phänomen geläufig, daß der *Fortfall eines gehaßten Außenobjektes* zu einer *erheblichen Destabilisierung* führen kann. Vordergründig sollte erwartet werden, daß z.B. die Pensionierung eines »nur schlechten« Chefs einer Patientin spürbare Entlastung bringt. Eine Borderline-Patientin, die auf diesen Chef das Schlechte projiziert hat, verliert damit aber ihre Bewältigungsmöglichkeit. KÖNIG und KREISCHE (1985a,b; 1991) haben die vielfältigen Verflechtungen herausgestellt, die z.B. in Partnerschaften entstehen; Trennungen oder Verluste bedingen die *Notwendigkeit, nunmehr innerseelisch zu verarbeiten, was vorher zwischenmenschlich inszeniert und damit bewältigt werden konnte*. KÖNIG (1991, S. 87) spricht von der projektiven Identifizierung vom Konfliktentlastungstyp.

So wie SCHÖTTLER (1981, S. 129f.) ihren schwer erkrankten Patienten ein genügend gutes Bemuttern durch Anregungen vermitteln mußte, so geht es auch bei SVV-Patientinnen nicht ohne ein gewisses *freundliches Drängen in Richtung körperlicher Selbstfürsorge*. Die dabei gemachten Erfahrungen müssen immer wieder zum Gegenstand der Therapiegespräche werden, denn gerade nach gelungenen Erfahrungen mit Genuß und ruhiger Entspannung drohen schwere negative therapeutische Reaktionen.

VI

Die dekonstruktive Arbeit am Schlechten

Ein Buch wie dieses enthält zwangsläufig Redundanz. Manches von dem, was ich in diesem Kapitel ausführen werde, ist unter anderem Blickwinkel bereits abgehandelt worden. Zudem wird die Zuordnung einzelner Therapieschritte unter »Die dekonstruktive Arbeit am Schlechten« manchem willkürlich erscheinen. Alles dies ließe sich ebenfalls unter ich-psychologischen Gesichtspunkten betrachten und psychoanalytisch interaktionell behandeln. *Störungen der Objektbeziehungen und Ich-Funktions-Störungen sind untrennbar verbunden* (KERNBERG 1981, S. 512; HENNEBERG-MÖNCH 1986, S. 223f., 229; FÜRSTENAU 1992, S. 103f.). Mit meiner Auswahl mache ich deutlich, in welchen Problemfeldern mir die diagnostische Wahrnehmungseinstellung der Objektbeziehungs-Theorie hilfreicher ist als die der Ich-Psychologie, und wo ich dekonstruktiv-psychoanalytisch pathologische Selbst-Objekt-Konstellationen mit Techniken in Anlehnung an KERNBERG und ROHDE-DACHSER behandele. Bewußt habe ich diese Überlegungen an die zweite Stelle gestellt, da ich die Erfahrung gemacht habe, daß diese Diagnostik und Interventionsstrategie inzwischen relativ geläufig ist. Ich setze deshalb die *strukturelle Pathologie der Borderline-Persönlichkeitsstörung und des pathologischen Narzißmus* mit dem zentralen Abwehrmechanismus der Spaltung, gestützt durch primitive Idealisierung und primitive Abwertung, Projektion und projektive Identifizierung, Verleugnung und Deck-Abwehr sowie den daraus resultierenden Symptombildungen auf unterschiedlichen Störungsniveaus als bekannt voraus (KERNBERG 1978; ROHDE-DACHSER 1983; DULZ und SCHNEIDER 1994).

Fördernd interaktionelle Antworten werden nur wirksam, wenn die Beziehung zum Therapeuten es der Patientin gestattet, sich der Wirkung des Therapeuten zu öffnen. Von jemandem, den ich gerade intensiv hasse, verachte, entwerte, der mich kränkt, verletzt oder enttäuscht hat, kann ich nichts annehmen. Dazu müssen die heftigen Gefühle schon wieder etwas abgeklungen sein, sie dürfen mich nicht gerade völlig überfluten. In der pädagogischen Gruppenmethode der themenzentrierten Interaktion TZI (COHN 1970) heißt es: *Störungen haben Vorrang* (MAHR 1979). Diese Arbeitsregel ist aus der Erfahrung heraus entstanden, daß eine konstruktive, förderliche Arbeit nur möglich ist, wenn die aktuelle Beziehung nicht massiv gestört ist. Jede atmosphärische Störung zwischen der Patientin und mir ist deshalb vorrangig zu bearbeiten. Versuche ich, sie einfach zu übergehen, laufe ich Gefahr, daß meine ganze Arbeit unwirksam bleibt.

Frau D. sitzt mir im vierten Monat ihrer stationären Therapie auf der geschlossenen Station bei einem der abendlichen Kurztermine gegenüber. Seit über zwei Wochen eröffnet sie jede Sitzung mit einem beredten, vorwurfsvollen Schweigen. – »Ja, ich denke, daß ich wohl wieder anfangen muß, sonst verläuft dieser Termin schweigend und Sie stehen hinterher mehr unter Druck als vorher. Dann wäre der Termin schädlich gewesen und nicht hilfreich. Da haben wir ja beide inzwischen gemeinsam unsere Erfahrungen gemacht.« – Kaum merkliches Kopfnicken – »In einem unserer längeren Termine haben wir gemeinsam verstanden, daß Sie schweigen, wenn Sie mich eigentlich kritisieren müßten. Das fällt Ihnen schwer. Sie können sich dann aber auch nicht einfach vertrauensvoll öffnen und Ihre Kritik an mir oder der Station übergehen. Ihr Schweigen teilt mir mit, daß Sie verletzt, enttäuscht oder gekränkt sind.« – Sehr leise, fast flüsternd »Wird wohl so sein. Ist ja auch wohl kein Wunder.« – »Ich höre Ihre Kritik (»Ihren Vorwurf« schlucke ich runter), und ich denke, ich werde wieder raten müssen, was auslösend war.« – »Das dürfte doch wohl nicht schwer zu erraten sein.« – »In diesem Fall nicht. Ich vermute, Sie haben sich bei der Visite heute morgen von mir – ja, verraten gefühlt. Vielleicht übertreibe ich etwas, aber damit wird's klarer.« – »Nicht übertrieben.« – »Gut. Ihre Bettnachbarin hatte sich beklagt, daß Sie so viel schweigen und daß ihr das Angst macht und sie gar nicht an Sie 'rankommt. Da habe ich gesagt, daß ich die verstehen kann. Ich habe sofort gemerkt, wie bei Ihnen die Klappe runter ging, um Ihre Worte zu benutzen. Ihr Gesicht wurde verschlossen, hart, abweisend, der Blick in den Augen leer und teilnahmslos. Korrigieren Sie mich bitte, wenn ich mir da etwas einbilde oder das Gras wachsen höre! Ich ging aus dem Zimmer und dachte bei mir: Jetzt hat Frau D. bestimmt das Gefühl, ich bin total gegen sie, ich bin sowieso schon immer gegen sie gewesen, ich bin auf seiten der Zimmernachbarin, ich finde sie unausstehlich und so weiter. Habe ich da was Richtiges gespürt?« – »So ähnlich. Aber sind Sie doch auch, Sie sind doch auch gegen mich.« – »Jetzt wird's schwierig. Wenn ich Ihre Zimmernachbarin verstehe, für die bin, bin ich damit nicht automatisch gegen Sie. Ich bin für Sie, aber auch für Ihre Zimmernachbarin. Ich kann Sie gut verstehen, daß Sie sich in sich zurückziehen, vieles mit sich selbst aushandeln und nur in die Gespräche zu mir bringen, weil Sie die Erfahrung gemacht haben, daß Ihre Mitpatientinnen mit Ihren Problemen überfordert sind. Mit Ihrem Schweigen nehmen Sie Ihre Zimmernachbarin auch in Schutz.« – Frau D.s Gesicht hellt sich auf. Sie spürt, daß ich den guten, hilfreichen Anteil hinter ihrem abweisenden Verhalten mitbekommen habe. – »Aber ich kann auch Ihre Zimmernachbarin verstehen. Ihr Schweigen ist nicht unmittelbar verständlich, es ist manchmal sogar ausgesprochen schwer übersetzbar, wie ich selbst immer wieder erfahre. Und dann wirken Sie einfach nur verschlossen und abweisend. Ihre Zimmernachbarin nimmt das dann vielleicht persönlich. Soll es ja geben: Menschen, die alles auf sich beziehen und die alles persönlich nehmen.« – Frau D. quittiert meine Rückmeldung mit einem leichten schiefen Grinsen. – »Immer dann, wenn ich nicht eindeutig für Sie Partei ergreife, entsteht in Ihnen die Überzeugung: Der ist gegen mich.« – Frau D. sackt in sich zurück. »Ich mache immer alles falsch.« – »Frau D., ich habe den Eindruck, Sie haben meine Hinweise wieder als Vorwurf verstanden. Ich wollte Ihnen etwas zeigen, nicht Ihnen einen Vorwurf machen. Ihr Verhalten und Ihr inneres Erleben werden schon ihren Sinn haben. Sie verurteilen sich schon, bevor Sie sich überhaupt verstanden haben.«

Negative Übertragungskonstellationen werden mir eher szenisch oder durch ein bestimmtes Verhalten in der Therapiesitzung vermittelt als verbal mitgeteilt. Kapitel V war der Frage gewidmet: Was steckt an Gutem, Schützendem, Fürsorglichem, Selbstfürsorglichem in allem? Wie ist es zu fördern und fortzuentwickeln? Komplementär ist es aber unabdingbar, jede Selbstbeschädigung, jedes Schweigen, jeden Abusus, jedes Entweichen, jeden überzogenen Ausgang auch daraufhin zu prüfen, welche Mitteilungen einer negativen Übertragung er enthält. War der Therapeut, die Station, die Klinik, eine Schwester, eine Sozialarbeiterin schlecht, unzureichend, enttäuschend, gemein, fies (HARTOCOLLIS 1985, S. 197 f.)? Diese Mitteilung muß vorrangig in Worte gefaßt und verstanden werden. Da meine Interventionen fast reflexhaft von den Patientinnen zu Vorwürfen umgedeutet werden, muß ich genau auf die nonverbalen und verbalen Rückmeldungen achten, wie meine Intervention gewirkt hat, und hier sofort klärend und korrigierend intervenieren (FÜRSTENAU 1992, S. 85, 90f.).

Die Bearbeitung von Objektumkehr

In der eben beschriebenen Situation konstelliert sich noch etwas, das die Arbeit mit SVV-Patientinnen wie auch anderen Patientinnen mit posttraumatischen Störungen schwer macht und einer vorsichtigen Bearbeitung bedarf. Es ist ja nicht nur erheblich, daß Frau D. ihre Enttäuschung mitteilt, sondern auch, wie: Sie teilt sie mit durch beredtes, vorwurfsvolles Schweigen. In mir löst das die Gegenübertragungssituation aus: ›Bitte sagen Sie mir doch, was ich falsch gemacht habe! Ich spüre Ihren Vorwurf, ich leide unter Ihrem Blick und daran, daß ich an Ihrem letzten Schnitt die Schuld tragen soll. Bitte geben Sie mir doch eine Chance, meinen Fehler wieder gut zu machen!‹ Wenn ich durch das Verhalten, die Haltung und die Mimik der Patientin in diese Situation gekommen bin, hat eine *Objektumkehr* stattgefunden. *Frau D. behandelt mich jetzt so, wie sie sich von ihrer Mutter oder ihrem Vater behandelt fühlte, meist wohl auch behandelt wurde. Sie ist vom Opfer zum Täter geworden* (HOLDEREGGER 1993). Ich bin jetzt in der Position des hilflosen kleinen Mädchens, das unter Schuldgefühlen leidet, weil es etwas falsch gemacht hat, und das um eine Chance bettelt, alles wieder gut machen zu können, dem diese Chance aber sadistisch-abfällig verwehrt wird.

Bei dieser Form der projektiven Identifizierung sind Kommunikation und Konfliktentlastung (KÖNIG 1991, S. 87) eng verbunden: die Patientin entlastet sich innerseelisch, indem sie den Spieß umdrehte. Sie kommuniziert aber auch ihre Geschichte. Durch eine Reinszenierung teilt sie mir spürbar mit: So bin ich behandelt worden. Diese beiden Anteile der Objektumkehr bedürfen einer Trennung und unterschiedlichen therapeutischen Bearbeitung.

Gerade in Situationen, in denen ich mich in die unterlegene, masochistische Position gedrängt fühle, muß ich sehr aufpassen, daß ich nicht ins Gegenübertragungsagieren komme, unreflektierte »Befreiungsschläge« mache oder einen Kontaktabbruch provoziere, einen »Schnitt« setze und die Beziehung abbreche. Es fällt mir sehr schwer, mir diese Situationen gelassen zu betrachten, sie mir einzugestehen und sie auszuhalten. Massiven Vorwürfen ausgesetzt zu sein, ein schlechtes Gewissen zu haben, hilflos zu leiden und keine Chance zu bekommen, die Situation überhaupt zu verstehen, finde ich scheußlich und gemein. Das hat die Patientin früher sicher auch so empfunden.

Da ich innerlich koche, fällt mir die Bearbeitung dieser Konstellation besonders schwer. Wenn ich authentisch, aber unselektiv antworte, mache ich Frau D. massive Vorwürfe: »Frau D., ich finde Ihr Verhalten hinterhältig und gemein. Sie sitzen mir mit einem Gesicht gegenüber, als hätte ich Ihnen ein Verbrechen angetan und sei verantwortlich für all Ihr Leiden und Ihre Not. Ich komme mir vor wie der letzte, mieseste Mensch. Gleichzeitig sagen Sie mir nicht mal, was ich falsch gemacht habe. Sie geben mir nicht einmal die Chance, mich zu erklären, zu rechtfertigen, zu verteidigen. Ich fühle mich von Ihnen massiv unter Druck gesetzt, erpreßt und gleichzeitig hilflos gemacht.«

Gerade *Rückmeldungen* vom Typ des Vorwurfes »Sie setzen mich unter Druck« oder »Ich fühle mich von Ihnen erpreßt« sind eher selten therapeutisch förderliche Antworten, sondern dienen meist der *Entlastung des Therapeuten*. Ich schiebe Frau D. das Schlechte wieder zu, ich mache sie schlecht, weise die Annahme der Projektion ihres archaischen Über-Ich einfach von mir und lasse sie mit sich allein.

Auch eine nur klarifizierende Intervention, mit der ich die Objektumkehr verdeutliche, wird als Vorwurf verarbeitet werden: »Frau D., ich habe den Eindruck, Sie behandeln mich jetzt so, wie Sie behandelt wurden. Sie machen mir Vorwürfe, besser, verhalten sich zu mir vorwurfsvoll, ohne mir die Möglichkeit zu geben, die Situation zu verstehen, mich zu verteidigen, zu erklären oder etwas wieder gut zu machen. Sie haben den Spieß umgedreht. Früher waren Sie das Opfer, Ihre Mutter der Täter. Jetzt bin ich das Opfer, und Sie sind der Täter.« Wohlgemerkt: Meine Interventionen sind diagnostisch richtig, aber therapeutisch schädlich. Sofern ich merke, daß mich meine Gegenübertragungsgefühle zu sehr am Nachdenken, Verstehen und förderlichen Intervenieren hindern, sage ich erstmal möglichst wenig, vielleicht nur: »Ich verstehe unsere Situation im Moment noch nicht so ganz. Sie wollen mir etwas mitteilen, aber ich glaube, das erreicht mich noch nicht. Ich werde noch darüber nachdenken.« (KERNBERG 1988, S. 77). In der nächsten Sitzung, nach einigem Abstand und Nachdenken, könnte ich folgendermaßen intervenieren: »Frau D., ich habe den Eindruck, zwischen uns hat sich etwas eingestellt (nicht: haben Sie etwas inszeniert!), was früher zwischen Ihnen und Ihrer Mutter war: Sie machen mir etwas zum Vorwurf, wahrscheinlich auch mit einer gewissen Berechtigung, sagen es mir aber nicht, sondern zeigen es mir nur. Ich suche und suche, habe ein schlechtes Gewissen und würde es gern wieder gut machen oder zumindest etwas dazu sagen können. Das geht aber nicht, weil Sie mir nicht sagen, was Sache ist.« – Frau D. verschließt sich. »Hat meine Schwester auch immer gesagt: Ich bin genau wie meine Mutter.« – »Weiß ich nicht. Ich will Ihnen das auch nicht vorwerfen, ich will unsere Situation verstehen. Ich verstehe die einmal so, daß Sie eben von Ihrer Mutter gelernt haben: So macht man Vorwürfe. Das haben Sie übernommen, wie jedes Kind es macht. Einem Kind bleibt da kaum eine Wahl. Vielleicht hat das darüber hinaus aber noch eine weitere Bedeutung: Sie wollen mir etwas mitteilen. *Sie wollen mir zeigen, wollen mich spüren lassen, wie es Ihnen als Kind ergangen ist.* Das haben Sie so bestimmt nicht bewußt gemacht, das will ich Ihnen nicht unterstellen. Aber der Wunsch wäre mir verständlich: Ich möchte, daß mein Therapeut spürt, wie ich als Kind gelitten habe, damit wir darüber reden können.«

Ich muß mit der Objektumkehr konfrontieren, da die Patientin dieses Verhalten auch anderen Menschen gegenüber hat, etwa bei ihrer Freundin in der Wohngemeinschaft oder ihrer Schwester, und weil dieses Verhalten Ablehnung und Trennungswünsche beim anderen hervorruft. Daran zerbrechen viele Beziehungen. Ich muß das aber so vermitteln, daß ich keine Über-Ich-Reaktion hervorrufe und sicher sein kann, daß die Patientin nicht ihre Aggression nun voll gegen sich selbst richtet. Dann provoziere ich eine Selbstbeschädigung. Am besten gelingt dies, wenn die projektive Identifizierung als Kommunikation verstanden und gedeutet wird: Die Patientin will mir zeigen, was ihr widerfahren ist.

In der Objektumkehr ist natürlich auch eine massive Selbstaufwertung und ein Machtmißbrauch enthalten. Frau D., das Opfer, kehrt die Situation um, dreht den Spieß um und wird vom

Opfer zum Täter (HAUSENDORF et al. 1991). Es kann durchaus sein, daß ich mehrfach die szenische Mitteilung verdeutlicht und verständnisvoll akzeptiert habe, Frau D. ihr Verhalten aber trotzdem fortsetzt. Sie will auf den Konflikt-Entlastungsanteil nicht verzichten, und sie beginnt vielleicht insgeheim sogar, ihre Machtausübung über mich zu genießen. An dieser Stelle bin ich gehalten, mich gegen das Verhalten von Frau D. zu verwahren. HOLDEREGGER (1993) hat deutlich herausgearbeitet, daß es therapeutisch nicht förderlich ist, *wenn Traumatisierte ihre Therapeuten unbegrenzt traumatisieren dürfen.* Es mag zunächst hart und unempathisch klingen, sich eine Retraumatisierung durch eine traumatisierte Patientin zu verbitten, so nicht mit sich umgehen zu lassen, und es wird kurzfristig die Patientin auch belasten. Mittelfristig werden wir aber zum Modell dafür, daß man sich gegen bestimmte Umgangsformen verwahren, abgrenzen darf. Dies darf die Patientin uns gegenüber dann auch, auch ihren Angehörigen und Arbeitskollegen gegenüber. Niemand muß sich unbegrenzt übergriffig, mißbräuchlich, gemein oder demütigend behandeln lassen.

»Frau D., Sie sitzen mir wieder schweigend und vorwurfsvoll gegenüber. Ich bekomme ein schlechtes Gewissen und rätsele in mir herum, was ich Ihnen wohl angetan habe. (Sehe ich das nun richtig, daß Frau D. ein kaum merkliches Glitzern in den gesenkten Blick bekommt, oder unterstelle ich ihr da was? Ist mir inzwischen egal!) Ich will Ihnen ganz klar sagen: So lasse ich nicht mehr mit mir umgehen. Wir haben mehrfach verstanden, daß dies die Form der Mitteilung von Ihnen ist. Sie teilen mir handelnd etwas mit, was Sie noch nicht in Worte fassen können. Außerdem hat Ihre Mutter Ihnen Kritik oft in dieser – wie ich finde gemeinen – Form mitgeteilt. Verstehe ich alles. Alles verstehen heißt aber für mich nicht: Alles mitmachen. Bitte fassen Sie Ihre Kritik in Worte! Sagen Sie klar, was Ihnen nicht recht ist! Sonst beende ich für heute unseren Nottermin. Ich mache diesen Umgangsstil nicht mehr mit.« – Frau D. blickt erschrocken auf, zu meiner Überraschung aber auch etwas erleichtert. So als wäre ein Bann gebrochen. »Ist ja schon gut! Also: ...«

Hinter meinen Gegenübertragungsschwierigkeiten mit traumatisierten Patientinnen, die in einer Zwischenphase der Therapie selbst zu Tätern mit destruktiven oder sadistischen Zügen werden, steckt die Phantasie, Opfer seien bessere Menschen. Sie seien entweder bereits als Opfer besser gewesen oder durch ihr

Leiden zumindest geläutert worden. *Opfer waren schwächer als Täter, nicht zwangsläufig besser.*

Der Umgang mit Manifestationen destruktiven Neides

Neid ist ein grundlegender Affekt bei vermutlich fast allen affektbegabten Lebewesen. Als Futterneid ist er im Tierreich allenthalben zu beobachten. Wahrscheinlich hat er genetische Determinanten. Zumindest ist er evolutionär sinnvoll, denn wer sich schon als Junges/Kind die besten Brocken erkämpfen kann, entwickelt sich am kräftigsten: »Selber fressen macht fett.« Neid ist vermutlich auch unter Menschen ein entwicklungsfördernder Affekt. Die Feststellung, daß jemand etwas hat, was es auch haben will, führt beim Kind zu einem der ersten Zwei-Wort-Sätze: »Auch haben!« Dieses *»Auch haben«* ist sicherlich für jedes Individuum eine wichtige Antriebsfeder, um sich weiter zu entwikkeln, groß zu werden, mächtig zu werden. *Konstruktiver Neid* läßt uns zielgerichtet handeln, streben, schaffen.

Ist es mir unmöglich, etwas Begehrtes zu bekommen, bleibe ich auf meinem Neid sitzen. Eine Alternative besteht dann darin, das Begehrte zu zerstören. Dann hat der andere es auch nicht, es ist zerstört, und ich brauche nicht mehr neidisch zu sein. *Destruktiver Neid* gehört zu den nicht nur zwischenmenschlich, sondern auch gesamtgesellschaftlich schädlichsten Impulsen (SCHOECK 1987). KÖNIG (1991, S. 123) bringt hierzu eine Anekdote, die ich sehr erhellend finde:

»Ein Arbeiter in den USA, wo die Möglichkeiten des sozialen Aufstiegs größer sind als in England mit seinen Klassenschranken (wobei diese Möglichkeiten allerdings ideologisch überhöht werden), sieht einen Mann in einem Cadillac und sagt: ›Eines Tages werde ich auch so ein Auto fahren.‹ Ein Arbeiter in England sieht einen Mann in einem Rolls-Royce und sagt: ›Eines Tages wirst du genauso zu Fuß gehen wie ich.‹«

MELANIE KLEIN (1972) hat in »Neid und Dankbarkeit« herausgearbeitet, welche *katastrophalen Folgen destruktiver Neid innerseelisch* hat (SEGAL 1974, S. 61, 63). Viele präödipal gestörte Menschen laufen mit dem konstitutionell oder lebensgeschichtlich bedingten Gefühl eines ungestillten und unstillbaren

Hungers durchs Leben. Sie fühlen sich umgeben von Menschen, die alle alles, zumindest aber viel mehr haben als sie. Sogar wenn ihnen etwas angeboten wird wie Aufmerksamkeit, Freundlichkeit, Zuwendung, Sympathie, Interesse, Wertschätzung, Einsatz, wirksame therapeutische Interventionen, spüren sie nur, daß der andere etwas hat, was sie nicht haben. Das weckt ihren destruktiven Neid, sie zerstören das Gute, das ihnen angeboten wird, entwerten es, stellen es in Frage, weisen es zurück. Damit erreicht sie auch das nicht, was in ihrer Umwelt vorhanden ist und ihnen angeboten wird. Ihr Hunger bleibt. – Diesem Teufelskreis können auch therapeutische Interventionen unterliegen. Auch sie können zerstört werden, weil der Neid sonst unerträglich würde.

Die Problematik des Neides konstelliert sich nach meinen Erfahrungen in den stationären Therapien schon sehr früh, und zwar zunächst als *Angst vor dem destruktiven Neid anderer*. Daraus resultieren zwei Tendenzen: Eine Art Sozialprestige nach unten und eine erbitterte Konkurrenz darum, wem es am schlechtesten von allen geht (»Olympiade des Leidens«).

Ein Art *Sozialprestige nach unten* habe ich auch bei Patientinnen gefunden, die ihre Psychotherapie zunächst auf offenen Psychotherapiestationen begannen. Ihr Weg ging von dort auf die ruhige, von dort auf die unruhige geschlossene Aufnahmestation, von dort gelegentlich sogar noch auf die unruhige geschlossene Langzeitstation. Solange es im Haus noch eine »Abstiegsmöglichkeit« gab – denn so erlebten die Patientinnen ihren Weg –, erzwangen sie durch Therapierückschritte und Verweigerungen ihre weitere Verlegung. Hierbei spielt sicher auch der Mechanismus des masochistischen Triumphes eine Rolle. Genauso wichtig ist aber die Angst, es könne irgend jemanden geben, dem es noch schlechter ginge.

Diese Problematik wird besonders aktuell, wenn *zwei SVV-Patientinnen auf einer Station* behandelt werden. Beide schließen sich nach meiner Erfahrung sofort zusammen, sind ein Herz und eine Seele. Beide beginnen aber auch eine versteckte, erbitterte *Konkurrenz darum, wem von beiden es schlechter geht*. Hat eine einen Symptomrückfall, ist es eine Frage von Stunden, nicht von Tagen, bis die andere es ihr gleich tut – meist nur etwas gravierender.

Wie ist es zu verstehen, daß es den Patientinnen auf jeden Fall schlechter gehen muß als allen anderen um sie herum? Aufgrund ihrer Parentifizierung durch eine meist psychisch schwer kranke Mutter haben sie erfahren, daß *allein der Anspruch auf Hilfe, Unterstützung und Aufopferung hat, dem es schlechter geht als dem anderen.* Dieser Anspruch ist innerseelisch total. Derjenige, dem es etwas schlechter geht, hat Anspruch auf alles. Wer nur etwas stabiler ist, hat auf gar nichts Anspruch. Diese frühkindliche Erfahrung und die dadurch bedingte Übertragungsbereitschaft wird ergänzt durch die Projektion eigener, heftig abgewehrter Neidimpulse auf andere. Die Patientinnen fürchten sich intensiv vor dem destruktiven Neid aller, denen es offenkundig etwas schlechter geht als ihnen. Bei der Aufarbeitung ihrer Genese habe ich übrigens oft das Gefühl, daß die depressiven Mütter ihren Kindern, den heutigen Patientinnen, tatsächlich ihre Kindheit, Lebendigkeit und Freude intensiv geneidet und zerstört haben. Als Kinder haben sie realiter die Erfahrung gemacht, daß einem alles, was man hat und zeigt, von übermächtigen, neidischen Anderen genommen wird.

Szenische Mitteilungen, bei denen Neid eine Rolle spielt, greife ich deutend auf, wiederum gleich ergänzt durch verstehende, entlastende Bezüge auf die Kindheit. *Ich lasse eine konfrontierende Deutung in den ersten Therapiemonaten nie für sich stehen, da sie sofort als Vorwurf verarbeitet wird, sondern verbinde sie stets, möglichst im gleichen Atemzug, mit einer Über-Ich-Entlastung.* Erst in einem späteren Schritt konfrontiere ich die Patientinnen damit, ob sie nicht selbst manchmal neidisch auf andere sind.

Heikel ist der Schritt, der Patientin konkret vorzuleben, daß der *Therapeut mit Neid anders umgeht*, weil er in der Lage ist, es sich gut gehen zu lassen, obwohl es vielen anderen in seiner Umgebung schlechter geht als ihm. Hier muß jeder seine ganz persönliche Position finden und authentisch vertreten. Ich finde es rücksichtslos und rüde, einer Patientin in einer Krise zu sagen: »Ich gehe jetzt nach Hause und lasse es mir gut gehen, sonst geht es mir bald wie Ihnen.« Vielleicht denke ich das, aber ich werde das für mich behalten. Andererseits habe ich mit Selbstaufopferung keine guten Erfahrungen gemacht. Wenn ich meinem therapeutischen Größenwahn folge, daß an meinem Wesen alle genesen werden, bin ich in Gefahr, daß meine Patientinnen mich ständig bestätigen und aufwerten müssen, und wenn ich meinen depressiven Wiedergutmachungswünschen freien Lauf lasse, bin ich für autodestruktiv Agierende nicht gerade ein Vorbild (JACOBSON 1973, S. 66). Darüber hinaus vermeide ich es nicht, zu abgrenzenden Aggressionen Anlaß zu geben, so daß die Patientinnen gezwungen wären, ihre Aggressionen weiterhin ausschließlich gegen sich selbst zu richten. Nach meiner Erfahrung ist es nicht nötig, manipulativ die Aggressivität der Patientin zu provozieren. Es reicht völlig, freundlich abgegrenzt und authentisch zu intervenieren und zu handeln, um Enttäuschung, Ärger, Ablehnung oder Verachtung auf sich zu ziehen.

Ich könnte meine Haltung Frau D. etwa so vermitteln: »Frau D., als ich gestern die Station verließ, hatte ich ein mulmiges Gefühl. Sie schauten mir so traurig und einsam hinterher, daß ich es fast körperlich gespürt habe. Ich glaube, mein mulmiges Gefühl war ein schlechtes Gewissen. Ich hatte selbst den Eindruck: ›Eigentlich mußt Du noch bleiben. Es geht nicht, daß Du jetzt nach Hause gehst und es Dir gut gehen läßt, während es anderen spürbar schlecht geht.‹ Dann wieder habe ich gemerkt, wie müde und erschöpft ich bin, und daß ich mich besser nicht über meine Kräfte verausgabe. Sonst haben Sie bald auch nichts mehr von mir, wenn ich nicht gut für mich sorge. Also habe ich für mich gesorgt.« – »Ist ja schön, wenn es wenigstens einem von uns gut ging.« – »Ich kann Ihre Bitterkeit nachempfinden. Aber damit werde ich wohl leben müssen.«

Der Umgang mit negativen therapeutischen Reaktionen (ntR)

Keine Psychotherapie verläuft so, daß es kontinuierlich vorangeht, was immer »voran« heißen mag. Jeder, der neurotisch Erkrankte behandelt hat, weiß, daß einer Sitzung mit vielen bisher nicht eingebrachten Inhalten, wichtigen genetischen Einfällen, intensivem affektivem Erleben und Bewußtwerden von bisher Unbewußtem fast regelhaft eine oder mehrere Sitzungen mit viel Abwehr und Widerstand folgen. Seitdem ich mit präödipal gestörten Patientinnen arbeite, bin ich über solche Abläufe übrigens richtig glücklich. Sie zeigen mir, daß ich mit jemandem arbeite, dessen Struktur Abwehr und Widerstand ermöglicht. Ich muß nicht so seismographisch aufpassen. Diese Sicherheit kann ich um so weniger haben, je fragiler die Abwehrstruktur meiner Patientin ist und je mehr sie zur Ich-Fragmentierung neigt. Bei überdosierten Interventionen kommt es sehr schnell zu Dekompensationen mit Symptombildung. Ich muß bei meinen Interventionen also die Ich-Schwäche mit einbeziehen und die Abwehrstruktur immer gleich wieder bestärken, wenn ich sie durch eine Konfrontation oder eine Deutung geschwächt habe.

»Frau D., ich glaube, es hat Sie gestern mehr gekränkt, als Sie selbst sich eingestanden haben, daß ich Ihren Termin verschoben habe und den von der Silvia nicht. Das kann ich gut nachempfinden. Mich kränkt es auch immer etwas, wenn ich verschoben werde oder mich nur verschoben fühle. Ich vermute, Sie haben Ihre Enttäuschung innerlich weggepackt. Sie haben ja auch schlechte Erfahrungen damit gemacht, wenn Sie anderen Ihre Enttäuschung gezeigt haben, etwa Ihrem Vater. Der hat dann manchmal sogar zugeschlagen.« – »Manchmal? Immer.«

Ich klarifiziere einen Affekt. Durch die depressiv-altruistische Haltung, die vom Über-Ich gefordert wird, und die stolz-autarke Haltung, die vom Ich-Ideal gefordert wird, kann Frau D. sich den Affekt des Neides Silvia gegenüber und der Kränkung mir gegenüber nicht eingestehen. Außerdem hat sie aus ihrer Kindheit erfahren, daß Beziehungsabbrüche drohen, wenn sie ihre Kränkung zeigt. So wehrt sie sie ab. Meine Klarifizierung muß ich gleich mit einer Beziehungsbestätigung verbinden. Ich muß signalisieren, daß dieser Affekt uns verbindet, nicht trennt, und daß ich sie nicht verlassen werde, wenn sie mir ihre Enttäuschungen zeigt und mich spüren läßt. Natürlich bin ich dann auch *in der Pflicht, sie tatsächlich nicht zu verlassen, wenn sie plötzlich, durchbruchsartig alle ihre Enttäuschungen auf einmal über mich auskübelt.*

Dieses therapeutische Vorgehen entspricht meinem therapeutischen Ich-Ideal. Mir ist bewußt und leidvoll spürbar, daß ich diesem Ideal zwar öfter nahe komme, oft aber eben auch nicht. Durch meine Insuffizienz trage ich zu Symptomrückfällen bei. Dieses Risiko muß ich eingehen, wenn ich überhaupt etwas sagen und bewirken will. *Gebe ich der Angst davor, Frau D. in Ansätzen zu schädigen, zu sehr nach, will ich nur gut sein, bleibe ich völlig wirkungslos, weil ich in meinen Interventionen gelähmt bin.*

Besonders irritiert war ich aber, als ich die Erfahrung machen mußte, daß sich *die schlimmsten Symptomrückfälle dann ein-*

stellten, wenn ich nach meiner Einschätzung besonders gut gearbeitet hatte und dadurch größere Therapiefortschritte herbeigeführt hatte. Unter kleineren Therapiefortschritten verstehe ich, daß eine Patientin sich drei Wochen lang nicht mehr selbst verletzt hat und ich ihr das bestätigend rückgemeldet habe; daß sie sich seit Monaten, vielleicht seit Jahren wieder ein schönes Wochenende gestaltet hat; daß sie mit einem Mann zwei Stunden lang im Kino gesessen hat. Größere Therapiefortschritte sind die Entlassung aus der Klinik, der Beginn einer Arbeitstätigkeit, der erste Intimkontakt seit Jahren, der erste befriedigende Intimkontakt. Ich habe lernen müssen, gerade bei solchen großen Entwicklungsschritten innerlich alarmiert zu reagieren. Denn ihnen folgen oft die schlimmsten, destruktivsten Symptomrückfälle.

Die negative therapeutische Reaktion (ntR) ist seit SIGMUND FREUD bekannt und in der Literatur gründlich in ihren Determinanten beschrieben worden, für die schweren Persönlichkeitsstörungen zum Beisiel von HARTOCOLLIS (1985, S. 198) und KERNBERG (1988, S. 349). Es sind meist *mehrere Determinanten gleichzeitig oder in Folge* wirksam: Eine ntR in der sechsten Therapiewoche wird einen ganz anderen Hintergrund haben als eine im sechsten Therapiejahr.

Die folgenden vier psychodynamischen Determinanten habe ich bei SVV-Patientinnen besonders häufig gefunden.

An erster Stelle stehen die schon von FREUD (1933, S. 117) beschriebenen *Über-Ich-Verbote*. Es ist vom Über-Ich her verboten, es sich besser gehen zu lassen (HIRSCH 1997). Ich habe schon darauf hingewiesen, daß dieses Über-Ich-Verbot oft verbunden ist mit der Angst vor dem projektiv dämonisierten destruktiven Neid derer, denen es dann schlechter geht. Es ist auch verbunden mit der Angst, sich wieder grenzenlos aufopfern zu müssen, nichts des Guten behalten und gegen den destruktiven Neid der Umwelt verteidigen zu dürfen. Eine depressive Opferhaltung ist fast immer im Ich-Ideal verankert und ideologisiert. Insofern wäre egoistischer Genuß auch ein verachtenswerter innerer Abstieg, ein Verlust an moralischem Wert. Erst spät deute ich übrigens den *moralischen Dünkel*, der mit dieser *ideologisierten Opferhaltung* fast immer verbunden ist, meist mit dem schönen Bibelzitat: »Herr, ich danke dir, daß ich nicht bin wie jene.« (LUKAS 18, 10–11).

Die Über-Ich-Verbote sind innerseelische Niederschläge *familiendynamisch induzierter Loyalitätskonflikte*. Es wäre ein unerträglicher *Loyalitätsverrat*, draußen fröhlich spielen zu gehen, während die tablettensüchtige Mutter verwahrlost und ständig am Rande des Suizids dahinvegetiert. Es ist auch ein Loyalitätsverrat, die Mutter in der Therapie schlecht gemacht zu haben, den Vater angeschwärzt oder angeklagt zu haben. Sehr viele SVV-Patientinnen sind bekanntlich Inzest-Opfer, und in diesen Familien besteht ein besonders hohes Schweigegebot.

Während Über-Ich-Verbote und Brüche der Familienloyalität in der Anfangsphase der Therapie die wichtigsten Determinanten sind, ist es in der Mittelphase zunehmend die *Angst vor Identitätsverlust* (GRUNERT 1979). Wenn die Tante, die sie seit zwei Jahren nicht gesehen hat, Frau D. sagt »Mädchen, Du hast Dich aber verändert«, oder wenn die Patientin selbst spürt, daß sie anders wird, anders erlebt und wahrnimmt, dann entstehen *Fremdheitsgefühle dem eigenen Selbst gegenüber*. Symptomrückfälle haben nicht selten den Charakter von Rückversicherungen: Ich bin noch ich selbst. Der Rückgriff auf eine langjährige Symptomhandlung ist dann auch der Rückgriff auf innerlich Vertrautes.

Je besser es der Patientin geht, und je mehr Fortschritte sie gemacht hat, um so mehr wächst die Angst, den Therapeuten zu verlieren. Das kann auch während einer stationären Therapie schon eine Rolle spielen, wenn der weitere Ablauf unsicher ist, zum Beispiel die nachstationäre Behandlung. Da können Symptomrückfälle auch der *Sicherung der therapeutischen Beziehung* dienen und ein Signal sein: »Sie sind unentbehrlich.«

Es gibt unterschiedliche Empfehlungen zum Umgang mit ntR. Ich will jene *Therapieschritte, die sich mir bewährt haben*, am folgenden Beispiel verdeutlichen:

»Frau D., ich bin irritiert. Das ist jetzt das dritte Mal, daß der Wochenbeginn so abläuft: Sie sagen mir im Montagstermin, daß Sie inzwischen froh sind, hier auf der offenen Psychotherapiestation wieder freien Ausgang zu haben, und daß Sie am Sonntag etwas getan haben, was Ihnen für kurze Zeit etwas Freude gemacht hat. Vor drei Wochen waren Sie in einem Orgelkonzert, vor zwei Wochen bei einer entlassenen Mitpatientin zum Kaffee, vorgestern haben Sie einen langen Spaziergang durch die umliegenden Obstgärten gemacht und die Baumblüte genossen. Das war zum ersten Mal seit dem Tod Ihrer Mutter, daß Sie die Natur wieder genießen konnten, haben Sie selbst gesagt. Am Dienstag komme ich auf Station und erfahre, daß Sie sich am Montagabend geschnitten haben. Nicht tief, zweimal haben Sie sich hinterher selbst verbunden und erst gar nicht die Schwester geholt, aber trotzdem. Ich finde das widersprüchlich, es irritiert mich.« – »Mich auch. Ich verstehe das gar nicht. Montags geht's mir noch gut, und abends überfällt mich das plötzlich wieder.« – »Das klingt, als käme das wie die montägliche Abenddämmerung. Das glaube ich nicht. Bekommt Ihnen der Montagstermin bei mir nicht?« – »Montags sind Sie doch auch nicht anders als sonst.« – »Oder ist da in Ihnen etwas, was Ihnen verbietet, es sich besser gehen zu lassen, oder das Sie auffordert, sich dafür zu bestrafen, daß Sie es sich haben gutgehen lassen? Ich meine, so etwas wäre natürlich paradox, aber das gibt es ja im Seelischen: völlig widersprüchliche Abläufe.« – »Finde ich gar nicht so paradox. Habe ich selbst schon öfters gedacht: ›Du darfst es Dir nicht gutgehen lassen.‹ Und wenn ich es mir trotzdem habe gutgehen lassen, muß ich mich hinterher dafür bestrafen.« – »Verstehen Sie das?«

Ich versuche dann, die aktuelle Determinante und die familiendynamischen Implikationen zu erarbeiten. Diese Persönlichkeitsanteile sind meiner Erfahrung nach oft vorbewußt, nicht unbewußt, und so relativ leicht der bewußten Bearbeitung zugänglich. Zu meiner Enttäuschung hat es oft nicht ausgereicht, den Mechanismus der ntR wiederholt zu deuten und zu bearbeiten. Er blieb trotzdem weiterhin wirksam.

Häufig wurden ntR übrigens von therapeutisch intendierten Bestätigungen meinerseits ausgelöst. Dies bringt mich in eines der vielen Dilemmata dieser Therapien. Ich kann die neue Frisur und die neuen Ohrringe nicht einfach ignorieren. Dann kränke ich die Patientin und entwerte ihre Entwicklung. Ich nehme ihr Bemühen nicht wahr und konzentriere mich immer nur auf das Problematische – sowieso eine Crux vieler Therapien. Wenn ich aber in Entzücken ausbreche, meiner Begeisterung und meinem therapeutischen Stolz freien Lauf lasse (»Das steht Ihnen aber wirklich gut«, »Frau D., so wie Sie aussehen, sind Sie inzwischen einen großen Schritt weiter gekommen«), dann provoziere ich schwere ntR.

Ich bemühe mich, meine *Bestätigungen so zu verpacken, daß sie möglichst Über-Ich-verträglich bleiben*. Ich kann sie zum Beispiel *tangential* anbringen:

»Frau D., in der letzten Zeit ist ja viel in Bewegung. Sie haben eine neue Zimmernachbarin, und das macht Ihnen viele Probleme. Sie erproben, wie Sie Ihr Aussehen gestalten können, und ich muß sagen, nicht ohne Erfolg. Sie bemühen sich um einen besseren Kontakt zu Schwester Rita und merken, wieviel Schwierigkeiten Sie damit haben, eigene Vorurteile wieder abzubauen und einen Eindruck, den andere von Ihnen einmal bekommen haben, zu verändern. Es ist viel in Bewegung geraten.«

»Frau D., in den letzten Tagen geht es Ihnen ja wieder schlechter. Ich habe auch den Eindruck, es verläßt Sie so etwas der Mut. Sie werden kampfesmüde. Nicht nur, denn Ihr erfolgreiches Bemühen um eine neue Praktikumsstelle im Buchhandel war ja schwer erkämpft. Alle Achtung! Aber da sind so zwei Seiten.«

Ich *verknüpfe Bestätigungen gern mit Problematischem* oder verpacke sie, damit sie nicht destruktiven Über-Ich-Impulsen zum Opfer fallen müssen. Später, wenn der Mechanismus der ntR erarbeitet ist, interveniere ich auch gerne *humorvoll-paradox:*

»Frau D., am liebsten würde ich Ihnen ja sagen: ›Ihre neue Frisur steht Ihnen wirklich gut!‹ Aber wir beide wissen ja inzwischen, daß Ihnen solche Bestätigungen überhaupt nicht bekommen. Darum lasse ich das lieber.«

Die Förderung der Antizipationsfähigkeit ist gerade beim Umgang mit ntR besonders wichtig und hilfreich. Damit verlieren die »Rückfälle« viel vom Charakter unvorhersehbarer Naturkatastrophen, gegen die kein Schutz möglich ist.

»Frau D., am heutigen Montag berichten Sie mir ja wieder, daß am Wochenende etwas schön war. Am Samstag sind Sie im Kino gewesen und haben sich einen Zeichentrickfilm angesehen, den Sie als Kind und Jugendliche nie sehen durften, weil so was in Ihrer Familie als niveaulos galt. Aller Erfahrung nach könnte heute abend ja wieder eine Krise kommen. Es muß nicht sein, aber es wäre gut, wenn es Sie nicht unvorbereitet ›aus heiterem Himmel‹ träfe.«

»Frau D., wir arbeiten jetzt fünf Jahre zusammen, und Sie haben heute die ganze Sitzung über dargelegt, daß es Ihnen seit Wochen gut geht. Ich will nicht die Unke spielen, ich will Ihnen dieses Glücksgefühl erst recht nicht mies machen. Ich möchte Ihnen nur wünschen, daß Sie Ihre eigenen Tendenzen, sich Schönes zu zerstören, inzwischen im Griff haben. Aber vielleicht mache ich mir ja auch völlig unnötige Sorgen, und diese Tendenzen sind inzwischen aufgelöst.«

In der Mittelphase der Therapie, etwa nach eineinhalb bis zwei Jahren, gibt es nach meinen Erfahrungen eine Zeit, in der weder vorsichtige Verpackung von Bestätigungen noch gründliche Antizipation ausreichen. Es ist eine *Zeit, in der erste echte Veränderungen hin zum selbstfürsorglichen Umgang gewagt und erkämpft werden. Diese ersten größeren Schritte provozieren regelhaft ntR.* Ich habe dagegen kein anderes Mittel gefunden, als etwa vier bis acht Monate lang die Situation gemeinsam durchzustehen.

»Frau D., Sie sind in einer schwierigen Zwischenphase. Die alten Lösungsmöglichkeiten gehen nicht mehr so recht, die wollen Sie auch gar nicht mehr. Sie kämpfen. Sie bemühen sich, mit Ihrem Körper und Ihrem Leben fürsorglicher umzugehen. Und Sie machen Fortschritte, langsam, aber deutlich. Nach jedem Fortschritt melden sich Ihre selbstschädigenden Impulse um so heftiger, und Sie haben einige Rückfälle erlebt. Wir haben gemeinsam verstanden, wie das kommt. Ich glaube nicht, daß Ihnen aus Ihrer Kindheitsgeschichte noch etwas Wesentliches einfallen wird, was diesen Ablauf erhellen würde. Und ich weiß auch nicht mehr, was ich Ihnen erklärend dazu noch sagen sollte. Am besten wird es sein, *Sie rechnen in Zukunft damit, vorübergehend jeden Fortschritt innerseelisch bezahlen zu müssen.* Ich weiß aus Erfahrung, daß das immer weniger wird, daß diese Zeit vorbei geht, aber ich muß Ihnen vorhersagen, daß Sie einige Zeit lang damit noch zu kämpfen haben werden. Das ist bitter, aber ich meine, da müssen Sie durch. Ich kenne keinen Pfad an dieser harten Wegstrecke vorbei.«
Gegen Ende der Therapie. Frau D. ist mit ihrem Freund zwei Wochen in Urlaub gewesen. »Herr Sachsse (nicht mehr »Herr Doktor«), es ist mir meistens ganz gut gegangen. Inzwischen ist es auch nicht mehr so, daß es mir immer gleich schlecht gehen muß, wenn es mir mal wirklich gut ging.« – »Vorsicht, Frau D.! Ob Sie sich dafür nicht bestrafen müssen, daß Sie sich nicht mehr bestrafen müssen?« – »Blödmann!« – Therapeutisches Grinsen.

Langfristige Fixierung als Außensteuerung beim masochistischen Triumph

Fixierungen sind als letzter Schritt der Freiheitsberaubung das äußerste Mittel zur Außensteuerung, das uns gegenwärtig zur Verfügung steht. In jedem Behandlungsrahmen bedürfen sie einer ausführlichen Begründung. Einerseits sind Fixierungen als mühsam rationalisierte, sadistische Disziplinierungsmaßnahmen zur Entlastung emotional ausgebrannter, unzureichend weitergebildeter, personell unterbesetzter und unterbezahlter Mitarbeiter in der Psychiatrie jahrelang massiv mißbraucht worden. Aus meiner Kenntnis und Erfahrung werden solche Mißbräuche in psychiatrischen Kliniken selten. Auf der anderen Seite habe ich meine Zweifel, ob eine chemisch-medikamentöse »Ruhigstellung« und damit innere Fixierung immer die bessere Alternative ist. Sie ist weniger offensichtlich und in den Medien und der Politik leichter vertretbar. Ohne auch massive Grenzsetzungen ist Psychiatrie leider heute noch nicht immer machbar.

Fixierungen für eine Nacht oder für mehrere Stunden sind bisher Bestandteil vieler meiner Behandlungen einer Patientin mit *schwerem* SVV gewesen. Für die meisten SVV-Patientinnen sind diese Überlegungen unerheblich. Es handelt sich um eine sehr kleine, aber sehr schwer behandelbare Untergruppe. Alle anderen habe ich auf offenen Psychotherapiestationen – vielleicht mit einigen kurzen Kriseninterventionen auf der Geschlossenen – behandeln können, und Fixierungen waren nicht erforderlich. Es ist aber gut, darauf innerlich vorbereitet zu sein (DANKWARTH 1994).

Seit 1982, seitdem ich also im NLKH Göttingen arbeite, habe ich insgesamt viermal, das heißt bei weniger als 10% der von mir behandelten oder in ihrer Behandlung supervidierten Patientinnen, zu einer Extremmaßnahme gegriffen: zur *Fixierung über mehrere Tage*, konkret zwischen fünf und elf Tagen. Zwei Erfahrungen haben mich ermutigt, diesen Schritt einer extremen Außensteuerung zu tun.

Die erste ist eine persönliche Erfahrung, als ich 1973 in Chicago am Cook-County-Hospital und am Presbyterian St. Luke's Hospital famulierte. Diese acht Wochen kann ich rückblickend als prägend für meinen weiteren beruflichen Werdegang gewichten, denn in dieser Zeit habe ich erfahren, daß psychoanalytische Psychotherapie nicht nur im Couch-Setting, nicht einmal nur in der verbalen Interaktion geschehen kann, sondern daß es durchaus ein *psychoanalytisch fundiertes Handeln* geben kann.

Die zweite Erfahrung ist eine literarische. Viele von Ihnen werden Deborah Blau kennen, die von HANNAH GREEN (1978) geschaffene Gestalt des Buches »Ich hab dir nie einen Rosengarten versprochen«. In diesem Buch wird bekanntlich die Behandlung einer Borderline-Patientin mit psychotischen Dekompensationen in Chestnut Lodge durch Frieda Fromm-Reichmann (Frau Dr. Fried) beschrieben. In der Behandlungsära vor Einführung der Neuroleptika waren Kaltpackungen ein etabliertes Mittel, um erregte Patienten ruhigzustellen (GREEN 1978, S. 51f., 60, 122).

Auch im amerikanischen Schrifttum wird die *Kaltpackung* heute als Interventionsmöglichkeit kaum diskutiert (ROSS et al. 1988). Andererseits widmet der Franzose ANZIEU (1991) ihr ganz selbstverständlich ein Kapitel seines Buches »Das Haut-Ich«: »Die *Eispackung* ist eine Behandlungstechnik für schwer psychisch Kranke und geht auf den *feuchten Umschlag* zurück, der in der französischen Psychiatrie des 19. Jahrhunderts angewandt wurde; es gibt Analogien zum *afrikanischen Ritual des therapeutischen Begrabens* oder zum *eiskalten Bad der tibetanischen Mönche*. Die Eispackung wurde in Frankreich um 1960 vom amerikanischen Psychiater Woodbury eingeführt, der das eigentliche körperliche Einhüllen in Tücher dadurch erweiterte, daß der *Kranke eng von der Gruppe der ihn Pflegenden umgeben* wurde. Diese Erweiterung führt zu einer unerwarteten Bestätigung der am Anfang dieser Arbeit aufgestellten Hypothese einer doppelten Grundlage des Haut-Ich: einer biologischen, auf der Körperoberfläche beruhenden und einer sozialen, basierend auf dem gemeinsamen Interesse der Umwelt, aufmerksam zu verfolgen, welche Erfahrungen der Betroffene macht. Der Kranke wird von den Pflegern, in Unterwäsche oder nackt – wie er will – in feuchte und kalte Tücher eingewickelt. Diese umschließen zunächst einzeln die vier Extremitäten, dann den ganzen Körper, die Extremitäten eingeschlossen, jedoch ohne den Kopf. Unmittelbar danach wird der Kranke in eine Decke gehüllt, die es ihm schneller oder langsamer ermöglicht, sich zu erwärmen. So bleibt er eine dreiviertel Stunde liegen, er kann über das, was er empfindet, sprechen oder auch nicht (nach Meinung der Pfleger, die selber diese Erfahrung gemacht haben, sind die Empfindungen–Affekte so stark und außergewöhnlich, daß sie durch Worte nur ungenügend ausgedrückt werden können). ... Nach einer relativ kurzen Phase der Angst, verbunden mit dem Gefühl, völlig von der Kälte eingehüllt zu sein, kommt es zu einem Gefühl von Omnipotenz, von *physischer und psychischer Vollständigkeit*.

Dies verstehe ich als Regression auf dieses ursprüngliche *unbegrenzte psychische Selbst*, von dessen Existenz einige Psychoanalytiker hypothetisch ausgehen und das der Erfahrung einer Spaltung zwischen psychischem Ich und Körper-Ich entspräche, eine Erfahrung, die gelegentlich die Teilnehmer einer Gruppe, Mystiker oder Künstler machen« (S. 148f.). Unsere Geschichte macht es uns in Deutschland aber unmöglich, alles rational abzuwägen. Es gibt verständliche Denktabus und ausgeprägte Diskussionsverbote. Manches, was in Australien, Großbritannien, den Niederlanden oder USA in Podiumsdiskussionen emotional und politisch engagiert, aber frei diskutiert und ausgetragen werden kann, wird in Deutschland nieder gebuht oder durch die Medien schon im Diskussionsansatz diskreditiert und erstickt. Kaltpackungen in psychiatrischen Kliniken wären in Deutschland sicher nicht diskutierbar, insofern können wir uns anderem zuwenden. Zudem hätte diese Möglichkeit ein viel zu *hohes Mißbrauchspotential*, als daß ich mich generell dafür einsetzen könnte. In der Behandlung schwerer SVV-Patientinnen hätte ich diese Möglichkeit aber manchmal gern zur Verfügung.

Lassen Sie mich zunächst abstrakt darlegen, unter welchen *Bedingungen* und mit welcher *Zielsetzung* ich Patientinnen mehrere Tage fixiert habe:

1. Diese Fixierungen standen *nie am Beginn* einer therapeutischen Beziehung. Mit allen vier Patientinnen hatte ich vorher mindestens ein halbes Jahr lang auf einer geschlossenen Station psychotherapeutisch gearbeitet. Vorausgegangen waren stets Wochen destruktiven und autodestruktiven Agierens mit schwerem SVV, Suizidversuchen, parasuizidalen Handlungen, Abusus von Alkohol und/oder Medikamenten, gebrochenen Versprechen und einem zunehmend trotzig-haßerfüllten Kampf um das Persistieren der Symptomatik.
2. Es waren Situationen, in denen ich konkrete Hinweise dafür hatte, daß die Patientinnen mich im Sinne des *masochistischen Triumphes* einerseits scheitern lassen wollten, sich andererseits massiv auf die therapeutische Beziehung einließen (KERNBERG 1978, S. 149; 1988, S. 419).
3. Wenn ich mich nach reiflicher Überlegung und Rücksprache mit befreundeten, kompetenten Kollegen zu diesem Schritt entschieden habe, habe ich ihn *konsequent durch-*

gehalten, bis ich relativ sicher war, mein Ziel erreicht zu haben.

4. Mein *Ziel* war es, der Patientin unmißverständlich zu signalisieren, daß ich ihren autodestruktiven Handlungen nicht tatenlos zusehe (KERNBERG 1988, S. 372), daß ich mich nicht meinerseits wehrlos von ihrer Psychopathologie als Therapeut traumatisieren lasse (HOLDEREGGER 1993), und daß ich nicht dabei mitmache, daß sie alle Selbststeuerung aufgibt und jede Außensteuerung massiv bekämpft. *Ich verlange ein spürbares Bemühen um Selbststeuerung.*

5. Während der Fixierung habe ich die *Gesprächszeit drastisch erhöht.* Üblicherweise kann ich einer Patientin maximal eine Zeitstunde pro Woche anbieten, meist auf mehrere kürzere Termine verteilt. Während einer längeren Fixierung bin ich *täglich* mindestens zweimal 15 Minuten im Isolierzimmer und versuche, auch an Wochenenden wenigstens samstags kurz hereinzuschauen. *Fixieren und Abschieben ist nichts anderes als die vorsätzliche Retraumatisierung einer Patientin*, die in ihrer Kindheit mit Sicherheit durch Deprivation, Reizentzug, Einsamkeit und Abschieben bereits schwerst traumatisiert wurde. *Eine Fixierung erspart mir also niemals Zeit, sondern kostet mich welche.*

6. Ich habe dieses Mittel bisher *nie spontan* (= *aus Gegenübertragungsgefühlen heraus*) eingesetzt und nie dann, wenn ich voraussichtlich die nächsten Tage für Gespräche nicht zur Verfügung stand.

7. Es erfolgte die *übliche organmedizinische Betreuung streng bettlägeriger Patientinnen* mit Heparinisierung und/oder Krankengymnastik.

Lassen Sie mich dieses Kapitel abschließen mit einigen Gesprächssequenzen aus dem Isolierzimmer (»Iso«):

»Guten Tag, Frau D. Ich habe Sie fixieren lassen. Wie soll es denn nun weitergehen?« – »Weiß ich doch nicht. Sie sind hier doch der Therapeut. Sie lassen mich fixieren, Sie lassen mich wieder losbinden. Sie geben mir Medikamente, Sie setzen sie ab. Sie geben mir Ausgang, Sie sperren mich ein. Und was bringt's?« – »Es freut mich, daß wir beide das gleich sehen. Ich stimme Ihnen zu. Ich habe das deutliche Gefühl, mit meinem Latein bei Ihnen am Ende zu sein. Ich weiß nicht mehr weiter.« – »Dann können Sie mich ja wieder losmachen lassen.«

– »Habe ich nicht vor. Ich sehe nicht einfach zu, wie Sie sich immer häufiger und immer schwerer verletzen, wie Sie zunehmend in Suchtverhalten abgleiten. Ihre letzte Aktion jetzt beim überschrittenen Ausgang mit Schnittverletzungen und Alkohol bei Minustemperaturen draußen hätte auch daneben gehen können.« – »Dann wäre ich jetzt eben tot. Und?« – »Tut mir leid, so nicht mit mir.« – »Und, was soll jetzt werden?« – »Ich werde Sie erstmal fixiert lassen. Was anderes fällt mir auch nicht ein.« – »Und, wie lange gedenken Sie das zu tun, wenn ich fragen darf? Können Sie ja auch nicht ewig machen.« – »Mal sehen, weiß ich noch nicht genau.« – »Heh, Sie können mich doch nicht so im Ungewissen lassen. Ich will sofort losgemacht werden.« – »Frau D., ich weiß nicht mehr weiter. Jetzt sind Sie dran. Wenn Sie mir überzeugend darstellen können, daß Sie für sich die Verantwortung übernehmen können, daß Sie sich wenigstens teilweise selbst steuern können und steuern wollen – wollen, Frau D.! –, dann lasse ich Sie sofort losmachen. – Ach, übrigens noch 'was. Ich gehe davon aus, daß Sie dieser Fixierung zustimmen. Wenn nicht, mache ich ein PsychKG und lasse das vom Amtsrichter absegnen. Sollte der darauf bestehen, daß Sie losgemacht werden, werde ich alles versuchen durchzusetzen, daß Sie augenblicklich die Station verlassen müssen. Bis morgen früh, Frau D.«

»Guten Morgen, Frau D.« – Trotziges Schweigen – »Ich habe von den Schwestern gehört, daß Sie in der Nacht kaum geschlafen haben und viel geweint haben.« – »Und? Was kümmert Sie das? Das wollen Sie doch, oder? Sie wollen mich kaputt machen. Sie wollen mich brechen. Sie wollen, daß ich zu Kreuze krieche.« – »Nein. Stimmt nicht.« – »Sie kommen sich jetzt sicher stark vor. Großartig! Herr Doktor, Sie haben gewonnen. Sie sind der Größte!« – »So komme ich mir im Moment nicht gerade vor. Zunächst mal ist es ja kein Kunststück, eine Frau mit mehreren Schwestern und Pflegern zu überwältigen und sie fixieren zu lassen. Und zum zweiten fühle ich mich eher gescheitert. Ich bilde mir einiges darauf ein, Menschen ganz gut zu verstehen und ihnen mit dem, was ich ihnen sage, weiterhelfen zu können. Gelingt mir nicht mit allen, aber mit den meisten. Frau D., ob Sie es nun glauben wollen oder nicht: Ich lasse Sie hier fixiert, weil ich am Ende bin. Mir fällt nichts mehr ein. Deutungen, Verständnis, Bezug zur Kindheit, Bezug zur aktuellen Situation, Medikamente aller Art, Ausgangssperren, Pakt, Absprachen – nichts wirkt mehr. Sagen Sie mir, was ich machen kann, damit ich Sie wieder losbinden lassen kann!« – »Hauen Sie doch ab! Lassen Sie mich doch in Ruhe!« Sie bricht in Tränen aus. – »O.k., bis heute nachmittag.«

»Guten Tag, Frau D.« – »O.k., Doktor, Sie haben gewonnen. Ich verspreche Ihnen hoch und heilig: Nie mehr schnippeln, nie wieder Alkohol!« – »Gut. Wenigstens haben Sie Ihren Galgenhumor noch behalten. Sie wissen doch so gut wie ich, daß solche Versprechungen nichts wert sind. Die können oder wollen Sie nicht einhalten, das kann ich in letzter Zeit immer schlechter unterscheiden. So was haben Sie mir schon mehrfach versprochen. Tut mir leid, Frau D., darauf kann ich nichts geben.« – Allmählich breitet sich eine Mischung aus Erstaunen, Ratlosigkeit und leichtem Entsetzen auf dem Gesicht von Frau D. aus. »Ja, was soll ich denn sonst tun? Was kann ich denn anderes machen, als Ihnen das versprechen?« – »Frau D., ich habe das Vertrauen in Sie und Ihre Worte verloren. Anfangs habe ich gespürt, wie Sie mit sich gekämpft und gerungen haben. Wie Sie das Ihnen Mögliche taten, um sich nicht zu verletzen. Jetzt habe ich zunehmend das Gefühl, Sie steuern mit einem gewissen Ingrimm auf die nächste Schnittverletzung zu. Manchmal bekomme ich das Gefühl, es macht Ihnen geradezu Spaß.« – »Ja aber – aber was soll ich denn jetzt machen?« – »Weiß ich auch noch nicht. Sehen wir morgen weiter.« – »Und die Fixierung?« – »Bleibt.«

Die nächsten Tage sind ein zähes Ringen, ein authentischer Austausch, eine Zwischenbilanz der gemeinsamen Arbeit. So leid es mir tut: Wenn Sie zu diesem Mittel erst einmal gegriffen haben, müssen Sie es solange durchhalten, bis Sie sicher sein können, daß ihre Patientin resigniert hat. Im übertragenen Sinne müssen Sie sie in die Verzwei-flung treiben: Sie muß wieder zwei werden; sie selbst muß sich selbst steuern, muß es zumindest spürbar versuchen.

Am Ende stehen Einigungen, die etwa so sein können: Zunächst eine Stunde allein aus dem Iso, immer in der Nähe der Schwestern bleiben, nach einer Stunde selbst wieder Bescheid sagen und von sich aus ins Iso gehen. Dann alle zwei Tage etwas mehr Freiraum und Selbstverantwortung. Diese Art, mit kämpfenden Patientinnen umzugehen, ist natürlich nicht psychoanalytisch, sondern systemisch (vgl. HALEY 1978). MINUCHIN et al. (1984) ringen in ähnlicher Form mit Magersüchtigen. – Zur Integration systemischer und psychoanalytischer Therapiestrategien verweise ich auf KREISCHE und RÜGER (1993).

Häufig kommt es einige Tage nach dem Ende der Fixierung zu einem kleineren SVV, quasi als Akt der Selbstbehauptung. Das kommentiere ich eher schmunzelnd. Es ist mir auch ganz wichtig, innerlich *nicht »siegen«* zu wollen. Ich möchte spürbar vermitteln, daß Begrenzung fürsorglich sein kann. Aber bitte nicht im Sinne des Helfersyndroms: »Frau D., wir meinen es doch alle nur gut mit Ihnen.«! Ich meine es auch gut mit mir, gut mit den Mitpatientinnen von Frau D. und den Mitarbeiterinnen. Ich meine es nicht nur gut mit Frau D. In gewisser Hinsicht will ich mich nämlich doch durchsetzen: *Ich will, daß die Patientin selbstfürsorglicher mit sich umgeht. Und ich tue das mir Mögliche, dies zu erreichen, einschließlich der Blamage, sie fixieren lassen zu müssen.* In keinem der vier Fälle mußte ich übrigens eine gerichtliche Zwangsunterbringung beantragen. In jedem dieser Fälle ist die Therapie nicht abgebrochen, sondern intensiv fortgesetzt worden.

Alle vier Patientinnen, wie eine Reihe anderer übrigens auch, sagten anschließend von sich aus gelegentlich zur Schwester: »Ich glaube, es ist besser, wenn ich mal ein paar Stunden festgemacht werde. Ich weiß sonst nicht, was ich tun werde. Ich melde mich dann, wenn es wieder geht.« – Frau D. schrieb mir mehrere Jahre nach Abschluß ihrer Therapie: »Ohne Fixierung hätte ich es nie geschafft, mich nicht mehr selbst zu verletzen. Auch wenn es in dem Moment der Fixierung die »Hölle« war, so hat die Fixierung den unerträglichen Druck als alleiniges Mittel durchbrechen können. Das hätten zu diesem Zeitpunkt weder Therapie noch Medikamente (außer etwas Narkose-Ähnlichem vielleicht) geschafft. Was für mich noch viel wichtiger ist, daß ich dadurch *eine »Technik« erlernt habe, die Fixierung als Hilfsmittel ohne tatsächliche Fixierung einzusetzen.* Auch lange, nachdem ich mich das letzte Mal verletzt hatte und die Therapie abgeschlossen war, machte es mir diese »Technik« möglich, nicht mehr rückfällig zu werden. Es gelang mir später, das Ganze auch auf andere Bereiche auszudehnen, nicht nur bei Selbstverletzungen anzuwenden.« – Offenkundig hatte Frau D. durch die Fixierungen gelernt, sich auch ohne Fixierung selbst »ruhig zu stellen«.

Schwierig war in dieser Zeit oft die Abstimmung mit dem Pflegepersonal. Während die Schwestern vorher klagten und drängten, schreckten sie nun vor der Konsequenz zurück. So konsequent und »böse« wollten sie nun auch wieder nicht sein. Hier war viel dichte Absprache und Überzeugungsarbeit notwendig.

Der Umgang mit Deprivationsfolgen und Phasen chronischer Suizidalität

Eine Funktion des SVV ist es, die Überflutung mit Deprivationserlebnissen zu verhindern. Durch die Deprivation als Säuglinge und Kleinkinder und die Vernachlässigung als Kinder sind die Patientinnen immer *in Gefahr, von Zuständen innerer Leere, Tristesse, Stillstand und völliger Hoffnungslosigkeit überflutet zu werden*. Diese Zustände können manifest werden, wenn SVV und Abusus unterbunden werden wie bei Fixierungen, oder wenn die Patientinnen gegen ihre Selbstbeschädigungsimpulse ankämpfen.

Auslösend ist häufig eine ganz alltägliche Situation. Es kann sein, daß die Patientin beim Wochenendurlaub in ihre Wohngemeinschaft kommt, und es ist gerade niemand da. Die Stille und Leere der Wohnung kann ausreichen, Impulse für SVV zu mobilisieren, weil unerträgliche, diffuse Empfindungen ausgelöst werden, die mit objektlosen inneren Zuständen verbunden sind. Dies kann selbst dann geschehen, wenn die Patientin weiß, daß in einer Stunde jemand da sein wird.

Auslösend ist oft auch die Abendsituation auf Station. Jeder Nachmittag, jeder Abend ist eine alltägliche Trennungssituation im Kleinen, verbunden mit Verlassenheit, Leere und zunehmender Einsamkeit; deshalb sind Verlegungen von einer Station mit Nachtwache auf eine ohne Nachtwache oft so schwierig. Die Patientin kann sich und dem Therapeuten häufig ihre Abhängigkeit nicht eingestehen, weil es ihr viel zu kränkend ist, daß sie nicht allein zurechtkommt.

Im dritten Jahr ihrer Therapie muß Frau D. vorübergehend wieder stationär behandelt werden, nachdem sie acht Monate ambulant behandelt werden konnte. Sie ist suizidal. In den Sitzungen schweigt sie, aber nicht mehr trotzig, depotenzierend oder vorwurfsvoll, sondern einfach leer, todtraurig. In diesen Sitzungen monologisiere ich. Nicht pausenlos wie ein Wasserfall, aber immer mal wieder mehrere Minuten. Ich versuche in Worte zu fassen, was ich empfinde. – Wochen später wird Frau D. mir sagen:»Damals, als ich mich völlig aufgegeben habe, habe ich immer darauf gewartet, daß Sie etwas sagen. Ich wollte nur Ihre Stimme hören. Ich weiß gar nicht mehr genau, was Sie gesagt haben. Sie hätten mir auch das Telefonbuch vorlesen können. Hauptsache, ich höre Ihre Stimme! Unter jeder Pause habe ich gelitten, die Sie gemacht haben. *Ich habe in Ihrer Stimme gebadet.*«

In solchen Phasen einer Therapie habe ich keine Schwierigkeiten, über längere Zeit viel mehr zu sprechen als die Patientin. Ich *denke und sinniere dann laut vor mich hin*, berichte von Eindrücken der Schwestern, eigenen Beobachtungen, Empfindungen und Gefühlen zu Frau D. und betrachte diese Mitteilungen als Angebote: Immer wieder fordere ich die Patientin dazu auf, bei sich zu prüfen, was von dem stimmig ist, was ich vermute, und was ihr nicht zuträglich ist.

Auch *Deprivation im Säuglingsalter ist ja ein Realtrauma.* Die »Erinnerung« daran ist nur präverbal engrammiert und inszeniert sich, kann also nicht direkt verbal mitgeteilt werden. Es ist ein gemeinsamer Prozeß der Suche nach Worten für das, was bisher nur empfunden, aber nicht in Worten »faßbar« war. Mein Versuch, in Worte zu fassen, ist wiederum als Ausübung einer Hilfs-Ich-Funktion verstehbar.

Gleichzeitig befriedige ich natürlich auch – unter objektbeziehungstheoretischen Gesichtspunkten – ein symbiotisches Bedürfnis. Durch mein empathisches Suchen, mein Bemühen, meine Verbalisierungen, – die phasenweise nur wie das Murmeln eines nährenden Gewässers aufgenommen werden –, befriedige ich das Bedürfnis nach symbiotischer Nähe, jedenfalls im Erleben der Patientin. Wiederum bin ich in einem therapeutischen Dilemma: *Ich kann versuchen, präverbale Mitteilungen in verbale zu übersetzen – dann befriedige ich ein in Szene gesetztes symbiotisches Bedürfnis. Oder ich kann Schweigen mit Schweigen beantworten, um spürbare Bedürfnisse nach symbiotischer Verschmelzung nicht zu befriedigen – dann reproduziere ich eine Deprivationserfahrung.* Es kann natürlich auch mal indiziert sein, daß eine Patientin in meiner Gegenwart (paradoxerweise) ihre abgrundtiefe Einsamkeit erlebt. Mit einer solchen Erfahrung würde ich eine Patientin aber nie aus der Sitzung gehen lassen.

Frau D. schweigt in einer Sitzung am Anfang des dritten Jahres ihrer Therapie inzwischen 30 Minuten lang. Leer, teilnahmslos, fast stumpf starrt sie vor sich hin. Ich habe bisher dann meist begonnen, meine empathisch empfundenen Eindrücke auszusprechen. Zunehmend habe ich das Empfinden, dies Vorgehen wird zum Widerstand gegen einen Therapiefortschritt. Frau D. will nicht – wer will das schon? – quasi »abgestillt« werden. Ich beginne also, dieses Problem zu bearbeiten. Ich schweige erstmals lange mit. »Frau D., ich habe mich heute Ihnen gegenüber anders verhalten als sonst. Meist habe ich ja in solchen Situationen begonnen, Vermutungen zu äußern. Ich finde es aber sehr wichtig, daß Sie zunehmend selbst für sich sprechen. Ich glaube, das geht inzwischen. Was ist denn heute? Können Sie mal von sich aus versuchen, das in Worte zu fassen, so schwer Ihnen das in solchen Zeiten auch fällt, wenn Sie bedrückt und hoffnungslos sind?« – In den weiteren Sitzungen interveniere ich früher, aber nur noch mit der kurzen, freundlichen Aufforderung: »Ja, was ist heute? Versuchen Sie doch bitte, das, was in Ihnen gerade vorgeht, selbst in Worte zu fassen.«

Die Auseinandersetzung mit Suizidalität hat sowohl in der psychiatrischen als auch in der psychoanalytischen Literatur eine lange Tradition, ist doch der *Suizid der Todesfall sowohl der Psychiatrie als auch der Psychotherapie*. Eine gute Übersicht über den aktuellen Diskussionsstand gibt »das Mayerling-Symposium« (PÖLDINGER und WAGNER 1989), das Buch von HAENEL (1989) und von POHLMEIER et al. (1996). – Suizid und Suizidverhütung war und ist nicht nur ein medizinisches, sondern ein gesamtgesellschaftliches Problem, das Fragen der Ethik, der Theologie, der Freiheit des einzelnen (auch zum Tod) und der aktuell gültigen Rechtslage mitberührt (POHLMEIER 1978, 1983).

Ein besonderes Problem sind *Phasen chronischer Suizidalität*. Fast alle *SVV-Patientinnen unterscheiden den Impuls, sich selbst zu verletzen, genau von einem Suizidimpuls*. SVV-Impulse sind häufiger »Notbremsen« gegen Ich-Fragmentierung oder aggressiv-narzißtisch determiniert, Suizidimpulse häufiger bilanzierend, resignativ. Unterscheiden muß man davon den Impuls, sich vorübergehend sicher ruhig zu stellen, also medikamentös zu narkotisieren. Die meisten Tablettenintoxikationen von SVV-Patientinnen entspringen einem unstillbaren Ruhebedürfnis, einem Bedürfnis, von den quälenden inneren Zwiespältigkeiten, von dem ständigen »Druck« einfach einmal für einige Tage Ruhe zu haben.

In der interaktionellen Wirkung ist die Mitteilung, sich selbst verletzen zu müssen, und diejenige, sich das Leben nehmen zu wollen, sehr ähnlich. Beide Mitteilungen alarmieren den Interaktionspartner und rufen heftige, aber oft widerstrebende Empfindungen wach (SCHNELL und WETZEL 1988). Ich habe bei jeder meiner Patientinnen eine mehrmonatige Therapiephase erlebt, in der ich *um die Patientin nach jedem Termin Angst* hatte. KIND (1986, 1992) hat die *Funktionen der Suizidalität* herausgearbeitet und verweist auf die wichtige Funktion der »*Objektsicherung*«. Paradoxerweise läßt sich danach sagen: *Je beunruhigter Sie als Therapeut sind, um so beruhigender.* Präverbal oder auch verbal vermitteln Sie der Patientin, daß Sie sich innerlich Sorgen machen, sich mit ihr beschäftigen und befassen, und das beruhigt sie, gibt ihr Sicherheit. Viele Male habe ich folgende Szene erlebt:

Frau D. ist seit einigen Wochen auf der offenen Psychotherapiestation. Wir haben inzwischen zweimal wöchentlich einen halbstündigen Termin. Heute ist ihr Termin mal wieder so zu Ende gegangen: »Ja, Frau D., unsere Zeit ist für heute um. Auf Wiedersehen.« – Müdes, resigniertes Lächeln. »Auf Wiedersehen? Mal sehen.« – Ich bin sowohl wütend als auch besorgt. Abends kurz vor 19 Uhr, wenn das Pflegepersonal die Station verläßt, rufe ich nochmal an. Frau D. beschäftigt mich weiter, und ich will nicht den ganzen Abend an sie denken. »'n Abend, Schwester Brigitte. Sagen Sie, wie geht es eigentlich Frau D.?« – »Die spielt Tischtennis und ist heute so ganz locker. Nach dem Gespräch mit Ihnen ging es ihr recht gut. Wieso?«

Frau D. hat *per projektiver Identifizierung ihre Sorge um ihr Leben auf mich übertragen.* Ich nehme mir vor, mit ihr vorsichtig zu erarbeiten, daß sie sich wahrscheinlich gar nicht vorstellen kann, daß ich an sie denke und mich mit ihr befasse, wenn ich ihretwegen nicht besorgt bin.

Zur Problematik der narzißtischen Besetzung des Symptoms

Die Bearbeitung der narzißtischen Besetzung des Symptoms ist nach meinen Erfahrungen ein Problem der fortgeschrittenen Therapie, d.h. nach etwa zwei Jahren. Es sei denn, die Symptomatik wird von vornherein ganz offensiv als narzißtisch besetzt präsentiert. Dies habe ich aber nur einmal bei jener bereits erwähnten Patientin erlebt, die mir eröffnete: »Was eine echte Ritzerin ist, die hat ihre Rasierklinge immer dabei«. Im allgemeinen wird die narzißtische Besetzung des Symptoms lange gehütet wie ein Schatz. Sie kann erst aufgedeckt und damit problematisiert werden, wenn aufgrund der bisherigen Therapieerfahrungen zumindest eine Chance verspürt wird, sich zukünftig anderweitig narzißtisch zu gratifizieren und aufzubauen. Bis dahin ist die Symptomhandlung zumindest die wichtigste, meist sogar die einzige Möglichkeit zur narzißtischen Reparation, und somit auch in dieser Funktion unentbehrlich. Meist warte ich auf ein deutliches Signal der Patientin, das ich dann aufgreife, und konfrontiere mit diesem Aspekt nicht von mir aus.

Frau D. ist seit 18 Monaten in stationärer Therapie. Mit leisem, aber schneidendem Spott und fast blitzenden Augen berichtet sie von einem neu aufgenommenen Mitpatienten. »Der ist ja vielleicht was von wehleidig! Als dem Blut abgenommen werden mußte, standen dem die Tränen in den Augen.« – »Memme?« – »Ja, Memme. Männer sind manchmal ja Angsthasen!« – Eine heroische innere Stimme fordert mich auf, diesen Übertragungsaspekt aufzugreifen und einmal kräftig an meiner Entidealisierung mitzuarbeiten. Ich kneife und bleibe etwas allgemein. »Ja, es gibt ernstzunehmende Gynäkologen, die behaupten, die Menschheit wäre längst ausgestorben, wenn Männer die Kinder bekämen.« – »Das können Sie aber laut sagen. Um das zu wissen, muß man kein Gynäkophage sein (zur Erinnerung: Frau D. ist fast fertige Krankenschwester und kennt den Jargon).« – »So schnell jammern Sie nicht.« – »Nein, Herr Doktor!« – »Ja, der Indianer kennt keinen Schmerz. Sie sind, finde ich, zurecht stolz darauf.« Ich gebe mir einen inneren Ruck. »Ich denke, da sind Sie mir auch überlegen. Ich bin da sicher empfindlicher.« – Frau D. bekommt einen sichtlich selbstzufriedenen Gesichtsausdruck. »Ich kann allerhand ab. Vor drei Jahren habe ich mir einmal einen Schraubenzieher durch die Hand gerammt und bin so in die Chirurgie gefahren. Dem Chirurgen ist fast schlecht geworden. Anfänger! Er wollte mir sofort eine Leitungsanästhesie setzen, aber das habe ich abgelehnt. ›Ohne Betäubung‹ habe ich gesagt. Es hat höllisch weh getan, aber ich hab keine Miene verzogen.« – »War Ihnen ein inneres Weihnachtsfest.« – »Ja, muß ich zugeben.« – Ich kann mich gerade noch bremsen. Mir liegt ein ausschließlich gemeiner Gegenschlag auf der Lippe: »Was anderes haben Sie ja auch wohl nicht, worauf Sie stolz sein könnten.« Das wäre genau das Falsche gewesen, bei der ersten Situation, in der Frau D. mir gegenüber mal offen angibt und mich deutlich entwertet, ihr einen reinzuwürgen. – Ich verschiebe meine Intervention auf die übernächste Sitzung. Da kommt Frau D. wieder mit bekannten Minderwertigkeitsgefühlen und Insuffizienzerfahrungen. In dieser Situation greife ich auf die vorletzte Sitzung zurück: »Wenn ich an unseren vorletzten Termin denke, dann überlege ich mir, ob Sie sich auch manchmal verletzen, um Ihr Selbstwertgefühl und Ihr Selbstbewußtsein wiederzufinden. Das ist ja eine relativ sichere Möglichkeit, die Sie da haben, sich eine Fähigkeit zu beweisen, mit der Sie anderen eindeutig überlegen sind. Könnte zumindest manchmal doch auch eine Rolle spielen, oder?« – »Öfter als Sie denken.« – »Daß Sie mir das jetzt zugeben, finde ich mutig. Wäre ja schön, wenn Sie nach und nach noch weitere Möglichkeiten entwickeln könnten, mit sich zufrieden zu sein und sich nach Niederlagen wieder aufzubauen.«

Diese Überlegungen zur narzißtischen Besetzung der Symptomhandlung sind natürlich auch wesentlich zum Verständnis der ntR, des masochistischen Triumpfes und zur Einschätzung, inwieweit ein *»bösartiger Narzißmus«* (KERNBERG 1988, S. 369–372, S. 417f.) vorliegt. Bis auf diese bereits genannte Patientin habe ich eine solche Haltung bei meinen Patientinnen nicht durchgängig gefunden, sondern jeweils *als vorübergehende Phase* (KERNBERG 1988, S. 153).

VII

Allgemeine Entwicklungslinien in der Therapie

Symbiose, Separation und Individuation

Es hat sich mir bewährt, die allgemeine Entwicklung einer SVV-Patientin in einer mehrjährigen Therapie unter zwei Blickwinkeln zu verstehen. Der erste ist ein sicherlich vertrauter. Er basiert auf der Entwicklungspsychologie MARGARET MAHLERS (MAHLER et al. 1978; MASTERSON 1980). RINSLEY (1965) orientiert sein Verlaufskonzept an BOWLBY.

Parallel zur verbalen Kommunikationsebene, die ja lange Zeit möglichst reif und vernünftig gestaltet wird, entwickelt sich rasch eine Beziehungsebene, auf der durch nonverbale Signale Gestimmtheiten kommuniziert werden, die noch nicht in Worte gefaßt werden können. Nach den Erfahrungen mit der Säuglingszeit meiner eigenen Kinder kann ich manche meiner Gegenübertragungszustände assoziativ durchaus auf diesem Hintergrund lesen: ›Was hat sie denn? Jetzt hab ich aber wirklich alles durchgespielt, mir fällt nichts mehr ein, und die zieht immer noch ein Gesicht, als ob sie im nächsten Moment losheult (oder losschneidet). Sie soll doch einfach sagen, was ihr fehlt! Ich finde dann schon was, damit es ihr wieder besser geht.‹ Ich kenne dieses hilflose Suchen, diese Mischung aus Hoffnung, Wut und Verzweiflung, und diesen intensiven Wunsch, meinen Kommunikationspartner zu ›stillen‹. Manches Mal fühle ich mich von der Mitteilung ›Ich muß mich wieder schneiden‹ ähnlich elektrisiert wie vom Schrei eines Säuglings. Der ist ja physiologischerweise von der Tonhöhe her so eingerichtet, daß er durch Mark und Bein geht, im Zuhörer selbst einen psychophysiologischen Erregungszustand hervorruft und ungeduldige Aktivitäten provoziert, um die Signalquelle abzustellen – umgangssprachlich präzise als ›stillen‹ bezeichnet. Diese Abfolge wird schon manchem Säugling zumindest das physische Überleben gesichert haben.

Die Anfangsphase, in der ich als Therapeut zwar nicht Tag und Nacht ›bei Bedarf‹ zur Verfügung stehe, aber doch täglich zumindest einmal die ›Droge Arzt‹ verabreiche, hat dadurch auch etwas von einer sehr *frühkindlichen Beziehung,* in der eher wenig Frustrationstoleranz und Bedürfnisaufschub gefordert wird. Insofern wird eine Beziehungsänderung, die in größeren Terminabständen besteht – etwa dreimal wöchentlich 20 Minuten, dazwischen zweimal einen Tag keinen Termin – emotional wie ein *Abstillen* oder ein *Entzug* erlebt und bekämpft.

Nicht regelhaft, aber doch häufiger kann sich dem eine meist kurze Phase anschließen mit trügerischem Kompetenzerleben im Sinne der narzißtisch überhöhten Übungsphase. Patientin, Station und Therapeut schöpfen Hoffnung und sind ganz zuversichtlich – fast immer zu früh.

Die *Wiederannäherungsphase* mit ihrer Ambitendenz, ihrem Hin- und Her-gerissen-sein, ihrem Stillstand, ihrem analen Protest, ihrer Verweigerungshaltung und ihrer Widersprüchlichkeit kann von einem bis zu drei Jahren dauern. In dieser Zeit ist es unabdingbar, ein stetes, vorsichtig förderndes Drängen mit Geduld, einem langen Atem und der Fähigkeit, etwas auch mal auszusitzen, zu verbinden (KERNBERG 1988, S. 359, 365). *»Geduldig wie ein Lamm und stur wie ein Bock«* habe ich diese Haltung für mich (Sternbild Widder) formuliert. In solchen Phasen denke ich oft an den *Mythos von Sisyphos* (CAMUS 1959), um mein individuelles Erleben tröstlich in einen allgemein menschlichen Bezugsrahmen einzubetten. Diese Zeit ist eine Art *Plateauphase,* während der Fortschritte allenfalls minimal, zäh, zögernd geschehen, auch wenn es äußere Enwicklungen gibt: Entlassungen aus der Klinik, Wohnungswechsel, neue Beziehungen. Es kommt immer wieder zu ntR, Symptomrückfällen, Abusus, suizidalen Krisen. Das Ende dieser Phase ist eher ein *Sprung auf eine höhere Ebene der Persönlichkeitsorganisation* als ein allmählicher Schritt. Auf einmal werden Entwicklungen in einem Vierteljahr möglich, die vorher in einem Jahr nicht erreichbar waren. Es gibt deutliche Hinweise dafür, daß *Verdrängung mög-*

lich wird. Oft habe ich in dieser Zeit sehr plastische, *prospektiv erhellende Träume* berichtet bekommen:

Frau D. wundert sich. »Vor drei Tagen hatte ich einen Traum. Ich habe geträumt, in Göttingen wird eine U-Bahn gebaut. Ich stand oben und hatte den Eindruck, das hat etwas mit mir zu tun. – Gestern und heute nacht habe ich auch geträumt, aber in letzter Zeit vergesse ich meine Träume öfter. Das ist mir früher nie passiert.« – »Ich verstehe Ihren Traum so, daß einiges von Ihnen in den Untergrund verlegt werden soll. Das finde ich gut so. Eines Ihrer großen Probleme war ja, daß Sie fast gar nichts vergessen konnten. Ihr Kopf war immer voll meist schlimmer Erinnerungen, die Sie daran hinderten, sich frei der Gegenwart zuzuwenden. Jetzt wandern allmählich viele der Dinge, die Sie tagsüber beeinträchtigen und emotional belasten, in die Träume. Da gehören sie auch hin. Die können Sie dann beruhigt vergessen, denn tagsüber brauchen Sie Ihre Gedanken im Moment für Wichtigeres als für Ihre Träume.«

Während ich Abwehrmechanismen der präödipalen Ebene wie Spaltung, primitive Idealisierung oder Dämonisierung, projektive Identifizierung bearbeite, *bestätige ich häufig Abwehrmechanismen der neurotischen Ebene*. Ich werde mich hüten, bei einer ich-strukturell gestörten, schwer traumatisierten Frau die neurotische Abwehr durch Abwehr- oder Widerstandsanalyse zu schwächen. Rationalisierung werde ich bestätigen (»Ja, meine Stimmung ist auch oft vom Wetter abhängig. Das wird schon eine Rolle spielen. Vielleicht gibt es aber noch zusätzlich Ereignisse, die Sie gerade belasten.«), Reaktionsbildungen nur vorsichtig hinterfragen (»Daß Sie Schwester Rita inzwischen ertragen können, freut mich. Ob Sie beide aber wirklich noch die besten Freundinnen werden? Das können wir ja einfach mal abwarten.«), Verdrängungs-Leistungen wie vergessene Träume und anderes Vergessene eher nicht hinterfragen (»Ich wundere mich sowieso, wieviel Sie aus Ihrem Leben behalten haben. Das belastet Sie ja auch. Wenn Sie heute vergessen haben, was Ihnen gestern abend noch zu Ihrem Cousin eingefallen ist, dann finde ich das nicht so schlimm. Ich kann mir auch nicht alles merken. Nach meiner Erfahrung wird das, wenn es wirklich wichtig war, in Ihr Gedächtnis zurückkehren. Wenn nicht, war es vielleicht auch entbehrlich.«)

Wenn neurotische Abwehrleistungen stärker zur Verfügung stehen, bekommt die Beziehung bald etwas *Pubertäres*. Die ödipale Phase habe ich nicht so ausgeprägt beobachtet wie bei neurotisch strukturierten Patientinnen, dafür die pubertär-adoleszente. Ich weiß nicht, ob das eine Entwicklungsbesonderheit ist oder meine Wahrnehmung. Im Rahmen der Ablösungsschritte werde ich von dieser Phase noch genauer berichten.

Zur *Individuation* gehört die *Triangulierung*. Dreieckskonstellationen sind stets besonders spannungsgeladen und besonders entwicklungsfördernd. In der Kindheit können *zumindest drei Triangulierungsschritte* unterschieden werden:

Die erste *»psychosomatische Triangulierung«*, die KUTTER (1981, 1989) beschrieben hat, ist eine Triangulierung zwischen kindlichem Ich, kindlichem Körper und Mutter. *Mutter und Kind kämpfen aus, wer für den kindlichen Körper zuständig ist und über seine Grenzen zu bestimmen hat.* Dieser Kampf beginnt im Säuglingsalter und setzt sich bis in die Adoleszenz fort. Je körpernäher, um so erbitterter wird eine Auseinandersetzung geführt: Muß der von Mutter gefüllte Teller leer gegessen werden (»Ein Löffelchen für Mutter, eines für Vater« usw.), oder richtet sich das Ende der Mahlzeit nach der Grenze der kindlichen Sättigung? Richtet sich die Kleidung nach der Lust des Kindes oder der objektiven Außentemperatur? Ist Körperpflege ein unentbehrlicher Anteil unseres aktuellen Soziallebens oder ein unstatthafter Eingriff in die kindliche Autonomie? Ist das, was der Jugendliche da auf dem Kopf hat, eine modische Frisur, eine unverschämte Provokation oder SVV?

Im stationären Behandlungsrahmen hat es sich mir bewährt, wenn für den Körper eine Physiotherapeutin mit Zusatzqualifikation im Umgang mit dem Körper präödipal Gestörter mit zuständig ist. Ich akzeptiere es ausdrücklich, wenn Frau D. sich mit ihren Spannungskopfschmerzen lieber in die Hände der Physiotherapeutin gibt als in meine, der ich ihr nur ein Kopfschmerzmittel verordne.

Der *zweite Triangulierungsschritt* wird meist als *»frühe Triangulierung«* (ROTMANN 1978; ERMANN 1985) bezeichnet. In der traditionellen Familie ist es der Vater, der hinzutritt. Dieser Triangulierungsschritt besteht darin, daß *zu mehr als einer Person* – dem Objekt der Symbiose – *eine überwiegend gute Beziehung möglich* wird. Das Kind entdeckt erfreut, daß es möglich ist, zu beiden Eltern eine ganz unterschiedliche, aber anregende duale Beziehung zu haben. Mit diesem Muster lebe ich in meinen

Therapien lange Zeit. Fast alle meine Patientinnen haben sich – anfangs meist insgeheim – therapeutische Parallelbeziehungen geschaffen, um die sich entwickelnde Abhängigkeit zu mir überhaupt riskieren und ertragen zu können. Es ist unter entwicklungsfördernden Gesichtspunkten gerade *nicht mein Ziel, alles auf mich zu versammeln*. Vielmehr akzeptiere ich es, wenn Frau D. ihre Abususproblematik bei einem Heilpraktiker mit Akupunktur behandeln läßt und mir verdeutlicht, daß dies auf diesem Gebiet besser wirkt als meine Interventionen. Ich akzeptiere es, wenn eine jugendliche Patientin während ihrer stationären Behandlung einen niedergelassenen, großväterlichen Therapeuten aufsucht, dessen Sitzungen sie privat bezahlt. Natürlich bestehe ich darauf, mich austauschen zu dürfen, um Übertragungsspaltungen bearbeiten zu können. Ich akzeptiere es, daß Frau D. grundsätzlich bei einer bestimmten Kollegin im Nachtdienst eine schlimme Krise hat und ein langes Gespräch braucht. Nach zwei Monaten bekommt sie der Einfachheit halber grundsätzlich einen Termin von dieser Kollegin während des Nachtdienstes. – Viele SVV-Patientinnen sind höchst irritiert, daß ich *Parallelbeziehungen nicht nur dulde, sondern akzeptiere oder gar fördere*. Sie glauben mir nicht, daß ich nicht so neidisch bin wie die abhängige Mutter, und sie stellen in Frage, ob ich überhaupt an ihnen interessiert bin, wenn ich keine Totalbeziehung mit völliger Abhängigkeit fordere. – Um nicht mißverstanden zu werden: In die Beziehung zu mir *darf* alles eingebracht werden, es *muß aber nicht* alles eingebracht werden.

Eine *ödipale Triangulierung* (ROHDE-DACHSER 1987) in der Übertragungsbeziehung zu mir wie bei einer neurotischen Patientin habe ich bei SVV-Patientinnen noch nicht erlebt. Vielmehr hatte ich das Gefühl, die Patientinnen werden nach einer Plateau-Phase relativen Stillstandes rasch pubertär. Vielleicht liegt das auch an meiner Wahrnehmungsausrichtung. Dieser Blickwinkel scheint mir für diese Patientinnen entwicklungsfördernder.

Symptomwandel als Zeichen der Progression

Eine andere Entwicklungslinie zeigt sich im Symptomwandel. Während der ersten drei Therapien hatte ich das Gefühl: ›*Diese Patientinnen haben aber auch alles! Und wenn sie es noch nicht haben, bekommen sie es während der Therapie*‹. Analog zur Beobachtungsweise, daß in jeder Lebensäußerung auch selbstfürsorgliche Anteile enthalten sind, wie selbstschädigend sie auch auf dem ersten Blick erscheinen mag, und daß in fast jeder noch so verzerrten Wahrnehmung auch ein realistischer Anteil enthalten ist, habe ich dann rückblickend nach den ersten Therapien eine gewisse *Abfolge der Symptombildung* feststellen und in dieser *Symptomfolge Zeichen einer Progression* sehen können (SACHSSE 1996). Ich meine nun, in den langjährigen Therapien folgende zeitliche Abfolge von Symptombildungen festgestellt zu haben: *Selbstbeschädigung – Suchtverhalten – fremdaggressive Durchbrüche – Unfälle – psychosomatische Erkrankungen – »normale« Krankheiten*. Diese zeitliche Abfolge ist nicht linear. Rückfälle mit Selbstbeschädigungen oder Abusus sind vielmehr bis in die Endphase der Therapie die Regel. Aber eine gewisse schwerpunktmäßige Abfolge in der von mir beschriebenen Reihenfolge ist mir inzwischen auch von anderen Therapeuten bestätigt worden. Ein Kollege berichtete von einem bulimischen Verhalten anstelle des Suchtverhaltens bei seiner Patientin. Ich bin inzwischen sicher, daß es sich bei diesen *Symptombildungen nicht einfach nur um Symptom-Verschiebungen* handelt, sondern daß sie jeweils *Manifestationen einer Progression im therapeutischen Prozeß* sind.

Worin liegt der *Fortschritt zwischen Selbstbeschädigung und Suchtverhalten?* Ich habe bereits dargelegt, welche vielfältigen intrapersonalen und interpersonellen Funktionen die Selbstbeschädigung erfüllt. Betrachten wir in diesem Zusammenhang noch einmal die Szene, die in der bewußten Selbstbeschädigung abläuft: Die Patientin spaltet in einem dissoziativen Zustand den leidenden Körper vom Selbst ab. Das Selbst der Patientin wendet sich dem eigenen Körper zu, der ausschließlich als Quelle von Unlust, Dysphorie, Anspannung und Leiden erlebt wird, und schafft ihm Erleichterung. Dies ist eine besondere Art von Fürsorge: in der Szene ist ein Selbst-Objekt-Geschehen enthalten, in dem ein überfordertes, wütendes Mutter-Selbst das schreiende, böse Kind-Objekt durch Mißhandlung und Schmerzen stillt. Es schafft in einem schmerzhaften Handlungsvollzug ein Körpergrenzerleben, eine Spannungslösung und induziert einen vorübergehenden Nirwana-Zustand relativer, wohliger Empfindungslosigkeit. Im Vergleich zum reflexhaften Übergangsphänomen Selbstbeschädigung ist ein Abusus als Fortschritt zu sehen. Denn der Abusus von Alkohol, Medikamenten oder Cannabinoiden setzt einen wenn auch *archaischen Außen-Objekt-Bezug* voraus. Auch im Vergleich zur organisierten Symptomhandlung, die selbst suchtartig geworden sein kann, bedeutet ein Substanzabusus in mehrfacher Hinsicht eine Progression: Es besteht zumindest die Hoffnung, daß *Ruhe und Entspannung von außen induziert* werden können. Es wird nicht mehr alles autistisch zwischen unterschiedlichen Selbst-Anteilen inszeniert. Eine *erste Wendung nach außen* wird gewagt. Zum zweiten verschafft das Suchtmittel zunächst ja einen nur guten Zustand ohne ein Mittel des Schlechten, nämlich den Schmerz. Das Suchtmittel sediert, es kann sogar euphorisieren. Erst im Entzug, in der Ernüchterung kommt der Kater, die Dysphorie, also in zeitlicher Abfolge. *Lust und Schmerz werden als voneinander getrennt erlebt* (TRESS 1985, S. 87f.). Ich sehe einen Fortschritt also einmal *in einer ersten Hinwendung vom Selbst zur Welt der Objekte und in einer ersten Trennung von guten und schlechten Zuständen.* Außerdem hinterlassen die meisten Suchtmittel keine bleibenden, sichtbaren Hautnarben.

Selbstverständlich ist süchtiges Verhalten nicht nur ein Zeichen von Progression, sondern auch eine große *Gefahr* für die Patientinnen, und einige wenige bleiben in ihrer Entwicklung hier quasi stecken. Sie rutschen ab in die Drogenszene oder in Alkoholabusus. Andererseits habe ich noch keine therapeutische Entwicklung einer Selbstbeschädigungspatientin erlebt, in der es nicht eine oder mehrere Phasen süchtigen Verhaltens gegeben hätte (KÖRKEL und KRUSE 1993).

Das *Auftreten fremdaggressiver Durchbrüche* ist als Fortschritt leicht verstehbar. *Die Aggression wird nicht mehr ausschließlich gegen den eigenen Körper, gegen die eigene Person gewendet, sondern entlädt sich gegen andere.* Es ist nicht so sehr ein Problem, diesen Therapiefortschritt zu verstehen, als ihn dann in sozial erträgliche Bahnen zu lenken. Die betroffenen Mitpatientinnen und das Pflegepersonal einer Station stellen sich nur begrenzt als Übungspartner für aggressive Durchbrüche zur Verfügung. In dieser Phase leiden häufig die zwischenmenschlichen Beziehungen der vorher als Depressive durchaus beliebten Patientinnen. Außerdem werden erste aggressive Durchbrüche regelhaft von ntR gefolgt.

Selbstbeschädigung und Suchtverhalten bestimmen über lange Zeit die Therapie. Nach einer Phase relativer Stabilisierung ist es mir dann mehrfach begegnet, daß eine Patientin mich anrief und mir mitteilte, sie hätte einen *Unfall* gehabt (WILLENBERG 1989), sich das Bein gebrochen oder sei von einem Auto angefahren worden. Fast verzweifelt beteuerte sie, sie sei daran schuldlos; nicht daß ich dächte, sie hätte sich wieder etwas angetan. Eine genaue Aufarbeitung dieser Unfälle erbrachte tatsächlich, daß es sich um fremdverschuldete Ereignisse handelte, die psychodynamisch allenfalls als typische *Fehlleistungen* einzuordnen waren. Natürlich kann kein Zweifel daran bestehen, daß es sich um Manifestationen selbstschädigender Impulse gehandelt hat. Unfälle in Form von Fehlleistungen setzen aber eine suffiziente Verdrängung voraus, eine *Abwehrformation auf neurotischem Niveau*. Ich verstehe sie stets als nicht mehr bewußt intendierte Rückfälle auf dem Weg, die autodestruktiven Impulse nicht mehr auszuleben, und bearbeite sie grundsätzlich nicht dekonstruktiv, sondern bestätige, daß es sich um völlig unverschuldete Unfälle handelt.

Während Unfälle nicht regelhaft zur therapeutischen Entwicklung dazu gehören, habe ich stets *psychosomatische Erkrankungen* in späteren Phasen der Therapie zu bearbeiten gehabt. Meist handelt es sich um psychosomatische *Hautekzeme* oder um *gynäkologische Erkrankungen*. Psychosomatische Erkrankungen gehören auch zu den meisten Kindheitsentwicklungen. Sie bedeuten auch eine tiefe Verdrängung aggressiver Impulse mit einer Wendung dieser Impulse gegen die eigene Person. Wie bei den Unfällen sind die Patientinnen verärgert und enttäuscht über diese Symptome, deren Bedeutung ihnen gerade dann offensichtlich ist, wenn es sich um Hauterkrankungen mit *Juckreiz* handelt. Auch hier interveniere ich eher entlastend und nicht dekonstruktiv.

Eine erneute Unsicherheit bedeuten für Patientin und Therapeuten *»richtige Krankheiten«*: operationsbedürftige Blinddarmentzündungen, eine bakterielle Lungenentzündung, eine

Nierenkrankheit, die natürlich immer auch in einem psychodynamischen Kontext verständlich sind. Ich vermittle an dieser Stelle der Patientin, daß sie eben inzwischen in Streßsituationen ganz normal krank wird, wie jeder andere auch.

Natürlich stellt sich die Frage, ob es sich bei diesen Symptomwandeln *objektiv* um Zeichen einer Progression handelt, oder ob ich diese Symptombildungen als Zeichen einer Progression sehen *will*. Ob diese Überlegungen also stimmen, weiß ich nicht. Ich weiß aber, daß ich mit diesen Patientinnen *therapeutisch wirksamer* arbeiten kann, *seitdem ich so tue, als enthielte jede Entwicklung, also auch jede Symptombildung, immer auch einen progressiven Anteil*. Auf diesem Hintergrund wird auch verständlich, daß ich eine *Therapiestrategie vorstelle, die vorübergehend SVV und Abusus, Phasen von Suizidalität, therapeutische Parallelbeziehungen und manches mehr akzeptiert*, was für ein »klassisches Setting« ungewöhnlich ist.

VIII

Die allmähliche Ablösung aus der therapeutischen Beziehung

»Die Entlassung (aus einer stationären Psychotherapie) beginnt am Tage der Aufnahme« (HELLWIG 1981, S. 173). In Parallele hierzu könnte ich sagen: *Die Ablösung aus der therapeutischen Beziehung beginnt im Erstkontakt.*

Eine therapeutische Beziehung ist ja etwas Paradoxes: Mein Ziel ist es von Anfang an, die therapeutische Beziehung schrittweise überflüssig zu machen. Was in und durch die therapeutische Beziehung gut bearbeitet ist, kann die Patientin dann allein bewältigen. In diesem Punkt braucht sie mich nicht mehr.

Das interaktionelle Vorgehen und die Notwendigkeit, begrenzend zu handeln, wirken einer primitiven Idealisierung von Anfang an entgegen. Trotzdem wäre es eine Verleugnung der Realität in der Phantasie des Therapeuten, würde dieser nicht wahrnehmen und akzeptieren, daß er massiv idealisiert wird. Eine *therapeutische Beziehung ist leider mit sehr großer Wahrscheinlichkeit die befriedigenste, fördernste Beziehung, die diese Patientin je erfahren hat* (KERNBERG 1981, S. 516; 1988, S. 178). Günstigenfalls kann diese Beziehung anknüpfen an Kindheits- und Jugenderfahrungen mit fördernden Lehrern, Nachbarn oder entfernten Verwandten. Trotz aller Ritualisierung und Begrenzung ist die *therapeutische Beziehung als solche hochgradig bedürfnisbefriedigend*: Tag für Tag, Woche für Woche, Monat für Monat ist der Therapeut verläßlich und konstant bemüht, sich auf die seelischen Abläufe und die Entwicklung dieses Einzelmenschen zu konzentrieren. Während der Therapiezeit läßt er sich durch nichts ablenken, ist nur für die Patientin da. Er denkt über sie nach, leidet unter ihr und freut sich über sie, er ist stolz auf sie und von ihr enttäuscht. ›Zwischenmenschliche Selbstverständlichkeiten‹, werden Sie jetzt hoffentlich denken. Finde ich auch. Nach meiner Erfahrung enthielten die bisherigen zwischenmenschlichen Beziehungen meiner SVV-Patientinnen aber höchst selten solche zwischenmenschlichen Selbstverständlichkeiten. Sie haben überwiegend die Erfahrung gemacht, daß sie in zwischenmenschlichen Beziehungen ausgebeutet, mißbraucht, manipuliert und funktionalisiert werden. Die therapeutische Beziehung ist im Akzent hoffentlich etwas anders, auch wenn ich durch diese Beziehung Geld verdiene, gerne auch in meiner Arbeit Befriedigung finden will, mich bestätigt sehen möchte, Erfolg haben möchte und meinen Ehrgeiz befriedigen will. *Besonders erfolgreich bin ich als Therapeut schließlich dann, wenn ich mich völlig überflüssig machen konnte.*

Eine vorübergehende Idealisierung des Therapeuten brauche ich nicht zu fördern. Wenn ich ein halbwegs stabiles, inhaltlich sinnvolles therapeutisches Beziehungsangebot etabliere, wird sie sich einstellen. Sie muß sich einstellen, weil die Patientin aufgrund ihres pathologischen Narzißmus lange Zeit allenfalls *ein idealisiertes Objekt in sich wirksam werden lassen* kann. Die Idealisierung ist aber auch erforderlich, um *am Außenobjekt das Gute vom Schlechten zu differenzieren.* Dazu ist vorübergehend eine Spaltung erforderlich in nur Gut und nur Schlecht. *Die Spaltung des Therapeuten ist ein passagerer Therapiefortschritt, der erforderlich ist, um das perversgute innere Objekt schrittweise aufzulösen.* Ich habe bereits ausführlich dargestellt, daß ich die therapeutische Beziehung nach Kräften gegen die destruktiven und autodestruktiven Tendenzen der Patientin verteidige. In meiner Sicht bedeutet das zwar, eine begrenzte Realbeziehung, die ich nach meinen Möglichkeiten genügend gut zu gestalten versuche, gegen Wahrnehmungsverzerrung, Dämonisierung, Enttäuschungswut oder destruktiven Beziehungsabbruch zu verteidigen. Ich muß mir aber bewußt sein, daß diese Beziehung im innerseelischen Erleben der Patientin dadurch nach und nach idealisiert und überwertig wird.

Etwa zwischen dem zweiten und vierten Therapiejahr einer Langzeittherapie gibt es regelhaft eine mehrmonatige Phase, in der ich für die Patientin *überlebensnotwendig* bin. Wenn sie versucht, ihre Symptomatik aufzugeben und ihre abgewehrte, objektlose Depression zuläßt, wird sie zwangsläufig suizidal, und zwar nicht appellativ suizidal, sondern todtraurig, bilanzierend, ernsthaft. In dieser Phase repräsentiere ich die Hoffnung, daß die Frage »Gibt es ein Leben vor dem Tod?« (GAMBER 1983) vielleicht doch mit Ja beantwortet werden könnte.

Nach einer längeren Therapiezeit ist es wichtig, daß ich allmählich *wieder zum gutschlechten, realistischen Objekt fusioniere mit teils idealen, teils nicht so idealen Anteilen* für die Patientin. Signale dafür, daß diese Therapiephase sich ankündigt, sehe ich darin, daß ich *offen kritisiert* und offen mit Enttäuschungen konfrontiert werde, und zwar mit auch in meiner Wahrnehmung *berechtigten Vorwürfen*. Ich bin innerlich übrigens unentschieden, was mir lieber ist: eine projektiv verzerrte Enttäuschung oder eine angemessene, auch in meiner Wahrnehmung berechtigte Enttäuschung an meiner Person. Obwohl mich die projektiven Identifizierungen, denen ich in den ersten Monaten der Therapie ausgesetzt bin, emotional heftig aufwühlen, empören, ärgern, verängstigen oder wütend machen, spüre ich hintergründig doch immer noch: ›So bin ich ja wohl doch nicht ganz, wie ich da erlebt werde‹. Wenn mir aber ruhig und traurig oder gefaßt-ärgerlich ein berechtigter Vorwurf gemacht wird und mir vermittelt wird, daß ich *enttäuschend* bin, *so wie ich bin*, kann ich mich dagegen viel schwerer abgrenzen.

Neben der *Entidealisierung* ist die *schrittweise Integration der Aggression* ein wichtiges Arbeitsfeld. Ich muß vorleben, daß Schlechtes – darunter wird Aggression vom Erleben her meist subsumiert – mit Gutem verträglich ist; daß Aggression nicht destruktiv sein muß – wie etwa beim mißhandelnden Vater – und sogar Spaß machen kann. *Der Zeitpunkt dafür, als Therapeut seine eigenen aggressiven Seiten einzubringen, kann nicht vorsichtig genug gewählt sein.* Kommt die Aggression des Therapeuten zu früh oder zu heftig, wird sie als Racheakt eines übermächtigen Riesen, der bisher nur gut phantasiert wurde, verarbeitet. Sie können bis zu einem halben Jahr therapeutischer Arbeit benötigen, bis Sie einen schweren aggressiven Ausrutscher »wiedergutgemacht« haben. Ich versuche Interventionen wie die folgenden erst, wenn die therapeutische Beziehung sicher belastbar ist.

Frau D. steht kurz vor ihrer Entlassung aus der zweijährigen stationären Behandlung. Sie beklagt sich bitter über die Aggressivität und

Rüpelhaftigkeit eines Mitpatienten auf Station. Ihr Tonfall ist überheblich, beleidigt, altjüngferlich pikiert. Ich entschließe mich, etwas aggressiver zu intervenieren: »Aber Frau D., ich weiß gar nicht, was Sie haben. Solche Menschen sind zwar sehr aggressiv und können sich auch viel besser durchsetzen als Sie, aber dafür sind Sie doch der bessere Mensch.« – »Wie bitte?« – »Ja. Ich denke, Sie können dankbar beten: Herr, ich danke dir, daß ich nicht bin wie jene.« – »Arschloch! – 'tschuldigung!« »Stimmt. Nicht nur, aber auch. Für mein körperliches und seelisches Wohlbefinden ist auch dieser Körperteil nicht ohne Bedeutung.« – »Ha ha.«

Aus dieser Interaktion entwickelt sich eine *Phase spielerischen Umganges mit Aggressionen*: Mit freundlichem Spott, Ironie, subtiler Hinterfotzigkeit, sublimiertem Sadismus in Form kleiner, aber feiner Gemeinheiten und mildem Zynismus. Das alles stets sehr vorsichtig dosiert, aber zur Würze der Beziehung immer mal wieder entspannend. Die Beziehung verliert dadurch die Übervorsichtigkeit, die anfangs nötig war, um aus ihr die Selbstfürsorge überhaupt entwickeln zu können. Frau D. kann bald übrigens hervorragend mithalten, und ich muß ihr manchmal grimmig konzedieren: »Glückwunsch zum Treffer, Frau D.! Das hat gesessen.«

Ich will nicht verschweigen, daß ich nach meiner Einschätzung auch schon *zu weit gegangen* bin. Zu meiner Entlastung will ich erwähnen, daß das folgende Beispiel aus meiner zweiten Langzeitbehandlung stammt, in der ich vieles erst lernen mußte. Diese »Frau D.« hat mir als Patientin das meiste beigebracht, so wie mich meine Kinder teils drängend, teils geduldig, aber hartnäckig zum Vater erzogen haben.

Frau D. ist im vierten Jahr ihrer Therapie. Sie ist zur dritten Krisenintervention seit zwei Wochen wieder auf der geschlossenen Station. Wir alle sind verzweifelt. Frau D. ist fast wie am Anfang. Ihre Interaktionen sind nur zielstrebiger. Zur Zeit ist sie im Hungerstreik. Gerade eröffnet sie mir, daß sie jetzt auch nichts mehr trinken wird: »Herr Doktor Sachsse, ich lasse mich verhungern. Ich lasse mich verdursten. Da können Sie gar nichts machen. Da sind Sie machtlos. Sie können mich nicht ewig festbinden, Sie können mir nicht ewig Infusionen geben. Ich lasse mich sterben!« Ihre Stimme ist höhnisch, triumphierend, haßerfüllt. – Ich bin den Tränen nahe, Tränen der Wut, Enttäuschung und Ohnmacht. Ich verliere die Kontrolle, kneife die Lippen und Augen zusammen und sage scharf-schneidend: »Frau D., wenn Sie das mit aller Macht wollen, werde ich Sie letztlich nicht daran hindern können. Ich würde es sehr bedauern, wenn Sie sich umbringen würden. Aber wenn Sie tot sind, finde ich zur Not auch wieder eine neue Patientin.« – Frau D. schaut mich entsetzt an. Ihr schießen die Tränen in die Augen. »Das war gemein!« – »Stimmt. Aber Sie sind auch nicht ohne.« – Frau D. wendet sich abrupt von mir ab zur Wand und schluchzt in sich hinein. – Ich verlasse den Raum, ordne aber noch an, daß sie fixiert wird. – In der Folge entwickeln sich einige sehr ruhige und gefaßte Gespräche darüber, daß ich auch meine Belastungsgrenze habe, daß ich auch nicht alles ertragen kann und meine Natur mir auch nur begrenzte Kräfte zur Verfügung stellt. Natürlich beginne ich die nächste Sitzung mit den Worten: »Frau D., ich möchte mich erstmal entschuldigen. Gestern bin ich zu weit gegangen. Trotzdem stehe ich zu dem, was ich gesagt habe. Ich habe auch meine Grenzen. Darüber möchte ich mit Ihnen heute reden.« Sofern die Beziehung inzwischen stabil und belastbar ist, können solche menschlich allzu-menschlichen Reaktionen auch produktiv werden. Ich will aber ausdrücklich nicht empfehlen, sie aktiv zu inszenieren, also manipulativ herbeizuführen.

Sie werden bemerkt haben, daß ich *gelegentlich von der Regel abweiche, daß die Patientin auf jeden Fall die Sitzung beginnt*, etwa dann, wenn ein Aspekt unserer Beziehung geklärt werden muß, bevor wir inhaltlich weiterarbeiten können. In solchen Situationen gebe ich eine klare *Deklaration* meiner Position (»Gestern bin ich zu weit gegangen. – Ich habe auch meine Grenzen.«) und meines Gesprächszieles (»Darüber möchte ich heute mit Ihnen reden.«)

Es ist erforderlich, daß *der Therapeut sich als kontrolliert-aggressives Lebewesen einbringt*, damit *an ihm die Fusion von nur Gut und nur Schlecht* geschehen kann, die die Patientin dann auch bei sich selbst zulassen kann. Damit erleichtere ich im zweiten Schritt der Patientin aggressive Abgrenzung und allmähliche Individuation. – *Kleine* aggressive Ausrutscher finde ich übrigens nicht so problematisch, denn es wird Ihnen vermutlich schwer fallen, mit Ihrer Patientin aggressiver und gemeiner umzugehen, als sie mit sich selbst umgeht. Sie mobilisieren allerdings immer wieder traumatische Erinnerungen, die Sie dann vorrangig bearbeiten müssen.

Eine andere Nahtstelle der Therapie ist dann erreicht, wenn nach mehreren Therapiejahren die *Grenze des Erreichbaren* in Sicht kommt.

»Herr Sachsse, ich glaube, ich komme nicht mehr weiter.« – »Weiß ich noch nicht. Kann aber sein, daß Sie sich mit einem Rest an Symptomatik arrangieren müssen, daß wir gemeinsam dieses Problem vielleicht nicht ganz bewältigen werden.« – »Und ich weiß nicht, ob ich das will. Ich hab jetzt mehrere Jahre Therapie.« – »Viereinhalb genau.« – »Ja. Und ich merke, ich komme irgendwie nicht weiter.« – »Wäre es für Sie sehr kränkend und enttäuschend, wenn es trotz aller Bemühungen so bliebe?« – »Ja. Ich könnte mich damit nur ganz schwer abfinden. Ich glaube, ich könnte mir das nicht so richtig verzeihen.« – »Ja.« – »Ich will aber nicht noch einmal in die Psychiatrie. Ich will nicht, daß Sie mich wieder in die Psychiatrie schicken, wenn ich Ihnen jetzt sage: Ich verspreche Ihnen nicht, daß ich mich nicht irgendwann einmal doch noch umbringe.« – »Frau D., diese letzte Freiheit, etwas absolut Unerträgliches beenden zu können, kann und darf nach meiner Überzeugung niemandem genommen werden. Wenn Sie nach jahrelangem Kampf in der Therapie zu dem Entschluß kommen, Ihr Leben nicht mehr leben zu wollen, dann werde ich das respektieren müssen. Es fällt mir schwer, das zu sagen, denn ich denke, Sie haben schon so viel erreicht. Andererseits wird es eine Grenze geben, keine Frage, und die ist allmählich auch in Sicht. Es würde mich sehr traurig machen, aber ich würde darüber hinwegkommen. Irgendwann kommt der Zeitpunkt, an dem Sie sich entscheiden müssen. Sie haben selbst vor einigen Monaten mal gesagt, ich hätte Sie jahrelang am Leben erhalten. Sicherlich müssen Sie bald die Verantwortung für Ihr Leben ganz übernehmen. Ich kann und will Sie auch nicht jahrelang gegen Ihren erklärten Willen zum Leben zwingen.«

Solch eine Intervention muß aus einer inneren Haltung und Überzeugung erwachsen. Ich muß sicher sein, nicht einer damit überforderten Patientin zu früh die volle Eigenverantwortung wieder zuzuschieben. Ich muß sicher sein, daß ich nicht sadistisch agiere. Ich muß darauf vertrauen können, daß die Patientin diesen *Schritt in die volle Eigenverantwortlichkeit* im Grunde selbst wünscht, ihn aber *mit meiner Erlaubnis* tun möchte. Meist sind es atmosphärisch dichte, ruhig-gesammelte Sitzungen im dritten bis fünften Jahr der Therapie, in denen sich ein solches Gespräch fast wie von selbst ergibt.

Probleme bei der Internalisierung des Therapeuten

Mindestens ein, oft über zwei Jahre lang bleibt meine *Wirkung als Therapeut auf meine Realpräsenz begrenzt*. Sobald ich nicht mehr leibhaftig da bin, bin ich auch innerlich für die Patientin fort: ›*Aus den Augen, aus dem Sinn.*‹ Die meisten von Ihnen werden aus Ihrer Selbsterfahrung etwas anderes kennen. Nach einigen Wochen in der Gruppe oder auf der Couch wird Ihr *Analytiker zum teils fördernd, teils lästig begleitenden inneren Objekt*. Sie erwischen sich dabei, mit ihm in einen *inneren Dialog* zu treten. Sie fragen sich immer häufiger: ›Was würde mein Analytiker zu dieser Situation wohl sagen? Was würde er mir raten? Wahrscheinlich mal wieder gar nichts, der rät einem ja nie was. Aber wie würde der das jetzt wohl kommentieren? Oder die anderen in der Gruppe?‹ Mit einem leichten Schmunzeln werden Sie nach einigen Monaten in den Selbsterfahrungssitzungen denken: ›Dachte ich mir doch, das der da jetzt so drauf reagieren würde.‹ Sicherlich ist Ihnen Ihr Analytiker manchmal auch präsent, wenn Sie ihn lieber nicht da hätten. Und ich unterstelle Ihnen mal, daß es Ihnen ähnlich geht wie mir: Irgendwann hat man ihn leid. Es kommt die Sehnsucht, wieder einfach so zu leben, ohne ständig kommentiert zu werden oder sich selbst zu kommentieren, und seien die Kommentare noch so hilfreich und förderlich. Nach dem Ende der Selbsterfahrung wird es immer etwas schwieriger zu unterscheiden, ob dieser Gedanke da gerade von Ihrem Analytiker induziert wurde oder Ihr eigener war. Viele Ihrer Erfahrungen aus der Selbsterfahrung unterliegen wieder der Verdrängung, und analytische Selbstreflexion wird ganz überwiegend zum Bestandteil Ihrer Berufstätigkeit. Natürlich kenne ich auch Kollegen, von denen ich den Eindruck habe, da läuft eine analytische Selbst- und Fremdwahrnehmung automatisch immer mit, egal, ob sie etwas Gutes essen, eine politische Diskussion führen oder mit einer Frau flirten. Ehrlich gesagt halte ich dies eher für eine professionelle Deformation als für einen erstrebenswerten Zustand.

Diese Abfolge der Introjektion des Therapeuten, der Identifizierung mit seiner Sichtweise, der allmählichen Assimilierung seiner Interventionen, der schrittweisen Entidealisierung und Ablösung von seiner Person, der Individuation und Separation aus der therapeutischen Beziehung setzt bei SVV-Patientinnen erst sehr spät ein. Bereits der erste Schritt, *die Introjektion, ist hochproblematisch.* Zum einen haben die Patientinnen mit ihren bisherigen Introjekten keine guten Erfahrungen gemacht. Sie sind mißtrauisch und zögern vorbewußt oder sogar ganz bewußt, sich noch einmal dem Einfluß eines Menschen zu öffnen. *Die Introjektion des Therapeuten würde sie auch in innere Konflikte führen.* Meine Interventionen enthalten mit Sicherheit andere Inhalte als das, was Mutter und Vater vermittelt haben. Dies würde zu inneren Kämpfen, *Zwiespältigkeiten und Loyalitätskonflikten* führen (RINSLEY 1965, S. 426).

Frau D. ist fast zwei Jahre in stationärer Behandlung. Wir sprechen darüber, daß sie mich nicht behalten kann, festhalten kann, wenn sie den Raum verlassen hat. »Vielleicht will ich das auch gar nicht. Ich weiß es nicht so genau. Ich hatte gestern plötzlich das Gefühl: Wenn ich Dr. Sachsse folge und es mir besser gehen lasse, dann bringe ich meine Mutter endgültig um. Nach diesem Gedanken habe ich mich erstmal zwei Stunden fixieren lassen.«

Damit aber überhaupt eine Ablösung aus der Therapie einmal möglich werden kann, und damit die Wirksamkeit der Therapie nicht zu lange auf die Realpräsenz des Therapeuten beschränkt bleibt, muß eine Introjektion des Therapeuten erfolgen. Meist muß ich darauf drängen, es geschieht nicht von allein. Dies geschieht einmal, indem ich *auf frühere Therapiesitzungen Bezug nehme* und nachfrage, ob Frau D. noch in Erinnerung hat, was ich zu diesem Komplex vor zwei Wochen bereits gesagt habe. Damit konfrontiere ich mit der Problematik und verdeutliche, daß ich anstrebe, auch zwischen den Sitzungen präsent und wirksam zu sein. *Ich fordere oft auch geradezu dazu auf, mich innerlich herbeizuholen,* wenn bestimmte Konflikte vorhersehbar sind.

»Frau D., wenn Sie das nächste Mal wieder einen Anruf von Ihrer Schwester bekommen, versuchen Sie doch mal, sich an das zu erinnern, was wir jetzt gerade herausgefunden und probehalber durchgespielt haben. Vielleicht hilft Ihnen das.«
»Frau D., Sie kennen mich jetzt ja schon ein gutes Jahr lang. Was, meinen Sie denn, würde ich zu dieser Situation wohl sagen?«

Die Internalisierung fällt deshalb auch so schwer, weil sie anfangs nur als *Introjektion eines Totalobjektes* möglich ist. Wenn die Patientin mich in sich zur Wirkung kommen läßt, dann ganz, total, mit Haut und Haaren. Dies ist ja auch das Problem vieler Patientinnen mit Eßstörungen, daß sie die Introjekte nicht verdauen dürfen. *Es besteht ein inneres Verbot, Introjekte aufzuspalten, das Gute zu behalten, sich damit zu identifizieren, und das Schlechte wieder von sich zu geben*, es gleich wieder auszukotzen oder später festzustellen ›das ist Scheiße‹ und es dementsprechend auszuscheiden. Für das Verständnis vom Umgang präödipal gestörter Patienten mit Introjekten finde ich erneut die Konstrukte MELANIE KLEINS sehr hilfreich. OGDEN (1988) verwendet *digestive Metaphern* wie »metabolisieren«, »in sich halten« oder »verdauen« zur Beschreibung des Umganges mit projektiven Identifizierungen; BENEDETTI (1983) spricht von »interpsychischem Metabolismus« und »Osmose zwischen Patient und Therapeut«.

Wie könnte ein solcher *Verdauungsvorgang* bei einer präödipal wenig gestörten Frau innerseelisch ablaufen, wenn er bewußt geschähe? ›Also, was der Sachsse mir da gestern gesagt hat, war echt hilfreich. Habe ich gleich heute in meiner Beziehung was mit anfangen können. Bin ich dem dankbar für. So hilfreich ist das ja nicht immer, was der sagt. Manche Sitzung denke ich mir hinterher: Hättest du dir auch schenken können. Wußte ich alles schon, wahrlich nichts Neues. Na ja, nobody is perfect. Und was der gestern mit meiner Mutterbeziehung meinte, war auch daneben. Das mit meinem Vater, das stimmte aber haargenau. Anfangs fand ich den ja eher unsympathisch – den Sachsse, nicht meinen Vater. Komisch, daß das jetzt durcheinander geht. Na ja. Der war oft so ernst und reserviert. Als Mann sowieso nicht mein Typ. Ist doch wohl ganz gut so. Obwohl, gestern abend – ach Quatsch! Immer dieser Blödsinn, frau verliebt sich in ihren Therapeuten. Ich sicher nicht, zumindest nicht in diesen. Wie komme ich da jetzt drauf? Ach so, was der mir gestern gesagt hat. Ja, also das war brauchbar, echt brauchbar.‹ Bei einem solchen innerseelischen Vorgang wird das aufgenommen, behalten und verwertet, was momentan gut ist; und das gleich abgewiesen oder zumindest nach innerer Prüfung wieder ausgeschieden, was momentan schlecht, unbekömmlich ist. Ein solcher, auf einer archaischen innerseelischen Ebene *kannibalistischer Umgang mit Objekten* ist den SVV-Patientinnen wie vielen anderen präödipal Gestörten verboten. Sie waren gezwungen, zumeist die Mutter als heiles, unzerstörtes Totalobjekt aufzunehmen. Dies manifestiert sich auch in manchen Therapien darin, daß eine Introjektion des Therapeuten zu passageren Übertragungspsychosen führt.

Die Patientinnen müssen geradezu aufgefordert werden, mit meinen Interventionen wählerisch umzugehen und das abzuweisen oder wieder auszuscheiden, was ihnen unbrauchbar oder unbekömmlich ist.

»Frau D., ich habe den Eindruck, als hätten Sie nur die Wahl, meine Worte völlig unkritisch und total aufzunehmen und in sich wirken zu lassen oder gar nicht. Meine Worte sind aber keine heiligen Worte eines Gurus, sondern Versuche, Angebote. Es entlastet mich eher, wenn Sie erstmal prüfen, was an denen dran ist und was nicht, und wenn Sie sorgfältig auswählen, was Sie dann in sich aufnehmen. Ich würde mir auch wünschen, daß Sie das wieder aus Ihren Gedanken rausschmeißen, was Sie ungut finden.« – »Das kann ich dann immer nicht. Wenn ich erstmal jemanden an mich ranlasse, dann kann ich mich gar nicht mehr abgrenzen. Ich hab dann immer das Gefühl, der hat mich völlig in der Hand.« – »Jetzt haben Sie genau das getan, was ich meine. Ich habe gesagt: Wählen Sie aus! Sie haben das kritisch überprüft und mir gesagt: Kann ich gar nicht. Sie haben das nicht einfach übernommen, was ich angeregt habe. Wir wollen in Zukunft gemeinsam sehen, wie Sie mit meinen Angeboten, meinen Interventionen so umgehen können, daß sie Ihnen möglichst viel nutzen und möglichst wenig schaden.«

Pubertät und Adoleszenz in der therapeutischen Beziehung

Während die implizite Ablösung mit dem Erstkontakt beginnt und durch die Entidealisierung und Fusionierung der Teilaspekte des Therapeuten ein wichtiges Zwischenstadium erreicht, ist die *offene Ablösung aus der therapeutischen Langzeitbeziehung ein Prozeß von etwa zwei bis drei Jahren*, der mich in vielem an eine *Pubertät* erinnert. Das beginnt oft mit *Partnerschaften*. Vorher haben wir die Beziehungsproblematik zu Männern lang und vorsichtig, auch innerhalb der Beziehung zu mir bearbeitet, und die Patientin sehnt sich allmählich nach einer Beziehung, in der Wünsche nach Zärtlichkeit, Wärme und Sexualität nicht nur geweckt, sondern auch befriedigt werden. Vom Ich-Ideal her gehört für die meisten eine Beziehung auch zum Lebensentwurf. Ich will ausdrücklich hervorheben, daß *(fast) jede Beziehung besser ist als keine Beziehung.* Das Therapieziel, aus der Patientin eine menschliche Monade zu machen, die als sich selbst genügende Einheit ohne Außenbezug glücklich wird, ist nicht erreichbar. Allein sein bleibt meist bedrohlich und ruft auch nach einer langen Therapie leicht Deprivationserfahrungen hervor.

Während ich früher die Vorstellung hatte, gerade Menschen mit besonders schwierigen Problemen brauchten besonders stabile Partner, vertrete ich diesen Standpunkt inzwischen nicht mehr. Nach der *Equity-Theorie* (KÖNIG und KREISCHE 1991, S. 31) ist es besser, wenn beide sich vergleichbar fühlen, das heißt in diesem Falle: daß beide ihre Schwierigkeiten haben. Dadurch herrscht in der Beziehung nicht nur eine Art ›Waffengleichheit‹, sondern auch Ebenbürtigkeit. Keiner muß sich vor dem anderen zu sehr schämen. Anderenfalls entständen Unterlegenheits- und Abhängigkeitsgefühle. Die Patientin müßte vielleicht ewig dankbar sein, daß dieser gesunde, gütige Märchenprinz sie erwählt und errettet hat.

Insofern sind die Partner der Patientinnen meist *Männer, die ebenfalls schon in psychiatrischer oder psychotherapeutischer Behandlung waren – oder aber leider noch nicht.* Mehrere hatten Suchtprobleme. Natürlich eröffnet sich die Gefahr, daß beide sich in der Sucht begegnen. Zwei Therapieabbrüche habe ich erlebt, die darauf zurückzuführen waren, daß die Patientinnen in der Anfangsphase der stationären Therapie einen heroinabhängigen Mann kennenlernten, von dem sie angefixt wurden, so daß sie in die Drogenszene abglitten. Andererseits habe ich *sehr beeindruckende Partnerschaften* erlebt, in denen einer den anderen auffing, stützte, verstand und förderte, so daß es beiden zusammen um vieles besser ging als jedem allein.

Von der Gegenübertragung her muß ich ertragen, daß meine ›Töchter‹ sich mit indiskutablen Männern einlassen und mich verlassen. In dieser Phase ist eine *neue Beziehung* natürlich ein notwendiger Ablösungsschritt, eine Form des *Durcharbeitens* und des *Therapietransfers* und keine Flucht vor der Therapie oder einer sich anbahnenden Übertragungsbeziehung. Das Verharren in der therapeutischen Beziehung hätte Widerstandscharakter, nicht das Verlassen dieser Beziehung (ROHDE-DACHSER 1981).

Mit der Patientin muß ich die sich anbahnenden *Dreiecks-Konstellationen erkennen, aushalten und bearbeiten.*

»*Psychotherapeuten und Paare*« interagieren in oft schwer überschaubarer oder durchschaubarer Weise, wie KÖNIG und KREISCHE (1991) in ihrem facettenreichen Buch dargelegt haben. Die folgenden Ausführungen der beiden Autoren möchte ich besonders hervorheben. Es ist wichtig, sich die *ganz unterschiedlichen Beziehungsqualitäten einer realen Partnerschaft und einer therapeutischen Beziehung* immer wieder vor Augen zu führen, um sich als Therapeut nicht unreflektiert als besserer Lebenspartner anzubieten: »Bei einer Einzeltherapie kann der Partner, der nicht in Therapie ist, den Therapeuten als Rivalen fürchten, manchmal mit Recht, weil der Therapeut aus der Position des ›Sonntagspartners‹ heraus viel Zuwendung und Konzentration aufbringen kann. Abgesehen von Idealisierungen, die mit der Übertragung idealer Objekte aus der inneren Welt des Patienten oder mit Externalisierungen des Ich-Ideals oder Größen-Selbst zusammenhängen, verhält sich der Therapeut ganz real oft zugewandter, einfühlsamer und verständnisvoller als der Partner. Der Patient macht sich aber nicht klar, daß dieses Verhalten des Therapeuten nur unter den besonderen Bedingungen der therapeutischen Situation möglich ist, und daß sich der Therapeut der eigenen Frau oder eine Therapeutin dem eigenen Mann gegenüber nicht so verhalten kann und wohl auch nicht verhalten sollte. In der Therapie stellt der Therapeut seine eigenen persönlichen Interessen zurück und hat nur die Interessen des Patienten im Auge, solang der Patient sich an die Regeln des analytischen Settings hält. Überschreitet der Patient die Grenzen des Settings, muß der Therapeut unter Umständen zu seinen eigenen Interessen stehen. Bis dahin erscheint er selbstlos. Man kann sich leicht ausmalen, wie sich eine Alltagsbeziehung gestalten würde, in der einer der Partner sich derartig ›selbstlos‹ verhielte. ... Der Eindruck besonderer Einfühlsamkeit des Therapeuten entsteht nicht nur deshalb, weil er sich gut einfühlen kann – es ist natürlich zu hoffen, daß er das besser kann als der Durchschnitt der Bevölkerung –, sondern auch, weil er wenig Konturen zeigt. Er sagt oft nicht, wenn er etwas nicht gut findet, reagiert auf einen Angriff nicht mit einem Gegenangriff oder irgendeiner anderen Sanktion, stellt keine Ansprüche auf Zuwendung und Verständnis von Seiten des Patienten; und wenn der Patient ihn bewundert, hinterfragt er das früher oder später. Ein Verhalten, wie es hier beschrieben wird, wäre in einer Alltagsbeziehung mit ihren Interessenkonflikten ganz unerträglich. Die Partnerin oder der Partner würden nicht wissen können, woran sie bezüglich der Realitäten sind. ... Von Psychoanalytikerfrauen hört man hin und wieder, sie wünschten sich, daß ihr Mann ihnen dreimal die Woche fast eine Stunde lang so intensiv zuhöre, wie er das mit Patientinnen macht. Das wird meist scherzhaft gesagt. Vielleicht weiß manche Analytikerfrau aber nicht, daß ihr Mann ihr in der gleichen Weise, wie er seinen Patientinnen zuhört, gar nicht zuhören könnte, weil alles, was seine Frau tut oder läßt, ihn ganz real tangiert und reale Konsequenzen für sein Leben haben kann. *Der Analytiker als idealer Mann ist also eine Chimäre*: Nicht nur, wenn er aus Gründen idealisiert wird, die im Patienten liegen, sondern auch, wenn es manchmal wirklich so scheinen mag, als verhielte er sich wie ein idealer Mensch. GREENSON soll einmal gesagt haben: ›*Jeder kann 50 Minuten lang ein idealer Mensch sein*‹« (S. 113–115). – Genau dies erkläre ich den meisten Patientinnen irgendwann in der Therapie, meistens in Form eines solchen Kurzvortrages.

Wichtige Nebenbeziehungen neben der Beziehung zu mir habe ich immer schon als Triangulierungsschritte gesehen und akzeptiert, oft sogar gefördert. Es ist gut, wenn es mehrere gute Beziehungen parallel gibt. Mit einer intimen sexuellen Beziehung wird aus der frühen Triangulierung aber eine pubertäre Dreieckskonstellation, in der der Therapeut zunehmend weniger wichtig wird als der Partner. Das mobilisiert in der Patientin massive Verlustängste und Schuldgefühle dem Therapeuten gegenüber. Einige gemeinsame Paargespräche können hier sehr entlastend wirken. Damit bekommt der neue Partner auch kein zu paranoid verzerrtes (Feind-)Bild von mir als Therapeuten. Zunehmend bekomme ich als Therapeut eine fördernd-beratende Funktion für die Beziehung, was ich für mich gern als ›Patenonkelübertragung‹ bezeichne.

Die Überschreitung der weiblichen Körpergrenze bei der vaginalen Penetration im Sexualakt kann als körperlich spürbares Eindringen wieder ganz massive Ängste mobilisieren, und ein befriedigendes sexuelles Erlebnis kann nach langen Phasen der Stabilität plötzlich wieder zu einer schweren ntR oder zu dissoziativen Zuständen führen.

Zunehmend wird das Leben außerhalb der Therapie wichtiger als die Therapie. Frau D. reiste im fünften Jahr ihrer Therapie drei Monate lang von einer alten Bekannten und entfernten Verwandten zur nächsten und genoß immer wieder neu ihren Status als lange nicht gesehener Gast. War die Therapie über lange Phasen nicht nur Lebensersatz, sondern geradezu Lebensinhalt, so wird sie immer mehr relativiert. Es kommt zu *Terminverschiebungen, Terminabsagen*, manchmal sogar verschluderten *Terminausfällen.* Ich meine, daß ich in solchen Fällen nicht reflektorisch eine Rechnung schreiben kann, sondern daß ich abwägen muß, ob mir die Entwicklung meiner Patientin nach Jahren gemeinsamer Arbeit nicht auch einmal hundert Mark wert ist. Andererseits muß ich abwägen, ob ich mit einer Rechnung nicht deutlich signalisieren will: »Entwicklung gerne, aber nicht so! Nicht willkürlich, nicht auf meine Kosten.« Das bleibt eine ganz persönliche Ermessensfrage im Einzelfall. Wie gesagt: Es ist nicht möglich, nicht zu handeln.

Überhaupt wird die *Bezahlung* spätestens nach etwa vier Jahren zu einem Problem. Mit ausführlichen, differenzierten und offenen Verlängerungsanträgen habe ich von vier verschiedenen Gutachtern vier Behandlungen über 300 bis maximal 540 Sitzungen bewilligt bekommen. Es hat sich mir aber bewährt, eine zumindest *kurze Phase der privaten Finanzierung gegen Therapieende* zu vereinbaren. Ich bin ein uneingeschränkter Vertreter der Haltung Jean Paul Sartres: »*Unser Leben hängt davon ab, was wir aus dem machen, was aus uns gemacht wurde*«. Es gibt einen Punkt, an dem wir die Verantwortung für uns übernehmen müssen, so wie wir sind, obwohl wir so gemacht wurden und weitgehend weder verantwortlich noch gar schuldig dafür sind, wie wir geworden sind. Dazu gehört auch, für die eigene Entwicklung zu bezahlen, *in sich selbst zu investieren*, beruflich und privat. Die meisten Patientinnen sind auch stolz, ihre *Therapie zum Teil selbst erarbeitet* zu haben, und sei es als Putzhilfe. Meine persönliche Rechnung ist so, daß ich abwäge, ob mir der Bruttoverdienst von zwei Arbeitsstunden der Patientin ausreicht. *Ich kann nur davor warnen, Vereinbarungen zu treffen, bei denen das Gefühl aufkommen kann, als Therapeut zu wenig Geld für die eigene Arbeit zu bekommen.* Dann vermittelt sich atmosphärisch, die Therapie möge doch bald aufhören, es reiche doch wohl allmählich. Die Interventionen werden drängend, ungeduldig oder karg.

Ein gutes Zeichen für eine voranschreitende Ablösung ist es, wenn die Patientin mir mitteilt: »Die letzten drei Monate waren ziemlich hart für mich. Mein Freund und ich haben uns überlegt, ob wir uns nicht besser wieder trennen sollten. Das stand auf Messers Schneide, und es ging mir oft saudreckig. Ich hab Ihnen davon nichts gesagt. Als es mir zu schlecht ging, habe ich einige Termine sogar lieber abgesagt, damit Sie nichts merken. Weil: *Ich wollte sehen, ob ich damit nicht inzwischen allein fertig werde.*« *Solche Entscheidungen bestätige ich ausdrücklich.*

Es ist die Frage, ob eine solche therapeutische Beziehung, in der über die gemeinsame therapeutische Arbeit hinaus sehr viel gewachsen ist, überhaupt beendet werden sollte. Diese Entscheidung kann nur individuell zwischen diesen beiden konkreten Beteiligten getroffen werden. Einerseits kann es gut sein, einen Schlußstrich zu ziehen. Andererseits biete ich immer an, daß sich eine Patientin, die ich jahrelang behandelt habe, in Krisenzeiten wieder an mich wenden kann.

Ich strebe das Ziel einer pubertätsähnlichen Ablösung ohne Rausschmiß an mit dem Angebot des Rückbezuges (PLASSMANN 1987, S. 897f.). Die Bearbeitung dieser Ablösung ermöglicht erneut das Durcharbeiten von Trennungssituationen, diesmal auf einem höheren Persönlichkeitsniveau der Entwicklung.

Therapieerfolge

1978 beurteilte KERNBERG die *Therapieprognose* bei schwer autoaggressiv handelnden Patientinnen sehr skeptisch: »Mit einer besonders malignen Entwicklung – und dementsprechend auch mit einer wesentlich schlechteren Prognose sowohl für eine Analyse als auch für eine analytische Psychotherapie – haben wir es in den Fällen zu tun, wo es im Rahmen einer Borderline-Charakterstruktur zu einer Ich-Identifizierung mit primitiven extrem sadistischen Über-Ich-Vorläufern gekommen ist. Im Zuge solcher Entwicklungen werden *primitive Destruktivität und Selbst-Destruktivität gewissermaßen in die Ich-Struktur eingebaut und vom Über-Ich sanktioniert,* so daß aggressive Impulse unmittelbar in solcher Form ausgelebt werden können, daß sie das physische und psychische Überleben der Patienten unter

Umständen ernstlich gefährden. Selbst-Destruktion – als Abfuhrmöglichkeit für primitive, prägenitale Aggression – kann schließlich zum Ich-Ideal werden und das Allmachtsgefühl bestätigen, daß man Frustration und Leiden nicht zu fürchten braucht (da ja Leiden selbst zur Lust geworden ist). (S. 198)«. – Offenbar beurteilt KERNBERG inzwischen die Prognose nicht mehr als so infaust. In seinem 1988 auf deutsch erschienenen Buch »Schwere Persönlichkeitsstörungen« sind *mehrere Kasuistiken von Therapien mit SVV-Patientinnen* enthalten (Frau D., S. 91f., Frau P., S. 209 f.).

Wie sind meine Erfahrungen? Ich verfüge noch nicht über systematische Katamnesen. Die ersten klinischen Erfahrungen mit der traumazentrierten Psychotherapie sind aber sehr ermutigend (SACHSSE et al. 1997a). Zu meinen früheren, beziehungszentrierten Therapien (SACHSSE et al. 1994) läßt sich auf der Basis einer retrospektiven Einschätzung folgendes sagen: *Danach hängt die Prognose mehr von der Stabilität der gesunden Anteile ab als von der Schwere der Selbstbeschädigungen.* Die Schwere der Selbstbeschädigungen erlaubt zwar eine gute Einschätzung von Dauer und Problematik einer Behandlung; der endgültige Erfolg wird nach meinen klinischen Erfahrungen aber mehr von anderen Faktoren bestimmt: *Intelligenz, kognitive Differenziertheit, bisherige Lebenstüchtigkeit, Differenziertheit der Gewissensstruktur* (KERNBERG 1988, S. 160f.), Verhältnismäßigkeit von Schwere der Realtraumata zum SVV. Aber auch *hirnorganisch beeinträchtigte oder minderbegabte Patientinnen mit SVV* (KLAUSS 1987) lassen sich mit ganz ähnlichen Therapiestrategien behandeln, wie sie hier vorgestellt wurden; insbesondere verweise ich hierzu auf GAEDT (1990).

Es ist mir bei meinen Patientinnen stets gelungen, sie zu *enthospitalisieren* und in eine private Wohnsituation zu entlassen. Eine Heimunterbringung war nie erforderlich. Die Wohnsituation war optimal in einem eigenen Zimmer innerhalb einer Zweckwohngemeinschaft oder in einem Miethaus mit Bekannten, die dort auch eine Wohnung hatten. Auch Entlassungen in eine gemeinsame Wohnung mit einem neuen Partner waren möglich. ›*Allein auf weiter Flur*‹ *ist selten eine sinnvolle Entlassungsperspektive,* auch wenn einige Patientinnen dies vom Ich-Ideal her anstreben.

Praktisch alle von mir länger als zwei Jahre behandelten SVV-

Patientinnen erreichten ein *relativ befriedigendes Privatleben in einer festen Partnerschaft*. Von außen betrachtet erschienen diese Partnerschaften oft als chronisch problembeladen, aber ich sagte bereits: Fast jede Beziehung ist besser als keine Beziehung.
– Bisher wurde nur eine von mir behandelte oder in ihrer Behandlung supervidierte SVV-Patientin Mutter. Zwei weitere waren bereits Mütter und hatten große Schwierigkeiten mit dem Grenzverletzungsverhalten, der *physiologischen Übergriffigkeit ihrer Kinder.*

Arbeitsfähigkeit und berufliche Stabilisierung stellten sich meist erst ein, wenn ein halbwegs befriedigender privater modus vivendi gefunden war. Es war den meisten nicht möglich, sich beruflich einzubringen – besser: zu vorausgaben –, wenn sie nicht privat auftanken konnten. Beruflich wurden bis auf eine Ausnahme Berufsfelder mit eher technischen Tätigkeiten aufgesucht. Zwei ehemalige Patientinnen arbeiteten wieder als Krankenschwester, alle anderen fühlten sich zu Recht von einer sozialen Tätigkeit überfordert.

Glücklicherweise habe ich keine Patientin durch *Suizid* verloren, während ich mit ihr therapeutisch arbeitete. Ich habe bereits darauf hingewiesen, daß zwei Patientinnen heroinabhängig wurden. Von zwei Patientinnen, die ich stationär Anfang der 80er Jahre behandelt habe und dann aus den Augen verlor, weiß ich inzwischen, daß sie sich suizidiert haben: Einen von meinen zwei männlichen Patienten habe ich in eine andere Klinik verlegen müssen, wo er vermutlich im Rahmen einer parasuizidal intendierten Handlung zu Tode kam. Eine Patientin hat sich nach mehrjähriger Therapie durch intensive sozialpädagogische Betreuung weiter stabilisiert, dann aber doch einen schweren Bilanzsuizidversuch mit einer Überdosis Insulin begangen; sie lebt inzwischen mit einem schweren hirnorganischen Syndrom als Pflegefall in einem Heim. *Auch eine mehrjährige Behandlung ist also keine Überlebensgarantie*. Nach wie vor zählt das *Krankheitsbild SVV in seinen schweren Ausprägungsformen* zu den *lebensbedrohlichen seelischen Erkrankungen*, vergleichbar der chronischen Suizidalität, der schweren Anorexie oder der schweren Suchtkrankheit.

Frau D. hat seit zwei Jahren ihre Therapie beendet. Sie hat sich mit ihrem Freund inzwischen verlobt. Er macht eine Umschulungsmaß-

nahme des Arbeitsamtes, sie erwägt, eine Reha-Maßnahme anzustreben, um von ihren vorübergehenden Tätigkeiten als Reinigungshilfe fortzukommen. Sie hat mit mir brieflich Kontakt aufgenommen, weil sie eine Bescheinigung für die Ärztin im Arbeitsamt braucht. (Die hätte sie auch von ihrem Hausarzt bekommen können, aber es ist wohl wichtig, daß ich ihr die gebe). Wir halten gemeinsam *Rückblick.*
»Nach dem Ende der Therapie ist es mir erstmal lange sehr dreckig gegangen. Der Alfred hat zwischenzeitlich auch wieder getrunken, und ich hab mich abends auch oft vollgehauen. Aber ich wollte nicht wieder zu Ihnen. Ich dachte mir: Entweder Du schaffst es nach sechs Jahren Therapie, oder Du bist eben nicht lebensfähig. Und ich habe es geschafft. Wir haben's geschafft. Seit über einem Jahr haben wir beide keinen Tropfen Alkohol mehr angerührt. In letzter Zeit sind wir so richtig glücklich. Auch die Sexualität äh (sie wird rot wie eine Klosterschülerin) ist – ja, richtig schön. Meistens jedenfalls. Und Selbstbeschädigungsimpulse habe ich in der ganzen Zeit nicht mehr gehabt. Oft, wenn ich unter der Dusche stehe, schaue ich an mir runter und frage mich: Wie hast Du das damals tun können? *Ich bin mir da völlig fremd geworden. Die Jahre wirken auf mich inzwischen wie ein ferner Alptraum.*«

Nachwort

Ich habe mehrere Jahre gebraucht, das, was mir teils aus der Erarbeitung der Theorie, teils auf Drängen meiner Patientinnen, teils intuitiv erfaßt richtig und förderlich erschien, in ein inneres Konzept zu bringen und es in diesem Buch zur Diskussion zu stellen. Dabei ist nichts von dem, was ich mir überlegt habe, neu. Es erscheint mir uralt. Im I GING, dem altchinesischen Buch der Wandlungen, steht zum 43. Zeichen ›der Durchbruch, die Entschlossenheit‹ folgender Kommentar zum Urteil (S. 163):

»Für den entschlossenen Kampf des Guten zur Beseitigung des Bösen gibt es aber bestimmte Regeln, die nicht außer acht gelassen werden dürfen, wenn man Erfolg haben will.

1. Entschlossenheit muß auf einer Vereinigung von Stärke und Freundlichkeit beruhen.
2. Ein Kompromiß mit dem Schlechten ist nicht möglich; es muß unter allen Umständen offen diskreditiert werden. Ebenso dürfen auch die eigenen Leidenschaften und Fehler nicht beschönigt werden.
3. Der Kampf darf nicht direkt durch Gewalt geführt werden. Wo das Böse gebrandmarkt ist, da sinnt es auf Waffen, und wenn man ihm den Gefallen tut, es Schlag gegen Schlag zu bekämpfen, so zieht man den Kürzeren, weil man dadurch selbst in Haß und Leidenschaft verwickelt wird. Darum gilt es, beim eigenen Haus anzufangen: Persönlich auf der Hut zu sein vor den gebrandmarkten Fehlern. Dadurch stumpfen sich die Waffen des Bösen von selbst ab, wenn sie keinen Gegner finden. Ebenso dürfen auch eigenen Fehler nicht direkt bekämpft werden. Solange man sich mit ihnen herumschlägt, bleiben sie immer siegreich.
4. Die beste Art, daß Böse zu bekämpfen, ist energischer Fortschritt im Guten.«

Danksagung

Mit großem Abstand an erster Stelle gilt mein Dank meinen Patientinnen, die es trotz ihrer Lebenserfahrung und Schicksale gewagt haben, sich auf mich einzulassen, mir zu vertrauen und mich in meinen Möglichkeiten und Grenzen hinzunehmen. Geduldig und hartnäckig haben sie daran gearbeitet, daß ich jenes therapeutische Vorgehen entwickelt habe, von dem sie in der Beziehung mit mir profitieren konnten.

1973 lernte ich im Rahmen meiner Famulatur in Chicago am Cook County Hospital und am Presbyterian St. Luke's Hospital Dr. MARVIN SCHWARTZ kennen, der mir als Psychoanalytiker und Psychiater vermittelt hat, daß ein psychoanalytisch fundiertes therapeutisches Handeln möglich und wirksam ist.

Meine eigenen klinischen Erfahrungen begannen 1976 in der Fachklinik für psychogene und psychosomatische Erkrankungen Tiefenbrunn bei Göttingen. Prof. F. S. HEIGL als Ärztlicher Direktor der Klinik und Prof. K. KÖNIG als Leiter des Funktionsbereiches Klinische Psychotherapie Erwachsener haben mich in meinen therapeutischen Bemühungen supervidiert, unterstützt und ermutigt. Meine Kontrollanalytiker am Göttinger Institut für Psychoanalyse und Psychotherapie vermittelten mir in unterschiedlicher Akzentuierung das Rüstzeug für die psychoanalytisch fundierte Behandlung von Patientinnen mit Persönlichkeitsstörungen. Prof. H. FRIEDRICH lehrte mich, wie vorher bereits JUANA DANIS, die Objektbeziehungstheorie MELANIE KKLEINS, RONALD FAIRBAIRNS, EDITH JACOBSONS und OTTO F. KERNBERGS zu verstehen und klinisch anzuwenden. Prof. F. S. HEIGL lenkte meinen Blick auf die Ich-Funktionen und die Ich-Funktionsstörungen; er schulte mich darin, diese Diagnostik in die therapeutischen Interventionen der psychoanalytisch interaktionellen Psychotherapie einmünden zu lassen. Prof. K. KÖNIG verdeutlichte mir, daß auch präödipal gestörte Patientinnen den Ödipuskomplex durchlaufen und neurotische Mechanismen wie depressive Wendung der Aggression gegen die eigene Person, phobische Vermeidung, Reaktionsbildung, analen Protest oder phallische Depotenzierung entwickeln, die einer dekonstruktiven Psychoanalyse bedürfen.

In der Abteilung für Supervision, Fortbildung und Forschung der Klinik Tiefenbrunn konnte ich zwei Jahre lang mit MARIA IBENTHAL zusammenarbeiten. Im freundschaftlich-kollegialen Dialog und Diskurs entstanden die zentralen psychodynamischen Hypothesen vom kumulativen Trauma über die Selbstspaltung und Parentifizierung bis zur Sicht von SVV als einer Symptombildung, die der Perversion benachbart ist. – MARION STRUBE hat mir als Ärztin für Dermatologie über die Jahre immer wieder ergänzend und bestätigend Rückmeldungen zu meinen Überlegungen auf dem Hintergrund ihres Fachgebietes gegeben.

Meine Arbeit erfuhr eine qualitative Veränderung, als ich von 1987 an über ANNEGRET ECKHARDT in kollegialen Austausch mit der Arbeitsgruppe »Artifizielle Erkrankungen« des DKPM treten konnte. Dort machte ich die ebenso bestätigende und ermutigende wie kränkende Erfahrung, daß meine Gedankengänge nicht einmalig waren. Die Beiträge von DIETZ-PIRAM, EECKHARDT, FREYBERGER, GAST, GIELER, HERPERTZ, HIRSCH, NORDMEYER, PAAR, PLASSMANN, SCHAAT, VAN MOFFAERT, WILLENBERG und anderen, die auf diesem Gebiet tätig sind und in der Arbeitsgruppe mitwirkten, waren nicht nur anregend, bestätigend oder bereichernd, sondern inhaltlich unentbehrlich für das, was ich hier niedergeschrieben habe, ebenso wie die Möglichkeit, mich mit eigenen Artikeln an Büchern zu beteiligen, die HIRSCH und PLASSMANN herausgegeben haben. Neben der fachlichen war und ist es die persönliche Art des Austausches, die ich so nicht in allen wissenschaftlichen Gruppierungen vorgefunden habe.

LEONORE KOTTJE-BIRNBACHER und DIETER BIRNBACHER vermittelten mir in vielen freundschaftlichen Gesprächen, daß man die Welt und die Menschen mit den Augen eines Psychoanalytikers sehen kann, daß dies aber nicht die einzige Möglichkeit der Weltsicht ist. – Prof. P. FÜRSTENAU vertiefte diesen undogmatischen Umgang mit dem psychoanalytischen Denken in Seminaren und Einzelberatungen, die ich bei ihm hatte. Sein Denken und seine Persönlichkeit haben mich vielfach gefördert.

In der Fachklinik für Psychiatrie und Psychotherapie NLKH Göttingen haben mir die Ärztlichen Direktoren Prof. U. VENZLAFF,

Prof. G. Heinz und Dr. M. Koller den Raum gegeben, therapeutische Erfahrungen zu sammeln und Neues zu erproben. Prof. U. Venzlaff hat meinen Blick darüber hinaus auf die Realtraumatisierung und ihre Folgen gelenkt und mich gelehrt, traumatisierte Menschen zu verstehen. Prof. G. Heinz hat mir jenen institutionellen Raum anvertraut, in dem ich Mitarbeitern meine Arbeitsweise vermitteln und mich so weiterentwickeln konnte. Manfred Koller, die langjährigen Kolleginnen und Kollegen ebenso wie viele Ärztinnen und Ärzte in Weiterbildung haben mir kritisch fördernd Rückmeldung gegeben. Die seit Juni 1996 bestehende Station 9 für traumazentrierte Psychotherapie ist Ergebnis einer Solidarität der ganzen Klinik und aller Mitarbeiter und Mitarbeiterinnen dieser Station, die mich sehr dankbar macht. – Mein Dank gilt gleichermaßen dem Pflegepersonal der Stationen Birkenhaus B in Tiefenbrunn, F 1/1.2, F 2/5.1–5.2, F 8/8.2, M 8/8.1, MF 6/6, F 4/4.2, M 4/4.1 und der Tagesklinik des NLKH Göttingen, die teils geduldig, teils kritisch-drängend auf die Realitäten hinweisend die Bemühungen ihres Stationsarztes und Oberarztes ertragen, getragen und wirksam umgesetzt haben. Ich habe viel Solidarität erfahren.

Alle Erfahrungen zur Körpertherapie verdanke ich der Zusammenarbeit mit Frau M. Althoff und Frau S. Wolff.

Meine Freundschaften mit Luise Reddemann und Birger Dulz sind aus diesem Buch erwachsen und wirken darauf zurück.

Vor Fertigstellung der Endfassung haben Hendrik Faure, Leonore Kottje-Birnbacher, Reinhard Kreische und Susanne Sembritzki das Manuskript durchgearbeitet und mit vielen Anregungen und Hinweisen versehen.

Frau R. Ahlborn, Frau H. Böker, Frau I. Groener, Frau G. Herrmann, Frau R. Veit und Frau A. Lau haben Literaturexzerpte, Referate, Vorträge und Seminartranskriptionen geschrieben, die in dieses Buch mit eingegangen sind. Das eigentliche Manuskript wurde von Frau Dipl. Psych. A. Tameling geduldig geschrieben, überarbeitet, ergänzt und mit eigenen Hinweisen bereichert.

Allen, die in dieser Form Anteil hatten am Gelingen des Buches, meinen Dank!

Meinen Eltern einerseits und Prof. J. Zauner als meinem zweiten Lehranalytiker andererseits gilt in ganz unterschiedlicher Hinsicht mein sehr persönlicher Dank. Meine Frau und meine

Kinder haben mich in der Zeit, als ich das Manuskript fertigstellte und überarbeitete, gelegentlich in psychisch alterierter Verfassung erlebt und ertragen. Ihnen ist dieses Buch gewidmet.

Literatur

ANDERSON, S.; SACHSSE, U.; SCHWANOLD, B. (1989): Symlog zur Erforschung von Balint-Gruppenarbeit. Eine empirische Untersuchung von Balint-Gruppenarbeiten in einem psychiatrischen Landeskrankenhaus. Die Balint-Gruppe in Klinik und Praxis, Bd. 4. Springer-Verlag, Berlin/Heidelberg/New York, S. 200–220.

ANDRULONIS, P.A.; GLUBECK, B.C.; STROEBEL, C.F.; VOGEL, N.G.; SHAPIRO, A.L.; ALDRIDGE, D.M. (1980): Organic brain dysfunction and the borderline syndrome. Psychiatric Clinics of North America 4 (1): 47–66.

ANZIEU, D. (1991): Das Haut-Ich. Suhrkamp-Verlag, Frankfurt a.M.

ARNOLD, L.E. (1979): Philosophy and strategy of medicating adults with minimal brain dysfunction. In: BELLAK, L. (Hg.), Psychiatric aspects of minimal brain dysfunction in adults. Grune & Stratton, New York/San Francisco/London, S. 177–184.

ARNOLD, W.; EYSENCK, H.J.; MEILI, R. (1980): Lexikon der Psychologie. Herder, Freiburg.

BACKE, L.; LEICK, N.; MERRICK, J.; MICHELSEN, N. (1986; Hg.): Sexueller Mißbrauch von Kindern in Familien. Deutscher Ärzte-Verlag, Köln.

BALINT, M. (1970): Therapeutische Aspekte der Regression. Die Theorie der Grundstörung. Klett-Verlag, Stuttgart.

BATTEGAY, R. (1983): Kritische Betrachtungen zu den Narzißmustheorien. Z. Psychosom. Med. 29: 209–233.

BARTL, G.; PESENDORFER, F. (1989; Hg.): Strukturbildung im therapeutischen Prozeß. Literas-Universitätsverlag, Wien.

BECKER, D. (1992): Ohne Haß keine Versöhnung: Das Trauma der Verfolgten. Kore, Freiburg.

BELLAK, L.M. (1979; Hg.): Psychiatric aspects of minimal brain dysfunction in adults. Grune & Stratton, New York/San Francisco/London.

BELLAK, L.M.; HURVICH; GEDIMAN, H.K. (1973): Ego Functions in Schizophrenics, Neurotics and Normals. John Wiley and Sons, New York.

BENEDETTI, G. (1983): Todeslandschaften der Seele. Verlag für Med. Psychologie im Verlag Vandenhoeck und Ruprecht, Göttingen.

BENKERT, O.; HIPPIUS, H. (1996): Psychiatrische Pharmakotherapie. 6. Aufl. Springer-Verlag, Berlin/Heidelberg/New York/London.

BETTELHEIM, B. (1982): Die symbolischen Wunden. Pubertätsriten und der Neid des Mannes. Fischer Taschenbuch Verlag, Frankfurt a.M.

BLANCK, G,; BLANCKE, R. (1980): Ich-Psychologie II. Psychoanalytische Entwicklungspsychologie. Klett-Cotta, Stuttgart.
BLANCK, G.; BLANCK, R. (1983): Angewandte Ich-Psychologie. Klett-Cotta, Stuttgart.
BOCK, K.D.; OVERKAMP, F. (1986): Vorgetäuschte Krankheit. Klin. Wochenschr. 64: 149–164.
BOSSE, K. (1985): Psychosomatische Gesichtspunkte in der Dermatologie. In: UEXKÜLL, T. v. (Hg.), Lehrbuch der Psychosom. Medizin. 3. Aufl. Urban & Schwarzenberg, München/Wien, S. 1016–1037.
BRENNER, C. (1974): On the nature and development of affects: A unified theory. Psychoanalytic Quarterly 43: 532–556.
BREZOVSKY, P. (1985): Diagnostik und Therapie selbstverletzenden Verhaltens. Enke, Stuttgart.
BRON, B. (1985): Therapeutische Probleme bei chronisch suizidalen Patienten. Z. Psychosom. Med. 31: 32–47.
BUCHHEIM, P. (1990): Ethik der psychiatrischen Krisenintervention. In: PÖLDINGER, W.; WAGNER, W. (Hg.), Ethik in der Psychiatrie. Springer-Verlag, Berlin/Heidelberg/New York, S. 190–205.
BUCHHEIM, P.; CIERPKA, M.; SEIFERT, T. (1992; Hg.): Liebe und Psychotherapie / Der Körper in der Psychotherapie / Weiterbildungsforschung. Lindauer Texte Bd. 2. Springer-Verlag, Berlin/Heidelberg/New York.
CAMUS, A. (1959): Der Mythos von Sisyphos. Ein Versuch über das Absurde. Rowohlts deutsche Enzyklopädie, Reinbek.
CASEMENT, P. (1989): Vom Patienten lernen. Klett-Cotta, Stuttgart.
CHASE, T. (1988): Aufschrei. Lübbe, Bergisch-Gladbach.
COHN, R.C. (1970): Das Thema als Mittelpunkt interaktioneller Gruppen. Gruppenpsychother. Gruppendyn. 3: 251–259.
COID, J.; ALLOLIO, B.; REES, L.H. (1983): Raised plasma metenkephalin in patients who habitually mutilate themselves. Lancet 2: 545–546.
COLSON, D.B. (1982): Protectiveness in borderline states. A neglected object-relations paradigm. Bulletin Menninger Clinic 46: 305–320.
COWDRY, R.W.; GARDENER, D.L. (1988): Pharmacotherapy of borderline personality disorder. Arch. Gen. Psychiatry 45: 111–119.
DANKWARTH, G. (1994): Selbstverletzungen. Der Arzt im Spannungsfeld zwischen kustodialer und therapeutischer Funktion. Kriminalistik 10/94: 643–645.
DE MAUSE, L. (1980; Hg.): Hört ihr die Kinder weinen. Eine psychoanalytische Geschichte der Kindheit. Suhrkamp-Verlag, Frankfurt a.M.
DEMUTH, I.; DORFER, B.; SACHSSE, U. (1982): Die Behandlung einer phobischen Patientin mit Selbstbeschädigungs- und Suizidtendenzen durch das therapeutische Team. Die Schwester/Der Pfleger 21 (9): 661–664.
Deutsche Psychoanalytische Gesellschaft (1994): Grenzüberschreitungen in der Psychoanalyse. Dokumentation der DPG-Jahrestagung Göttingen 1993. Merxhausen.
DIEPOLD, B.; ZAUNER, J. (1982): Zum Problem von Übertragung und Gegen-

übertragung in der Behandlung von sogenannten Frühstörungen. In: SANDERS, M. (Hg.), Das gestörte Selbst. Fellbach.

DIETZ-PIRAM, E.W. (1988): Über das Schicksal jugendlicher Artefakt-Patientinnen. In: HAU, T.F.; MESSNER, K.L. (Hg.), Psychoanalyse und Klinische Psychotherapie. Werner-Schwidder-Klinik, Bad Krozingen, S. 153–157.

DORNES, M. (1993): Der kompetente Säugling. Die präverbale Entwicklung des Menschen. Fischer Taschenbuch Verlag, Frankfurt a.M.

DILLING, H.; MOMBOUR, W.; SCHMIDT, M.H. (1991; Hg.): Internationale Klassifikation psychischer Störungen, ICD-10 Kapitel V (F). Huber, Bern/Göttingen/Toronto.

DREWS, S.; BRECHT, K. (1975): Psychoanalytische Ich-Psychologie. Grundlagen und Entwicklung. Suhrkamp-Verlag, Frankfurt a.M.

DULZ, B. (1994): Pharmakotherapie bei Borderline-Störungen. Eine Literaturübersicht. Nervenarzt 5: 755–761.

DULZ, R.; SCHNEIDER, A. (1994): Borderline-Störungen. Theorie und Therapie. Schattauer, Stuttgart/New York. 2. Aufl. 1996.

ECKHARDT, A. (1988): Die Dynamik der Arzt-Patient-Beziehung bei der vorgetäuschten Störung (heimliche Artefaktkrankheit). Psychother. med. Psychol. 38: 352–358.

ECKHARDT, A. (1989): Das Münchhausen-Syndrom. Urban & Schwarzenberg, München/Wien/Baltimore.

ECKHARDT, A. (1994): Im Krieg mit dem Körper. Autoaggression als Krankheit. Rowohlt Taschenbuch, Reinbek.

ECKHARDT, A.; HOFFMANN, S.O. (1993): Depersonalisation und Selbstbeschädigung. Z. Psychosom. Med. 39: 284–306.

EHLERT, M.; LORKE, L. (1988): Zur Psychodynamik der traumatischen Reaktion. Psyche 42: 502–532.

ENDERS, U. (1990; Hg.): Zart war ich, bitter wars. Sexueller Mißbrauch an Mädchen und Jungen. Kölner Volksblatt-Verlag, Köln.

ERMANN, M. (1985): Die Fixierung in der frühen Triangulierung. Forum Psychoanal. 1: 93–110.

ERMANN, M. (1988): Idealisieren wir die projektive Identifizierung? Forum Psychoanal. 4: 76–79.

FAIRBAIRN, W.R.D. (1952): Psychoanalytic Studies of the Personality. Tavistock Publications, London.

FAVAZZA, A.R. (1987): Bodies under siege. Self-mutilation in culture and psychiatry. John Hopkins University Press, Baltimore/London.

FEIEREIS, H. (1989; Hg.): Diagnostik und Therapie der Magersucht und Bulimie. Hans Marseille-Verlag, München.

FELDMANN, H. (1992): Vergewaltigung und ihre psychischen Folgen. Ein Beitrag zur posttraumatischen Belastungsreaktion. Enke, Stuttgart.

FERENCZI, S. (1932): Sprachverwirrung zwischen den Erwachsenen und dem Kind (die Sprache der Zärtlichkeit und der Leidenschaft). In: Bausteine zur Psychoanalyse Bd. III, S. 511–525. Ullstein, Frankfurt a.M.

Bausteine zur Psychoanalyse Bd. III, S. 511–525. Ullstein, Frankfurt a.M.
FIGLEY, C.R. (1985; Hg.): Trauma and its wake. Psychosocial Stress Series No. 4. Brunner/Mazel, New York.
FISCHER, G. (1986): Empirische Forschung zur Wirkung von Traumata bei Kindern und Jugendlichen. Psyche 40: 145–161.
FISCHER, G. (1990): Die Fähigkeit zur Objektspaltung. Ein therapeutischer Veränderungsschritt bei Patienten mit Realtraumatisierung. Forum Psychoanal. 6: 199–212.
FRANK, J.D.; MARGOLIN, J.; NASH, H.T.; STONE, A.R.; VARON, E.; ASCHER, E. (1952): Two behavior patterns in therapeutic groups and their apparent motivation. Human Relations 5 (3): 289–317.
FREUD, S. (1905): Drei Abhandlungen zur Sexualtheorie. GW Bd. 5. Fischer-Verlag, Frankfurt a.M. 1972, S. 27–145.
FREUD, S. (1923): Das Ich und das Es. GW Bd. 13. Fischer-Verlag, Frankfurt a.M. 1972, S. 235–289.
FREUD, S. (1933): Neue Folge der Vorlesungen zur Einführung in die Psychoanalyse. GW Bd. 15. Fischer-Verlag, Frankfurt a.M. 1969.
FREUD, S. (1940): Abriß der Psychoanalyse. GW Bd. 17. Fischer-Verlag, Frankfurt a.M. 1972, S. 63–140.
FREYBERGER, H.; NORDMEYER, J. (1987): Artifiziell manipulierte Erkrankungen (»Factitious disease«). Vortrag Gastroenterologisches Kolloquium, Medizinische Universitätsklinik Göttingen.
FÜRSTENAU, P. (1977): Die beiden Dimensionen des psychoanalytischen Umgangs mit strukturell ichgestörten Patienten. In: FÜRSTENAU, P. (1979; Hg.), Zur Theorie psychoanalytischer Praxis. Klett-Cotta, Stuttgart, S. 44–54.
FÜRSTENAU, P. (1 977a): Praxeologische Grundlagen der Psychoanalyse. In: PONGRAT, L.J. (Hg.), Klinische Psychologie. Handbuch der Psychologie, Bd. 8. Hogrefe, Göttingen/Toronto/Zürich, S. 847–888.
FÜRSTENAU, P. (1990): Erweitertes psychoanalytisches Paradigma und katathymes Bilderleben. In: WILKE, E.; LEUNER, H. (Hg.), Das katathyme Bilderleben in der Psychosomatischen Medizin. Huber, Bern/Stuttgart/Toronto, S. 20–35.
FÜRSTENAU, P. (1992): Entwicklungsförderung durch Therapie. Grundlagen psychoanalytisch-systemischer Psychotherapie. Pfeiffer, München.
GAEDT, C. (1990; Hg.): Selbstentwertung – depressive Inszenierungen bei Menschen mit geistiger Behinderung. Neuerkeröder Beiträge 6. Neuerkerode bei Sickte.
GAMBER, H. (1983): Graffiti. Was an deutschen Wänden steht. Wilhelm Heyne Verlag, München.
GANZARAIN, R. (1980): Object relations theory applied to group psychotherapy, a videotape workshop. In: BOMAN, K. (Hg.), Abstract book of the VII. Int. Congress Group Psychotherapy. Univ. of Copenhagen, S. 159.
GARDENER, D.L.; COWDRY, R.W. (1986): Development of melancholia

during carbamazipine treatment in borderline personality disorder. J. Clin. Psychopharmacol. 4 (4): 236–239.
GIELER, U. (1994): Factitious Disease in the field of dermatology. Psychother. Psychosom. 62: 48–55.
GIELER, U.; EFFENDY, I.; STANGIER, U. (1987): Kutane Artefakte – Behandlungsmöglichkeiten und ihre Grenzen. Z. Hautkr. 62 (11): 882–890.
GREEN, H. (1978): Ich hab dir nie einen Rosengarten versprochen. rororo-Taschenbuch 4155, Reinhek.
GRINDER, J.; BANDLER, R. (1984): Therapie in Trance. Hypnose: Kommunikation mit dem Unbewußten. Klett-Cotta, Stuttgart. 7. Aufl. 1994.
GRUNERT, U. (1979): Die negative therapeutische Reaktion als Ausdruck einer Störung im Loslösungs- und Individuationsprozeß. Psyche 33: 1–28.
HANSLI, N. (1996): Automutilation. Huber, Bern/Göttingen.
HAAG, A.; SCHORSCH, E.; GALEDARY, G.; HAUCH, M.; LOHSE, H. (1985): Perverse Symptombildungen als Chiffren im diagnostischen Prozeß. Nervenarzt 56: 373–378.
HAENEL, T.; RAUCHFLEISCH, U.; SCHUPPLI, R. (1982): Die Bedeutung von Hautartefakten. Schweiz. Med. Wschr. 112: 326–333.
HAENEL, T.; RAUCHFLEISCH, U.; SCHUPPLI, R.; BATTEGAY, R. (1984): The psychiatric significance of dermatitis artefacta. Eur. Arch. Psychiatr. Neurol. Sci. 234: 38–41.
HAENEL, T. (1989): Suizidhandlungen. Neue Aspekte der Suizidologie. Springer-Verlag, Berlin/Heidelberg/New York.
HALEY, J. (1978): Gemeinsamer Nenner Interaktion. Strategien der Psychotherapie. Pfeiffer, München.
HARTMANN, H. (1972): Ich-Psychologie. Studien zur psychoanalytischen Theorie. Klett-Verlag, Stuttgart.
HARTMANN, H. (1975): Ich-Psychologie und Anpassungsprobleme. Klett-Verlag, Stuttgart.
HARTOCOLLIS, P. (1985): Hospital treatment of the borderline-patient: Indications and therapeutic strategy. In: PICHOT, P.; BERNER, P.; WOLF, R.; THAU, K. (Hg.), Psychiatry. The state of the art. Vol. 4: Psychotherapy and Psychosom. Medic. Plenum Press, New York/London, S. 195–200.
HAUSENDORF, H.; NORDMEYER, J.; QUASTHOFF, U.M. (1991): Der Faktitiapatient als aktiv Erduldender und passiv Mächtiger: Eine linguistische Analyse der Selbstdarstellung einer Patientin in therapeutischer Interaktion. Psychother. Psychosom. med. Psychol. 41: 61–67.
HEIGL-EVERS, A.; HEIGL, F. (1973): Die themenzentrierte interaktionelle Gruppenmethode (Ruth C. Cohn): Erfahrungen, Überlegungen, Modifikationen. Gruppenpsychother. Gruppendyn. 7: 237–255.
HEIGL-EVERS, A.; HEIGL, F. (1980): Zum interaktionellen Prinzip in der Psychoanalyse. Schleswig-Holsteinisches Ärzteblatt 4: 234–238.
HEIGL-EVERS, A.; HEIGL, F. (1983): Das interaktionelle Prinzip in der Einzel- und Gruppenpsychotherapie. Z. Psychosom. Med. 29: 1–14.
HEIGL-EVERS, A.; HEIGL, F. (1988): Eine überregionale Psychotherapie-

klinik – Ihr Rahmen und ihr therapeutisches Konzept. In: SCHEPANK, H.; TRESS, W. (Hg.), Die stationäre Psychotherapie und ihr Rahmen. Springer-Verlag, Berlin/Heidelberg/New York, S. 41–50.

HEIGL-EVERS, A.; HEIGL, F.; OTT, J. (1993): Lehrbuch der Psychotherapie. Gustav Fischer-Verlag, Stuttgart/Jena.

HEIGL-EVERS, A.; HENNEBERG-MÖNCH, U. (1985): Psychoanalytisch-interaktionelle Psychotherapie bei präödipal gestörten Patienten mit Borderline-Strukturen. Prax. Psychother. Psychosom. 30: 227–235.

HEIGL-EVERS, A.; HENNEBERG-MÖNCH U.; ODAG, C.; STANDKE, G. (1986; Hg.): Die Vierzigstundenwoche für Patienten. Konzept und Praxis teilstationärer Psychotherapie. Verlag für Medizinische Psychologie im Verlag Vandenhoeck und Ruprecht, Göttingen/Zürich.

HEIGL-EVERS, A.; OTT, J. (1994; Hg.): Die psychoanalytisch-interaktionelle Methode. Vandenhoeck und Ruprecht, Göttingen/Zürich.

HEIGL-EVERS, A.; STREECK, U. (1985): Psychoanalytisch-interaktionelle Therapie. Psychother. med. Psychol. 35: 176–182.

Heigl, F. (1978): Indikation und Prognose in Psychoanalyse und Psychotherapie. Vandenhoeck und Ruprecht, Göttingen.

HEIGL, F. (1981): Psychotherapeutischer Gesamtbehandlungsplan. In: BAUMANN, U. (Hg.), Indikation zur Psychotherapie. Urban & Schwarzenberg, München/Wien/Baltimore, S. 41–51.

HEIGL, F.; IBENTHAL, M. (1984): Der Umgang des Psychotherapeuten mit sich selbst. Prax. Psychother. Psychosom 29: 87–98.

HEIGL, F.; TRIEBEL, A. (1977): Lernvorgänge in psychoanalytischer Therapie. Huber-Verlag, Bern/Stuttgart/Wien.

HEISE, T. (1996): Chinas Medizin bei uns. VWB, Berlin.

HELLWALD, F.v. (o.J.): Die Blutsbrüderschaft. In: HELLWALD, F.v., Sittenspiegel. Bd. I. Voigtländers Volksbücher Bd. 33. R. Voigtländers-Verlag, Leipzig, S. 47–54.

HELLWIG, A. (1981): Die Vorbereitung der Entlassung aus der stationären Psychotherapie. In: HEIGL, F.; NEUN, H. (Hg.), Psychotherapie im Krankenhaus. Vandenhoeck und Ruprecht, Göttingen/Zürich, S. 173–180.

HELMCHEN, H.; HIPPIUS, H.; TÖLLE, R. (1988; Hg.): Therapie mit Neuroleptika – Perazin. Georg Thieme Verlag, Stuttgart/New York.

HERMAN, J.L. (1993): Die Narben der Gewalt. Kindler, München.

HERMAN, J.L.; PERRY, J. CH.; KOLK, B.A. VAN DER (1989): Childhood trauma in borderline personality disorder. Am. J. Psychiatry 146 (4): 490–495.

HERPERTZ, S.; SAß, H. (1994): Offene Selbstbeschädigung. Nervenarzt 65: 296–306.

HERPERTZ, S.; STEINMEYER, E.M.; SAß, H. (1997): Defizite in der Impulskontrolle und Affektregulation bei PatientInnen mit offenen Selbstbeschädigungen. In: WILLENBERG, H.; HOFFMANN, S.O. (Hg.), Handeln – Ausdrucksformen psychosomatischer Krankheit und Faktor der Therapie. VAS, Frankfurt a.M, S. 126–132.

HILDEBRAND, E. (1986): Therapie erwachsener Frauen, die in ihrer Kindheit inzestuösen Vergehen ausgesetzt waren. In: BACKE, L.; LEICK, N.;

MERRICK, J.; MICHELSEN, N. (Hg.), Sexueller Mißbrauch von Kindern in Familien. Deutscher Ärzte-Verlag, Köln, S. 52–68.

HIRSCH, M. (1987): Realer Inzest. Psychodynamik des sexuellen Mißbrauchs in der Familie. Springer-Verlag, Berlin/Heidelberg/New York/London. 3. Aufl. 1994.

HIRSCH, M. (1989; Hg.): Der eigene Körper als Objekt. Zur Psychodynamik selbstdestruktiven Körperagierens. Springer-Verlag, Berlin/Heidelberg/New York.

HIRSCH, M. (1991): Perionychomanie und Perionychophagie oder »habituelles Nagelbettreißen«. Zur Psychodynamik eines häufigen Selbstbeschädigungsverhaltens. Forum Psychoanal. 7: 127–135.

HIRSCH, M. (1993): Zur Psychodynamik selbstdestruktiven Körperagierens – Selbstbeschädigung als psychosomatisches Modell. Fundamenta Psychiatrica 7: 72–76.

HIRSCH, M. (1997): Schuld und Schuldgefühl. Zur Psychoanalyse von Trauma und Introjekt. Vandenhoeck und Ruprecht, Göttingen.

HOFFMANN, S.O. (1986): Die sogenannte frühe Störung. Prax. Psychother. Psychosom. 31: 179–190.

HOFMANN, A. (1996): EMDR. Psychotherapeut 41: 368–372.

HOLDEREGGER, H. (1993): Der Umgang mit dem Trauma. Klett-Cotta, Stuttgart.

HÜTHER, G. (1997): Biologie der Angst. Vandenhoeck & Ruprecht, Göttingen.

HÜTHER, G. (1999): Evolution der Liebe. Vandenhoeck & Ruprecht, Göttingen.

HUBER, M. (1995): Multiple Persönlichkeit. Überlebende extremer Gewalt. Ein Handbuch. Fischer, Frankfurt a.M.

HUESSY, H.R.; COHEN, S.M.; BLAIR, C.L.; ROOD, P. (1979): Clinical explorations in adult minimal brain dysfunction. In: BELLAK, L. (Hg.), Psychiatric aspects of minimal brain dysfunction in adults. Grune & Stratton, New York/San Francisco/London, S. 19–26.

I GING (1974): Das Buch der Wandlungen. Übers. R. WILHELM. Diedrichs-Verlag, Düsseldorf/Köln.

IRLE, E., LANGE, C. WENIGER, G. SACHSSE, U. (2006). Veränderungen des temporalen und parietalen Kortex bei Frauen mit Borderline-Persönlichkeitsstörung. Persönlichkeitsstörungen PTT 10(3): 175-187.

JACOBSON, E. (1973): Das Selbst und die Welt der Objekte. Suhrkamp-Verlag, Frankfurt a.M.

JÄCKEL, K. (1993; Hg.): Monika B. Ich bin nicht mehr eure Tochter. Scherz, Bern/München/Wien.

JANSSEN, P.L. (1987): Psychoanalytische Therapie in der Klinik. Klett-Cotta, Stuttgart.

JANSSEN, P.L (1989): Behandlung im Team aus psychoanalytischer Sicht. Prax. Psychother. Psychosom. 34: 325–335.

JANSSEN, P.L. (1990): Grundzüge einer stationären psychoanalytischen Therapie struktureller Ichstörungen. In: BUCHHEIM, P.; SEIFERT, T. (Hg.), Zur

Psychodynamik und Psychotherapie von Aggression und Destruktion. Springer-Verlag, Berlin/Heidelberg/New York, S. 89–99.

JANSSEN, P.L.; WIENEN, G.; RATH, H.; HEKELE, W.; PAAR, G.H. (1989): Zur stationären psychoanalytischen Therapie strukturell Ich-gestörter Patienten im »Essener Modell«. In: JANSSEN, P.L.; PAAR, G.H. (Hg.), Reichweite der psychoanalytischen Therapie. Springer-Verlag, Berlin/Heidelberg/New York, S. 93–106.

JANTZEN, W.; SALZEN, W. v. (1990): Autoaggressivität und selbstverletzendes Verhalten. Pathogenese, Neuropsychologie und Psychotherapie. Edition Marhold, Berlin.

JANUS, L. (1972): Persönlichkeitsstruktur und Psychodynamik bei dermatologischen Artefakten. Z. Psychosom. Med. 18: 21–28.

JANUS, S.; BESS, B.; SALTUS, C. (1979): Die Mächtigen und der Sex. Ullstein-Verlag, Berlin/Frankfurt a.M./Wien.

KAFKA, J.S. (1969): The body as transitional object: a psychoanalytic study of a self-mutilating patient. Br. J. med. Psychol. 42: 207–212.

KAVEMANN, B.; LOHSTÖTER, I. (1984): Väter als Täter. Sexuelle Gewalt gegen Mädchen. Rowohlt Taschenbuch Verlag, Reinbek bei Hamburg.

KERNBERG, O.F. (1975): Borderline-Störung und pathologischer Narzißmus. Suhrkamp-Verlag, Frankfurt a.M.

KERNBERG, O.F. (1981): Objektbeziehungen und Praxis der Psychoanalyse. Klett-Cotta, Stuttgart.

KERNBERG, O.F. (1981a): Zur Behandlungstechnik bei Borderline-Persönlichkeitsstörungen. Psyche 35: 497–526.

KERNBERG, O.F. (1988): Schwere Persönlichkeitsstörungen. Theorie, Diagnose, Behandlungsstrategien. Klett-Cotta, Stuttgart.

KERNBERG, O.F. (1989): Projektion und projektive Identifikation. Forum Psychoanal. 5: 267–283.

KERNBERG, O.F. (1992): Psychotherapeutische Techniken bei der Behandlung von Persönlichkeitsstörungen. Seminar in der Georg-August-Universität Göttingen, Klinik für Psychiatrie. Göttingen, 16.06.1992.

KERNBERG, O. F., DULZ, B., SACHSSE, U. (Hrsg.) (2000). Handbuch der Borderline-Persönlichkeitsstörungen. Schattauer, Stuttgart/New York.

KERNBERG, O.F.; SELZER, M.A.; KÖNIGSBERG, H.W.; CARR, A.C.; APPELBAUM, A.H. (1993): Psychodynamische Therapie bei Borderline-Patienten. Huber, Bern/Göttingen/Seattle.

KHAN, M.M.K. (1977): Das kumulative Trauma. In: Selbsterfahrung in der Therapie. Theorie und Praxis. Kindler-Verlag, München, S. 50–70.

KIND, J. (1986): Manipuliertes und aufgegebenes Objekt. Zur Gegenübertragung bei suizidalen Patienten. Forum Psychoanal. 2: 228–239.

KIND, J. (1990): Zur Interaktionstypologie suizidalen Verhaltens. Nervenarzt 61: 153–158.

KIND, J. (1992): Suizidal. Die Psychoökonomie einer Suche. Vandenhoeck und Ruprecht, Göttingen.

KLAUSS, T. (1987): Autoagressives Verhalten bei geistig Behinderten. Geistige Behinderung 2: 108–117.

KLEIN, M. (1972): Das Seelenleben des Kleinkindes und andere Beiträge zur Psychoanalyse. Rowohlt Taschenbuch Verlag, Hamburg.

KLESSMANN, E.; KLESSMANN, H.-A. (1988): Heiliges Fasten – heilloses Fressen. Die Angst der Magersüchtigen vor dem Mittelmaß. Verlag Hans Huber, Stuttgart/Toronto.

KOGLER, M. (1991): Die Verarbeitung des Inzesttraumas in der psychoanalytischen Behandlung. Forum Psychoanal. 7: 202–213.

KOHUT, H. (1973): Narzißmus. Suhrkamp-Verlag, Frankfurt a.M.

KOHUT, H. (1979): Die Heilung des Selbst. Suhrkamp-Verlag, Frankfurt a.M.

KÖNIG, K. (1981): Angst und Persönlichkeit. Das Konzept vom steuernden Objekt und seine Anwendungen. Vandenhoeck und Ruprecht, Göttingen.

KÖNIG, K. (1982): Interaktioneller Anteil der Übertragung und phobische Persönlichkeit. Prax. Psychother. Psychosom. 27: 25–32.

KÖNIG, K. (1991): Praxis der psychoanalytischen Therapie. Vandenhoeck und Ruprecht, Göttingen.

KÖNIG, K.; KREISCHE, R. (1985a): Partnerwahl und Übertragung. Familiendyn. 10: 341–352.

KÖNIG, K.; KREISCHE, R. (1985b) Zum Verständnis von Paarbeziehungen aus psychoanalytischer Sicht. Forum Psychoanal. 1: 239–249.

KÖNIG, K., KREISCHE, R. (1991): Psychotherapeuten und Paare. Vandenhoeck und Ruprecht, Göttingen.

KÖNIG, K.; NEUN, H. (1983): Psychotherapeutische Heilverfahren. In: HAHN, P. (Hg.), Psychosomatik. Kindlers »Psychologie des 20. Jahrhunderts«. Beltz-Verlag, Weinheim/Basel, 5. 454–475.

KORKEL, J.; KRUSE, G. (1993): Mit dem Rückfall leben. Abstinenz als Allheilmittel? Psychiatrie-Verlag, Bonn.

KOO, J.Y.N. et al. (1987): Schwere Depression als Ursache von Exkoriation. Praxis-Kurier 39: 18.

KORTE, J. (1996): Weisse Handschuhe. Wie das Gedächtnis Lebensgeschichten schreibt. Hanser, München/Wien.

KRAUSE, R. (1983): Zur Onto- und Phylogenese des Affektsystems und ihrer Beziehungen zu psychischen Störungen. Psyche 37: 1016–1043.

KREISCHE, R.; RÜGER, U. (1993): Paar- und Familientherapie. In: HEIGL-EVERS, A.; HEIGL, F.; OTT, J. (Hg.), Lehrbuch der Psychotherapie. Gustav Fischer-Verlag, Stuttgart/Jena, S. 366–384.

KRYSTAL, H. (1968) (Hg.): Massive psychic trauma. International Universities Press, New York.

KRYSTAL, H. (1978): Self representation and the capacity for self care. The Annual of Psychoanalysis 7: 209–246. International Universities Press, New York.

KRYSTAL, H. (1988): Integration and Self-Healing. Affekt, Trauma, Alexithymia. The Analytic Press, Hillsdale, New Jersey.

KRYSTAL, H.; RASKIN, H.A. (1983): Drogensucht. Aspekte der Ich-Funktion. Vandenhoeck und Ruprecht, Göttingen.

KÜCHENHOFF, J. (1990): Die Repräsentation früher Traumata in der Übertragung. Forum Psychoanal. 6: 15–31.

KUTTER, P. (1981): Sein oder Nicht-sein, die Basisstörung der Psychosomatose. Prax. Psychother. Psychosom. 26: 47–60.

KUTTER, P. (1989): Basis-Konflikt und Körper-Selbst als Erklärungsansätze in der psychoanalytischen Psychosomatik. Vortrag Fachbereich Sozialwesen – Soziale Therapie – Universität Gh Kassel.

LACEY, H.; EVANS, C.D.H. (1986): The impulsivist: a multi-impulsive personality disorder. Br. J. Addict. 81: 641–649.

LEHMANN, P.-H.; ULLAL, J. (1987): Tibetische Medizin. Mit Feuer und Kraut gegen die Gifte der Seele. Stern-Magazin 29/40. Gruner & Jahr, Hamburg, S. 38–50.

LEICK, N. (1986): Inzestopfer erzählen. In: BACKE, L. u.a., S. 39–51.

LEUNER, H. (1978): Regression. Die Entwicklung des Begriffes und ihre Bedeutung für therapeutische Konzepte. Z. Psychosom. Med. Psychol. 24: 301–318.

LEUNER, H. (1994): Lehrbuch der Katathym-imaginativen Psychotherapie. Huber, Bern/Göttingen/Toronto/Seattle.

LIDZ, T.; LIDZ, R.W. (1991): Weibliches in Männliches verwandeln. Männlichkeitsrituale in Papua-Neu Guinea. In: FRIEDMANN, R.M.; LERNER, L. (Hg.), Zur Psychoanalyse des Mannes. Springer-Verlag, Berlin/Heidelberg/New York, S. 115–134.

LIENEMANN, J.; WALKER, F. (1989): Naltrexone for treatment of self-injury. Am. J. Psychiatry 146 (12): 1639–1640.

LORENZER, A. (1984): Intimität und soziales Leid. Archäologie der Psychoanalyse. Fischer-Verlag, Frankfurt a.M.

LUBORSKY, L. (1988): Einführung in die analytische Psychotherapie. Ein Lehrbuch. Springer-Verlag, Berlin/Heidelberg/New York/Paris/Tokio.

LUISELLI, J.K.; MATSON, J.L.; SINGH, N.N. (Hg.): Self-injurious behaviour: analysis, assessment, and treatment. Springer, Berlin/Heidelberg/New York.

LUTHER, M. (1545): Die Bibel. Prisma-Verlag, Gütersloh, 1986.

LYNN, S.J.; RHUE, J. (1994; Hg.): Dissociation. Clinical and Theoretical Perspectives. Guilford Press, New York/London.

MAC CARTHY, B. (1994): Übertragungsprobleme in Behandlungen sexuell mißbrauchter Patienten: Das Problem der Grenzverletzung. In: Deutsche Psychoanalytische Gesellschaft 1994: S. 108–130.

MAGUIRE, A. (1991): Hauterkrankungen als Botschaften der Seele. Walter-Verlag, Olten.

MAHLER, M.S.; PINE, F.; BERGMAN, A. (1978): Die psychische Geburt des Menschen. Symbiose und Individuation. Fischer-Verlag, Frankfurt a.M.

MAHR, A. (1979): Die Störungsprioritätsregel in TZI-Gruppen. Vandenhoeck und Ruprecht, Göttingen.

MAHR, A. (1983): Zur Anwendung der Themenzentrierten Interaktion in der stationären Psychotherapie. Gruppenpsychother. Gruppendyn. 18: 328–340.

MARSH, P.; MORRIS, D. (1989): Die Horde Mensch. Individuum und Gruppenverhalten. Wilhelm Heyne Verlag, München.

MASTERSON, J.F. (1980): Psychotherapie bei Borderline-Patienten. Klett-Cotta, Stuttgart.

MCDOUGALL, J. (1974): The psychosoma and psychoanalytic process. Internat. Rev. Psychoanal. 1: 437–454.

MENNINGER, K. (1978): Selbstzerstörung. Psychoanalyse des Selbstmords. Suhrkamp-Taschenbuchverlag, Frankfurt a.M.

MERTENS, W. (1981): Psychoanalyse. Kohlhammer-Verlag, Stuttgart/Berlin.

MEYER, J.-E. (1952): Der Bewußtseinszustand bei optischen Sinnestäuschungen. Arch. Psychiatr. Z. Neurol. 189: 477–502.

MILLER, F.; BASHKIN, E. (1974): Depersonalization and self-mutilation. Psychoanal. Quart. 43: 638–649.

MINUCHIN, S.; ROSMAN, B.L.; BAKER, L. (1984): Psychosomatische Krankheiten in der Familie. Klett-Cotta, Stuttgart.

MOFFAERT, M. VAN (O.J.): Pathomimie et automutilation. Hospital universitaire de Gent.

MOFFAERT, M. VAN (1976): Het syndroom van ›Lasthenie de Ferjol‹. Tijdschrift voor Psychiatrie 1: 25–34.

MOFFAERT, M. VAN (1983): Psychosomatik für den Dermatologen in der Praxis. Extracta dermatologica 7: 19–38.

MOFFAERT, M. VAN (1988): Patterns of self-inflicted dermatological lesions and predictive value. Vortrag Special Task Group »Factitious Disease« 17th European Conference on Psychosomatic Research, Marburg.

MOFFAERT, M. VAN; VERMANDER, F.; KINT, A. (1985): Dermatitis Artefacta. International Journal of Dermatology 24: 236–238.

MOHL, A. (1993): Der Zauberlehrling: das NLP Lern- und Übungsbuch. Junfermann, Paderborn.

MÖLLER, H.-J. (1990): Ansätze zu einer medikamentösen Behandlung autoaggressiven Verhaltens. Vortrag Kongreß DGBP, Berlin.

MÖLLER, H.-J. (1991): Beeinflussungsmöglichkeiten aggressiven Verhaltens durch Serenika. Münch. med. Wschr. 133: 345–348.

MÖLLER, H.-J. (1992): Autoaggressives Verhalten – Medikamentöse Behandlungsmöglichkeiten. In: MÖLLER, H.-J.; PRAAG, H.M. VON (Hg.), Aggression und Autoaggression. Springer-Verlag, Berlin/Heidelberg/New York, S. 95–112.

MONROE, R.R. (1979): Epileptoid mechanism in episodic dyscontrol of aggressive criminals. In: BELLAK, L. (Hg.), Psychiatric aspects of minimal brain dysfunction in adults. Grune & Stratton, New York/San Francisco/London, S. 113–126.

MORGENTHALER, F. (1974): Die Stellung der Perversionen in Metapsychologie und Technik. Psyche 28: 1077–1098.

MORRIS, I. (1989): Samurai oder von der Würde des Scheiterns. Tragische Helden in der Geschichte Japans. Insel-Verlag, Frankfurt a.M.

MOSER, T. (1984): Kompaß der Seele. Ein Leitfaden für Psychotherapie-Patienten. Suhrkamp-Verlag, Frankfurt a.M.

MOSER, T. (1987): Der Psychoanalytiker als sprechende Attrappe. Suhrkamp-Verlag, Frankfurt a.M.

MÜLLER-BRAUNSCHWEIG, H. (1989): Bild, Körperbild und Psychoanalyse. In: JANSSEN, P.L.; PAAR, G.H. (Hg.), Reichweite der psychoanalytischen Therapie. Springer-Verlag, Berlin/Heidelberg/New York, S.75–92.

MÜLLER-OERLINGHAUSEN, B. (1989): Pharmakotherapie pathologischen aggressiven und autoaggressiven Verhaltens. In: PÖLDINGER, W.; WAGNER, W. (Hg.), Aggression, Selbstaggression, Familie und Gesellschaft. Das Mayerling-Symposium. Springer, Berlin/Heidelberg, S. 121–134.

MÜLLER-OERLINGHAUSEN, B. (1992): Pharmakotherapeutische Ansätze bei Aggression. In: MÜLLER, H.-J.; PRAAG, H.M. VON (Hg.), Aggression und Autoaggression. Springer, Berlin/Heidelberg, S. 113–119.

NEUN, H. (1983): Fort- und Weiterbildung in der klinischen Psychosomatik (unter Einbeziehung der Therapie mit Körpererleben) – Lernziele und -wege. Vortrag DKPM-Arbeitstagung, Bad Neustadt/Saale.

NEUN, H.; DÜMPELMANN, M. (1989): Depersonalisation. In: HIRSCH, M. (Hg.), Der eigene Körper als Objekt. Springer, Berlin/Heidelberg, S. 33–76

NIEDERLAND, W.G. (1980): Folgen der Verfolgung: Das Überlebenden-Syndrom Seelenmord. Suhrkamp-Verlag, Frankfurt a.M.

OGDEN, T.H. (1988): Die projektive Identifikation. Forum Psychoanal. 4: 1–21.

OKASHA, A. (1989): The self-destructive behaviour of everyday life. In: PICHOT, P.; BERNER, P.; WOLF, R.; THAU, K. (Hg.), Psychiatry. The state of the art. Vol. 1: Clinical Psychopathology, Nomenclature and Classification. Plenum Press, New York/London, S. 883–887.

ÖZKAN, I., STREEK-FISCHER, A., SACHSSE, U. (Hrsg.) (2002). Trauma und Gesellschaft. Vergangenheit in der Gegenwart. Vandenhoeck & Ruprecht, Göttingen.

PAAR, G. (1985): Artifizielle Syndrome. Vortrag Psychoanalytisches Institut Göttingen.

PAAR; G. (1988): Schwierigkeiten im Erstinterview bei Patienten mit heimlicher Selbstmißhandlung. Referat Arbeitskreis »Artifizielle Erkrankungen« Int. Arbeitstagung DKPM und ÖGKP Innsbruck.

PAAR, G. (1988a): Perverse signs observed in patients with concealed self-mutilation. Vortrag Special Task Group »Factitious Disease« 17th European Conference on Psychosomatic Research, Marburg.

PAAR, G.; ECKHARDT, A. (1987): Chronisch vorgetäuschte Störungen mit körperlichen Symptomen – eine Literaturübersicht. Psychother. med. Psychol. 37: 197–204.

PAO, P. (1969): The syndrome of delicate self-cutting. Br. J. med. Psychol. 42: 195–206.

PINE, F. (1990): Die vier Psychologien der Psychoanalyse und ihre Bedeutung für die Praxis. Forum Psychoanal. 6: 232–249.

PITMAN, R.K.; VAN DER KOLK, B.A.; ORR, S.P.; GREENBERG, M.S. (1990): Naloxone – Reversible Analgesic Response to Combat – Related Stimuli in Posttraumatic Stress Disorder. Arch. Gen. Psychiatry 47: 541–544.

PLASSMANN, R. (1985): Psychoanalytische Therapie von Artefakt-Patienten. Vortrag 22. Arbeitstagung des DKPM, Bad Hersfeld.

PLASSMANN, R. (1987): Der Arzt, der Artefakt-Patient und der Körper. Eine psychoanalytische Untersuchung des Mimikry-Phänomens. Psyche 41: 883–899.

PLASSMANN, R. (1988): Diskussionsbeitrag zu PAAR, G. (1988).

PLASSMANN, R. (1989): Artifizielle Krankheiten und Münchhausen-Syndrome. In: HIRSCH, M. (Hg.), Der eigene Körper als Objekt. Springer, Berlin/Heidelberg/New York, S. 118–154.

PLASSMANN, R. (1990): Grundriß einer analytischen Körperpsychologie am Beispiel der Artefaktkrankheit. Fragmente 31. Schriftenreihe zur Psychoanalyse. Gesamthochschule Kassel.

PLASSMANN, R. (1990a): Persönlichkeitsdiagnostik bei artifiziellen Erkrankungen. Vortrag Arbeitskreis »Artifizielle Erkrankungen« DKPM Tagung, Nürnberg.

PLASSMANN, R. (1991): Psychoanalyse artifizieller Krankheiten. Habilitationsschrift Med. Hochschule Hannover.

PLASSMANN, R. (1993): Organwelten: Grundriß einer analytischen Körperpsychologie. Psyche 47: 261–282.

PLASSMANN, R. (1994; Hg.): Factitious Disease. Psychother. Psychosom. 62. Karger, Basel/Freiburg/Paris.

PLASSMANN, R. (1994a): Structural Disturbances in the Body Self. Psychother. Psychosom. 62: 91–95.

PLASSMANN, R; TEISING, M.; FREYBERGER, H. (1985): Ein ›Mimikry‹-Patient. Prax. Kinderpsychol. Kinderpsychiatr. 34: 133–141.

PLASSMANN, R.; WOLFF, B.; FREYBERGER, H. (1986): Die heimliche Selbstmißhandlung, eine psychosomatische Krankheit. Zschr. Psychosom. Med. 32: 316–336.

PODVOLL, E.M. (1969): Self-mutilation within a hospital setting: a study of identity and social compliance. Br. J. med. Psychol. 42: 213–221.

PÖLDINGER, W.; WAGNER, W. (1989; Hg.): Aggression, Selbstaggression, Familie und Gesellschaft. Das Mayerling-Symposium. Springer-Verlag, Berlin/Heidelberg/New York.

POHLMEIER, H. (1978; Hg.): Selbstmordverhütung. Anmaßung oder Verpflichtung. Kail-Verlag, Bonn.

POHLMEIER, H. (1983): Selbstmord und Selbstmordverhütung. Urban & Schwarzenberg, München/Wien/Baltimore.

POHLMEIER, H.; SCHÖCH, H.; VENZLAFF, U. (1996; Hg.): Suizid zwischen Medizin und Recht. Gustav Fischer, Suttgart/Jena/New York.

RACKER, H. (1978): Übertragung und Gegenübertragung. Studien zur Psychoanalytischen Technik. Ernst Reinhardt Verlag, München/Basel.

RAPAPORT, D. (1967): The collected papers. Basic Books, New York/London.

Rauchfleisch, U. (1981): Dissozial. Vandenhoeck und Ruprecht, Göttingen.

Rauchfleisch, U.; Schuppli, R.; Haenel, T. (1983): Zur Persönlichkeit von Patienten mit dermatologischen Artefakten. Z. Psychosom. Med. 29: 76–84.

Rechenberger, I. (1983): Dermatologie. In: Hahn, P. (Hg.), Psychosomatik. Kindlers »Psychologie des 20. Jahrhunderts«. Beltz-Verlag, Weinheim/Basel, S. 239–255.

Rechenberger, I. (1986): Tiefenpsychologisch ausgerichtete Diagnostik und Behandlung von Hautkrankheiten. Vandenhoeck und Ruprecht, Göttingen.

Reddemann, L. (2004). Psychodynamisch Imaginative Traumatherapie. PITT – Das Manual. Pfeiffer bei Klett-Cotta, Stuttgart.

Reddemann, L.; Sachsse, U. (1996): Imaginative Psychotherapieverfahren zur Behandlung in der Kindheit traumatisierter PatientInnen. Psychotherapeut 41: 169–174.

Reddemann, L.; Sachsse, U. (1997): Traumazentrierte Psychotherapie I (Stabilisierungsphase). Persönlichkeitsstörungen 1: 97–140.

Reddemann, L.; Sachsse, U. (1998a): Traumazentrierte Psychotherapie II (Traumaexposition). Persönlichkeitsstörungen 2: 72–108.

Reddemann, L.; Sachsse, U. (1998b): Welche Psychoanalyse ist für Opfer geeignet? Forum Psychoanal. 14: 289–294.

Reddemann, L.; Sachsse, U. (1999): Trauma first! Persönlichkeitsstörungen 3: 16–20.

Rinsley, D.B. (1965): Intensive psychiatric hospital treatment of adolescents. An object-relations view. Psychiatric Quart. 39: 405–429.

Rohde-Dachser, C. (1981): Dyade als Illusion? Überlegungen zu einigen Strukturbedingungen der Zweierbeziehung am Beispiel von Partnerschaft und Psychoanalyse. Zschr. Psychosom. Med. 27: 318–337.

Rohde-Dachser, C. (1983): Das Borderline-Syndrom. Huber Verlag, Bern-Stuttgart/Wien.

Rohde-Dachser, C. (1986): Ringen um Empathie. Ein Interpretationsversuch masochistischer Inszenierungen. Forum Psychoanal. 2: 44–58.

Rohde-Dachser, C. (1987): Ausformungen der ödipalen Dreieckskonstellation bei narzißtischen und Borderline-Störungen. Psyche 41: 773–799.

Rohde-Dachser, C. (1991): Expedition in den dunklen Kontinent. Springer-Verlag, Berlin/Heidelberg/New York.

Rohde-Dachser, C. (1994): Warum sind Borderline-Patienten meistens weiblich? – Über die Rolle des Traumas in der Borderline-Entwicklung. In: Im Schatten des Kirschbaumes. Psychoanalytische Dialoge. Huber, Bern/Göttingen/Toronto/Seattle, S. 79–92.

Roman, U.H.; Hartmann, H. (1988): Autoaggression. Grundlagen und Behandlungsmöglichkeiten. Verlag modernes lernen, Dortmund.

Rosenfeld, H.A. (1979): Transference psychosis in the borderlinepatient. In: LeBott, J.; Capponi, A. (Hg.), Advances in psychotherapy of the borderlinepatient. Jason Aronson, New York/London, S. 485–510.

Rosenfeld, H.A. (1981): Zur Psychopathologie von Verwirrtheitszuständen bei chronisch Schizophrenen. In: Zur Psychoanalyse psychotischer Zustände. Suhrkamp-Verlag, Frankfurt a.M., S. 58–71.

Roshco, M. (1967): Perception, denial and depersonalization. J. Amer. Psycho-Anal. Assoc. 15: 243–260.

Ross, D.R.; Lewin, R.; Gold, K.; Rhuman, H.S.; Rosenblum, R.; Salzberg, St.; Brooks, A.M. (1988): The psychiatric uses of cold wet sheed packs. Am. J. Psychiatry 145 (2): 242–245.

Rothenberger, A. (1993): Self-injurious behaviour (SIB) – from definition to human rights. Acta Paedopsychiatrica 56: 65–67.

Rotmann, M. (1978): Über die Bedeutung des Vaters in der »Wiederannäherungs-Phase«. Psyche 32: 1105–1147.

Rust, M. (1993): Wahrnehmungseinstellung auf die Leistungen des Ich. In: Rust, M. (Hg.), Katathyme Symbolik und die Kunst des Hörens. Neuzeit-Verlag, Bonn, S. 48–81.

Rutschky, K. (1992): Erregte Aufklärung: Kindesmißbrauch: Fakten & Fiktionen. Klein-Verlag, Hamburg.

Sachsse, U. (1982): Der Übergang von der Einzel- zur Gruppenpsychotherapie in der Klinik – Möglichkeiten und Schwierigkeiten. Gruppenpsychother. Gruppendyn. 18: 124–132.

Sachsse, U. (1982a): Sozialtherapeutisches Verhalten von Krankenschwestern in der stationären Psychotherapie. Ein Erfahrungsbericht über die Vermittlung einiger sozialtherapeutischer Kompetenzen in zeitlimitierter Einzelsupervision. Die Schwester/Der Pfleger 21: 665–668.

Sachsse, U. (1983a): Frau R., eine Selbstbeschädigungspatientin. Referat Station MF 6 des NLKH Göttingen, 25.01.1983.

Sachsse, U. (1983b): Selbstbeschädigung. Referat Fachklinik Tiefenbrunn bei Göttingen, 03. und 10.06.1983.

Sachsse, U. (1984): Die sogenannte Binnenwahrnehmung. Wissenschaftliche Arbeit für das Abschlußexamen am Institut für Psychoanalyse und Psychotherapie, Göttingen.

Sachsse, U. (1985a): Diagnostische Aspekte schwerer Selbstbeschädigung. Referat. Mittwoch-Vormittag-Fortbildung der Klinik für Psychiatrie der Georg-August-Universität Göttingen. 30.01.1985. – Referat. Fortbildung der Klinik für Neurologie Schildautal. Seesen. 11.03.1985.

Sachsse, U. (1985b): Therapeutische Aspekte schwerer Selbstbeschädigung. – Referat. Mittwoch-Vormittag-Fortbildung der Klinik für Psychiatrie der Georg-August-Universität Göttingen. 06.02.1985. –Referat. Klinik für Neurologie Schildautal. Seesen. 12.03.1985.

Sachsse, U. (1987): Selbstbeschädigung als Selbstfürsorge. Zur intrapersonalen und interpersonellen Psychodynamik schwerer Selbstbeschädigungen der Haut. Forum Psychoanal. 3: 51–70.

Sachsse, U. (1987a): On the pathogenesis of severe self-injury to the skin. – Vortrag. International Symposion on Dermatology and Psychiatry. Wien. 02.06.1987.

Sachsse, U. (1987b): Self-injury: experiences based on 10 years of psychiatric and psychoanalytic treatment. – Vortrag. International Symposion on Dermatology and Psychiatry. Wien. 02.06.1987.

SACHSSE, U. (1988): On the pathogenesis and psychotherapy of self-injury to the skin. – Vortrag. Special Task Group »Factitious Disease«, 17th Europ. Conference on Psychosom. Research. Marburg. 06.09.1988.

SACHSSE, U. (1989): Psychotherapie mit dem Sheriff-Stern. Zum Umgang des Therapeuten mit der Hausordnung in der stationären Psychotherapie und zu möglichen Auswirkungen auf seine Sozialisation zum Psychoanalytiker. Gruppenpsychother. Gruppendynamik 25: 141–158.

SACHSSE, U. (1989a): Psychotherapie mit dem Katathymen Bilderleben (KB) bei Borderline-Patienten. Indikation oder Kontraindikation? Prax. Psychother. Psychosom. 34: 90–99.

SACHSSE, U. (1989b): »Das Bildern macht alles nur schlimmer«. Grenzen einer Therapie mit dem Katathymen Bilderleben bei Patienten mit strukturellen Ich-Störungen. In: BARTL, G.; PESENDORFER, F. (Hg.), Strukturbildung im therapeutischen Prozess. Literas, Wien, S. 169–182.

SACHSSE, U. (1989c): »Blut tut gut«. Genese, Psychodynamik und Psychotherapie offener Selbstbeschädigung der Haut. In: HIRSCH, M. (Hg.), Der eigene Körper als Objekt. Springer, Berlin/Heidelberg, S. 94–117.

SACHSSE, U. (1990): Rache: Destruktive Wiedergutmachung. In: HERDIECKERHOFF, E.; EKESPARRE, D. VON; ELGETI, R.; MARAHRENS-SCHÜRG, C. (Hg.), Hassen und Versöhnen. Psychoanalytische Erkundungen. Vandenhoeck und Ruprecht, Göttingen, S. 52–59.

SACHSSE, U. (1990a): Diagnostik und Behandlungsstrategie bei schwerer Selbstbeschädigung in psychiatrischer und psychoanalytischer Sicht. – Vortrag. »Wissenschaftliches Montagskolloquium« der Universitätsnervenklinik. München. 28.05.1990.

SACHSSE, U. (1991): Selbstbeschädigung und Selbsthaß. Eine Behandlungsstrategie. – Informationsseminar. 41. Lindauer Psychotherapiewochen »Der Körper in der Psychotherapie«. Lindau, 22.–27.04.1991.

SACHSSE, U. (1992): Therapeutische Interventionen zwischen innerer und äußerer Realität. Vortrag Aufbaustudiengang Soziale Therapie, Fachbereich Sozialwesen der Univ. Gh Kassel, 04.05.1992.

SACHSSE, U. (1994a): Nie daran denken – nie vergessen. Fixierungen auf dem Borderline-Niveau als Folge von Realtraumata. In: Deutsche Psychoanalytische Gesellschaft 1994: S. 182–207.

SACHSSE, U. (1994b): Klinische Erfahrungen mit verschiedenen Interventionsmodi bei der psychoanalytisch-interaktionellen Therapie. In: HEIGL-EVERS, A.; OTT, J. (Hg.), S. 211–225.

SACHSSE, U. (1994c): Overt Self-Injury. Psychother. Psychosom. 62: 82–90.

SACHSSE, U. (1995) Die Psychodynamik der Borderlinepersönlichkeitsstörung als Traumafolge. Forum Psychoanal. 11: 50–61.

SACHSSE, U. (1996a): Symptomwandel als Zeichen der Progression in der Psychotherapie von Patientinnen mit selbstverletzendem Verhalten (SVV). In: WENGLEIN, E.; HELLWIG, A.; SCHOOF, M. (Hg.), Selbstvernichtung. Psychodynamik und Psychotherapie bei autodestruktivem Verhalten. Vandenhoeck und Ruprecht, Göttingen, S. 160–170.

SACHSSE, U. (1996b): Die traumatisierte therapeutische Beziehung. Gruppenpsychother. Gruppendynamik 32: 350–365.

SACHSSE, U. (1996c): Kommunikationsmechanismen bei selbstverletzendem Verhalten (SVV) – SVV als Kommunikation. In: SATERNUS, K.-S.; KERNBACH-WIGHTON, G. (Hg.), S. 103–116.

SACHSSE, U. (1996d): Patienten: Opfer oder Täter? Störungen und Zerstörungen der eigenen Wahrnehmung als Autoprotektion und Autoaggression. In: BELL, K.; HÖHFELD, K. (Hg.), Aggression und seelische Krankheit. Psychosozial, Gießen, S. 259–269.

SACHSSE, U. (2004). Traumazentrierte Psychotherapie. Schattauer, Stuttgart/New York.

SACHSSE, U.; EßLINGER, K.; SCHILLING, L., TAMELING, A. (1994): The borderline personality disorder as a sequel to trauma. Fourth IPA Conference on Psychoanalytic Research »Clinical Applications of Current Research in Borderline Disorders«. University College London, Psychoanalysis Unit. March 1994.

SACHSSE, U.; EßLINGER, K.; SCHILLING, L. (1997): Vom Kindheitstrauma zur schweren Persönlichkeitsstörung. Fundamenta Psychiatrica 11: 12–20.

SACHSSE, U., ÖZKAN, I., STREEK-FISCHER, A. (Hrsg.) (2002). Traumatherapie – Was ist erfolgreich? Vandenhoeck & Ruprecht, Göttingen.

SACHSSE, U.; REDDEMANN, L. (1997): Katathym-imaginative Psychotherapie in der Behandlung traumatisierter Patientinnen. In: KOTTJE-BIRNBACHER, L.; SACHSSE, U.; WILKE, E. (Hg.), Imagination in der Psychotherapie. Huber, Bern/Göttingen, S. 222–228.

SACHSSE, U.; SCHILLING, L.; EßLINGER, K. (1997): Ein stationäres Behandlungsprogramm für Patientinnen mit selbstverletzendem Verhalten (SVV). In: STREECK-FISCHER, A. (Hg.), Adoleszenz und Trauma. Vandenhoeck und Ruprecht, Göttingen.

SARTRE, J.-P. (1961): Die schmutzigen Hände. Rowohlt Taschenbuch Verlag, Reinbek.

SAß, W.; WITTCHEN, H.-V.; ZAUDIG, M. (1996): Diagnostisches und Statistisches Manual Psychischer Störungen DSM-IV, Hogrefe, Göttingen/Bern/Toronto.

SATERNUS, K.-S.; KERNBACH-WIGHTON, G. (1996; Hg.): Selbstbeschädigung. Forensische Bewertung und Therapiemöglichkeiten. Schmidt-Römhild, Lübeck.

SCHARFETTER, C. (1984): Automanipulation von Krankheit. Selbstinduzierte, aggravierte, simulierte Krankheit und die Automutilation. Schweiz. med. Wschr. 114 (34): 1142–1149.

SCHÄFER, U., RÜTHER, E. SACHSSE, U. (2006a). Borderline-Störungen. Ein Ratgeber für Betroffene und Angehörige. Vandenhoeck & Ruprecht, Göttingen. (2. Aufl. 2007)

SCHÄFER, U., RÜTHER, E. SACHSSE, U. (2006b). Hilfe und Selbsthilfe nach einem Trauma. Ein Ratgeber für seelisch schwer belastete Menschen und ihre Angehörigen. Vandenhoeck & Ruprecht, Göttingen.

SCHEPANK, H. (1988): Die stationäre Psychotherapie in der Bundesrepublik Deutschland: In: SCHEPANK, H; TRESS, W. (Hg.), Die stationäre Psychotherapie und ihr Rahmen. Springer-Verlag, Berlin/Heidelberg/New York, S. 13–38.

SCHMIDBAUER, W. (1977): Die hilflosen Helfer. Über die seelische Problematik der helfenden Berufe. Rowohlt Verlag, Reinbek/Hamburg.

SCHMOLL, D. (1992): Vom symbiotischen Leib zum zerschnittenen Körper. Anthropologische und psychoanalytische Überlegungen zu einem Fall von offener Selbstbeschädigung. Fundamenta Psychiatrica 6: 180–189.

SCHNELL, M.; WETZEL, H. (1988): »Verläßt du mich nicht, verlaß ich dich auch nicht.« Suizid in Märchen. Kind und Umwelt 57: 36–55.

SCHOECK, H. (1987): Der Neid und die Gesellschaft. Ullstein, Frankfurt a.M./Berlin.

SCHÖTTLER, C. (1981): Zur Behandlungstechnik bei psychosomatisch schwer gestörten Patienten. Psyche 35: 111–141.

SCHUR, M. (1974): Zur Metapsychologie der Somatisierung. In: BREDE, K. (Hg.), Einführung in die psychosomatische Medizin. Fischer-Taschenbuchverlag, Frankfurt a.M., S. 335–395.

SCHWANOLD, B.; ANDERSON, S.; SACHSSE, U. (1987): Erst Feuer und Flamme – dann ausgebrannt. Probleme in der täglichen Arbeit mit psychiatrischen Patienten. Erfahrungen aus fallzentrierten Team-Supervisionen in einem psychiatrischen Landeskrankenhaus. Deutsche Krankenpflegezeitschrift 10 (40): 6–20 Beilage.

SEARLES, H.F. (1974): Der psychoanalytische Beitrag zur Schizophrenieforschung. Kindler-Verlag, München.

SEGAL, H. (1974): Melanie Klein. Eine Einführung in ihr Werk. Kindler Verlag, München.

SEIDLER, G.H. (1993): Magersucht. Öffentliches Geheimnis. Vandenhoeck und Ruprecht, Göttingen/Zürich.

SHAPIRO, F. (1995): Eye Movement Desensitization and Reprocessing. Guilford Press, New York.

SHAPIRO, R.E et al. (1977): The borderline-ego and the working alliance: Indication for family and individual treatment in adolescence. Int. J. of Psycho-Analysis 59: 77–87.

SIMMEL, E. (1928): Die psychoanalytische Behandlung in der Klinik. Int. Zs. Psychoanal. 14: 352–379.

SPITZER, M. (1996): Geist im Netz. Spektrum Akademischer Verlag, Heidelberg/Berlin/Oxford.

STEINERT, T. (1993): Gewalt in der Psychiatrie und ihre Reflexionen in Deutschland. Psycho 19: 201–207.

STENEBERG, R. (1993): Lauftherapie im Rahmen der therapeutischen Arbeit an der Tagesklinik. Arbeit zur Erlangung des DLZ-Diploms Lauftherapeut, Göttingen.

STEPHAN, I. (1992): Die Gründerinnen der Psychoanalyse. Eine Entmythologisierung Sigmund Freuds in zwölf Frauenporträts. Kreuz-Verlag, Stuttgart.

STERN, D. (1979): Mutter und Kind, die erste Beziehung. Klett-Cotta, Stuttgart.
STREECK, U. (1988): Das handwerkliche und das realistische Verhalten des Psychotherapeuten. Prax. Psychother. Psychosom. 33: 12–20.
STREECK, U. (1990): Supervision im psychiatrischen Krankenhaus. In: BORSI, G.M. (Hg.), Die Würde des Menschen im psychiatrischen Alltag. Vandenhoeck und Ruprecht, Göttingen, S. 137–147.
STREECK-FISCHER, A. (1991). Grenzgänger – Zum Umgang mit selbst- und fremddestruktivem Verhalten in der stationären Kinder- und Jugendlichenpsychotherapie. Prax. Kinderpsychol. Kinderpsychiat. 40: 105–122.
STREEK-FISCHER, A., SACHSSE, U., ÖZKAN, I. Hrsg. (2001). Körper, Seele, Trauma: Biologie, Klinik und Praxis. Vandenhoeck & Ruprecht, Göttingen.
TAMELING, A. (1992): Das Körperbild von psychisch kranken Patienten mit selbstverletzendem Verhalten. Eine Untersuchung mit der Holtzman-Inkblot-Technik. Diplomarbeit im Studienfach Psychologie an der Georg-August-Universität Göttingen.
TAMELING, A.; SACHSSE, U. (1996): Symptomkomplex, Traumaprävalenz und Körperbild von psychisch Kranken mit selbstverletzendem Verhalten (SVV). Psychother. Psychosom. med. Psychol. 46: 61–67.
THEWELEIT, K. (1977): Männerphantasien. Bd. 1 und 2. Verlag Roter Stern, Frankfurt a.M.
THIEL, H. (1996): Dissoziation und multiple Identität als Abwehr gegen die Grenzdiffusion zwischen Phantasie und Handlung. Aus der psychoanalytischen Behandlung einer Inzestpatientin. Psyche 50: 239–252.
TRESS, W. (1985): Zur Psychoanalyse der Sucht. Eine Studie am objektpsychologischen Modell. Forum Psychoanal. 1: 81–92.
TRESS, W.; EEHL, M. (1987): Die stationäre psychoanalytische Behandlung bei schweren Störungen der Persönlichkeit. Psychiat. Prax. 14: 115–120.
TRIMBORN, W. (1983): Die Zerstörung des therapeutischen Raumes. Das Dilemma stationärer Psychotheapie bei Borderline-Patienten. Psyche 37: 204–236.
VAN DER HART, O.; STEELE, K.; BOON, S.; BROWN, P. (1995): Die Behandlung traumatischer Erinnerungen: Synthese, Bewußtwerdung und Integration. Hypnose und Kognition 12 (2): 34–67.
VAN DER KOLK, B.A.; BURBRIDGE, J.A.; SUZUKI, J. (1997): Die Psychobiologie traumatischer Erinnerungen. In: STREECK-FISCHER, A. (Hg.), Adoleszenz und Trauma. Vandenhoeck und Ruprecht, Göttingen.
VAN DER KOLK, B.A.; MC FARLANCE, A.C.; WEISAETH, L. (1996; Hg.): Traumatic Stress. Guilford Press, New York/London.
VAN DER KOLK, B.A. (1999): Das Trauma in der Borderline-Persönlichkeit. Persönlichkeitsstörungen 3: 21–29.
VENZLAFF, U. (1994): Chronische seelische Belastung. In: SATERNUS, K.-S.; KARGER, J. V. (Hg.), Chronische seelische Balastung – Trauer. Schmidt-Römhild, Lübeck, S. 11–28.

VOGELSANG, R. (1993): Helfer und Heilige. Die Vierzehn Nothelfer in Legenden und Märchen. Herder, Freiburg/Basel/Wien.
WALTER, H. (1987): Psychopathology in factitious disorders. Vortrag International Symposion on Dermatology and Psychiatry, Wien.
WHITE, R. (1994): Das Lied in der Weide. Verlag Freies Geistesleben, Stuttgart.
WHITLOCK, F.A. (1980): Psychophysiologische Aspekte der Hautkrankheiten. Zum psychosomatischen Konzept in der Dermatologie. Perimed-Verlag, Erlangen.
WILLENBERG, H. (1987): Artifizielle Erkrankungen in der Dermatologie – ihre Beziehung zu Sucht und Perversion. Vortrag International Symposion on Dermatology and Psychiatry. Wien.
WILLENBERG, H. (1989): »Corriger le malheur«. Die Schädigung des Körpers durch Unfallneigung und selbstinduzierte chirurgische Viktimisierungen. In: HIRSCH, M. (Hg.), Der eigene Körper als Objekt. Springer-Verlag, Berlin/Heidelberg/New York, S. 155–169.
WILLENBERG, H. (1990): Behandlungsabbruch als Selbstschutz und letzte therapeutische Chance. Vortrag Arbeitskreis »Artifizielle Erkrankungen«, DKPM-Tagung, Nürnberg.
WILLENBERG, H.; ECKHARDT, A. (1997): Das Problem der Klassifikation artifizieller Störungen. In: WILLENBERG, H.; HOFFMANN, S.O. (Hg.), Handeln – Ausdrucksform psychosomatischer Krankheit und Faktor der Therapie. VAS, Frankfurt a.M., S. 105–114.
WILLINGER, G. (1987): Selbstbeschädigung in einer Anstalt für geistig abnorme Rechtsbrecher. Vortrag International Symposium on Dermatology and Psychiatry. Wien.
WILSON, J.P.; RAPHAEL, B. (1993; Hg.): International handbook of traumatic stress syndroms. Plenum Press, New York.
WINCHEL, R.M.; STANLEY, M. (1991): Self-injurious behavior: A review of the behavior and biology of self-mutilation. Am. J. Psychiatry 148 (3): 306–317.
WIRTZ, U. (1989): Seelenmord. Inzest und Therapie. Kreuz Verlag, Zürich.
ZAUNER, J. (1978): Das Problem der Regression und die Rolle des Durcharbeitens im Realitätsraum der psychotherapeutischen Klinik. In: BEESE, F. (Hg.), Stationäre Psychotherapie. Vandenhoeck und Ruprecht, Göttingen/Zürich.
ZAUNER, J. (1985): Persönliche Mitteilung
ZEPF, S.; WEIDENHAMMER, B.; BAUR-MORLOCK, J. (1986): Realität und Phantasie. Anmerkungen zum Traumabegriff Sigmund Freuds. Psyche 40: 124–144.
ZEHRRSEN, D. v. (1986): Stationäre Gruppenpsychotherapie mit relativ jugendlichen Schizophrenen. In: SANDNER, D. (Hg.), Analytische Gruppentherapie mit Schizophrenen. Vandenhoeck und Ruprecht, Göttingen, S. 31–45.
ZILLE, H. (1913): Hurengespräche. Schirmer/Mosel, München 1981.
ZIOLKO, H.U. (1953): Zur Bedeutung spontan-eidetischer Erscheinungen in der Psychiatrie. Zschr. Psychother. med. Psychol. 3: 171–178.

Ziolko, H.U. (1960): Über den emotionalen Untergrund visionärer Erscheinungen. Zschr. Psychother. med. Psychol. 10: 238–246.
Ziolko, H.U. (1970): Halluzinationen und Neurose. Psyche 24: 40–65.
Ziolko, H.U. (1975): Halluzinationen und Angsterleben. Confinia psychiat. 18: 55–60.